JN294600

水崎　節文　森　裕城

総選挙の得票分析
1958-2005

木鐸社

Japanese General Elections: 1958-2005

目　次

序論　総選挙の得票分析－視点と方法 …………………………………… 11
　第1節　政党システムの変動 ………………………………………………… 11
　第2節　研究の発想と問題意識 ……………………………………………… 13
　第3節　データ・ベースの作成 ……………………………………………… 16
　第4節　本書の構成 …………………………………………………………… 18
　第5節　回顧と謝辞 …………………………………………………………… 22

第1章　55年体制下における選挙変動の概観
　　　　――中選挙区制における多党化の進展と自民党候補の得票水準―― …………………………………………………………………… 25
　第1節　議会における多党化 ………………………………………………… 27
　　(1)　有効政党数　(27)
　　(2)　多党化の推移　(29)
　第2節　選挙区における多党化 ……………………………………………… 30
　　(1)　多党化の地域的偏り　(30)
　　(2)　原55年体制型選挙区の残存　(31)
　第3節　自民党の選挙実績 …………………………………………………… 33
　　(1)　選挙変動の時期区分　(33)
　　(2)　候補者数の変動にみる自民党の合理化　(37)
　第4節　候補者レベルの集票力 ……………………………………………… 40
　　(1)　TK指数　(40)
　　(2)　TK指数の算出結果　(42)

第2章　得票の地域偏重よりみた候補者特性 ………………………… 51
　第1節　RS指数 ………………………………………………………………… 52
　　(1)　得票の地域偏重：単純な想定から　(52)
　　(2)　平均得票率偏差　(52)
　　(3)　相対得票率偏差（RS指数）　(54)
　　(4)　RS指数の留意点　(56)

第2節　RS指数の計算事例……………………………………………………57
　　(1)　個別選挙区の事例：鹿児島3区（定数3）の場合　(57)
　　(2)　一般的傾向　(60)
　第3節　同一候補者のRS指数の変化…………………………………………61
　　(1)　一般的モデル　(61)
　　(2)　田中角栄，山中貞則の場合　(62)
　第4節　自民党政権の継続と地域偏重的得票構造……………………………63
　　(1)　55年体制下におけるRS指数の推移　(63)
　　(2)　地域偏重的得票構造と自民党政権の継続　(65)

第3章　得票の地域偏重よりみた選挙区特性……………………………71
　第1節　DS指数の開発……………………………………………………………72
　　(1)　想定上の選挙区集計表　(72)
　　(2)　地域単位の得票偏重度の測定：レイ破片化指数の応用　(72)
　　(3)　市町村の得票偏重指数の平均値　(74)
　　(4)　市町村と選挙区との得票偏重指数の差　(75)
　　(5)　選挙区特性としての逸脱比（DS指数）　(77)
　第2節　実際の選挙区への適用…………………………………………………79
　　(1)　異なる選挙区でDvの値はほぼ等しいがdvの値がかけ離れている場合　(79)
　　(2)　異なる選挙区でdvの値はほぼ等しいがDvの値がかけ離れている場合　(80)
　　(3)　Dvの値は高いがDS指数が低い選挙区　(81)
　　(4)　自民党候補4人以上の選挙区　(82)
　　(5)　自民党候補3人の選挙区　(83)
　　(6)　都市型選挙区　(84)
　第3節　地域集票構造の変動とその要因…………………………………………85
　　(1)　DS指数の推移　(85)
　　(2)　候補者の減少，特に自民党公認候補の限定　(87)
　　(3)　衆議院定数是正（定数増・選挙区分割・定数減）の影響　(89)
　　(4)　野党の多党化の影響　(89)
　第4節　保守安定選挙区とDS指数………………………………………………91
　　(1)　DS指数と都市型－農村型で示される選挙区特性との関係　(91)

(2)　保守安定選挙区の集票特性　(93)

第4章　中選挙区制における「すみわけ」の規定要因……………103
　第1節　選挙区特性……………………………………………………104
　　(1)　選挙制度　(104)
　　(2)　「都市－農村」特性　(105)
　　(3)　有権者分布　(105)
　　(4)　生活圏　(108)
　第2節　候補者特性……………………………………………………111
　　(1)　所属政党　(112)
　　(2)　候補者の選挙戦略　(114)
　第3節　第40回総選挙（1993年）における地域票の変動……………116
　　(1)　選挙の結果　(116)
　　(2)　連続立候補者の動向：TK指数　(118)
　　(3)　連続立候補者の動向：RS指数　(120)

第5章　小選挙区比例代表並立制における政党・候補者の得票動向
　　　　　……………………………………………………………………125
　第1節　並立する2つの選挙における結果の乖離……………………125
　第2節　投票率の動向と選挙結果………………………………………127
　　(1)　浮動票効果仮説と逆効果仮説　(128)
　　(2)　2000年総選挙と2003年総選挙の相違　(130)
　第3節　比例代表部分の分析……………………………………………135
　　(1)　政党の基礎的集票力　(135)
　　(2)　連動効果　(140)
　　(3)　無効票の動向　(142)
　第4節　小選挙区部分の分析……………………………………………144
　　(1)　有権者規模別にみた集票力　(144)
　　(2)　接戦度の分析　(146)
　　(3)　連続立候補者の動向　(148)
　第5節　選挙協力と選挙結果……………………………………………150

(1)　小選挙区における自民党と公明党の選挙協力　　(150)
　　　(2)　公明党推薦の有無と自民党候補の成績　　(153)
　第6節　小括……………………………………………………………156

第6章　小選挙区における地域票の動向………………………159
　第1節　小選挙区制導入にともなう集票領域の連続と変化…………160
　　　(1)　選挙区形成のパターン　　(160)
　　　(2)　選挙区再編と地盤の継続　　(162)
　第2節　地盤の競合と自民党の対応……………………………………164
　　　(1)　自民党が直面した問題　　(164)
　　　(2)　コスタリカ方式　　(166)
　第3節　小選挙区制導入後の区割変更…………………………………167
　　　(1)　2002年の区割変更　　(168)
　　　(2)　小選挙区における得票の地域偏重度　　(169)
　第4節　市町村合併と小選挙区の区割…………………………………171
　　　(1)　選挙区の領域と市区町村の領域　　(171)
　　　(2)　平成の大合併が引き起こした問題　　(172)

第7章　2005年総選挙と政党システム………………………177
　第1節　自民党勝利・民主党敗北の構図………………………………177
　第2節　得票変動の分析…………………………………………………179
　　　(1)　投票率上昇の効果　　(179)
　　　(2)　有権者規模別にみた得票変動　　(181)
　　　(3)　計算結果に対する疑問1：市町村合併の影響　　(185)
　　　(4)　計算結果に対する疑問2：自民党分裂選挙区の影響　　(186)
　第3節　小選挙区における議席変動……………………………………187
　　　(1)　連続立候補者にみる得票変動　　(188)
　　　(2)　民主党候補者の大量落選　　(190)
　　　(3)　保守分裂選挙区の動向　　(192)
　第4節　選挙制度への対応：自民党と民主党の現状…………………193
　　　(1)　予測されていた自民党の変化　　(194)

(2)　自民党の脆弱性　(196)
　　(3)　民主党が直面している問題　(199)
　第5節　総括と展望……………………………………………………203

補　論　一人区における自民党の完敗
　　　　－1989年参議院選挙集計データの解析から－……………209
　第1節　はじめに………………………………………………………209
　第2節　集計データにあらわれた大敗の特質………………………212
　　(1)　投票率と絶対・相対得票率　(212)
　　(2)　得票率と議席数　(213)
　第3節　一人区における投票率変動効果……………………………214
　第4節　地域票変動の基本モデル……………………………………218
　　(1)　Aグループ　(219)
　　(2)　Bグループ　(225)
　　(3)　Cグループ　(226)
　第5節　総括と展望……………………………………………………227

索引………………………………………………………………………233

総選挙の得票分析　1958－2005

序論

総選挙の得票分析——視点と方法

　本書は，55年体制成立以降の衆議院総選挙に焦点を当て，各政党およびその候補者の集票構造の特性を，全国の市区町村レベルにまで細分化された得票集計データを用いて，明らかにしようとしたものである。本書の特色は，現在選挙研究の主流となっているサーベイ・データの分析ではなく，徹底したアグリゲート・データの分析によって，日本の選挙政治の把握を志向している点にある。

　以下，この序論では，まず本研究がどのような問題意識から開始され，どのような視点と方法でそれが遂行されたかを論じたい。

1　政党システムの変動

　戦後日本の政党システムは，次の3つの時期に区分して把握することができよう。第1は，1955年秋の自民・社会の二大政党が成立する以前の極端な多党分立の時期である。第2は，自民党が衆議院で過半数を確保して政権を掌握し続けた時期である。第3は，1993年に自民党が衆議院で過半数を失って政権の座から滑り落ち，政権に復帰しても複数政党による連立政権を組まざるをえなくなっている時期である。

　現在に連なる政党政治の基本形が完成したのは，38年間にわたる第2の時期であったといってよいだろう。この時期は，一般に55年体制と呼ばれているが，一口に55年体制といっても政党システムや政権の安定度は時期によって一様ではなかった。

　55年体制下の最初の総選挙は1958年5月の第28回総選挙である。この選

挙の政党別当選者数は自民党287,社会党166,共産党1（その他,諸派・無所属計13）で,事実上二大政党制であった。ただ,自民党の議席占有率は61.5％に及び,$1\frac{1}{2}$政党制と呼ばれたことは周知の通りである。

　その後,第29回（1960年）に社会党から民社党が分離し,第31回（1967年）には公明党が衆議院に参入した。さらに第32回（1969年）からは,共産党が2桁の議席を獲得して55年体制特有の5党政治の状態に入るわけだが,自民党の安定多数は揺るがなかった。著名な政党研究家G.サルトーリは,その著書『現代政党学　政党システム論の分析枠組み』（岡沢憲芙・川野秀之訳,早稲田大学出版部）で提示した「政党システム7区分法」の中で,この日本独特のシステムを「多党制」の概念から切り離して「一党優位政党制」（predominant party system）と名づけている。法制度で政権交代が禁じられているわけでもなく,それなりに勢力を持った野党が存在するのに,何度選挙を行っても,同一の政党が多数を維持するという政党システムである。

　しかし,日本の「一党優位政党制」は,それほど磐石ではなかった。1976年12月の第34回総選挙で,すでに「一党優位政党制」の安定的継続にひび割れが生じている。この年の2月に田中角栄元総理が関与したロッキード事件が発覚し,6月の自民党有力議員の離党と新自由クラブの結成,さらに8月の田中元総理の収賄容疑による逮捕等の不利な条件が重なる中で,三木内閣は衆議院を解散することができず,同年の12月に現行憲法下で初めての任期満了による総選挙（第34回）に追い込まれた。その結果,自民党は総定数511中249議席しか獲得できず,結党以後初めての過半数割れを記録した。続く1979年の大平内閣の下での第35回総選挙でも,更に1議席減の248議席しか自民党は獲得できなかった。

　こうした状況が続く中で行われた第36回総選挙（1980年6月）は,自民党にとっては起死回生を期す選挙であった。前回の選挙から1年も経過せずに総選挙が行われたのは,1980年5月の衆議院における社会党の大平内閣不信任案提出に端を発する。自民党内の有力派閥議員が本会議での採決に欠席して不信任案が可決されるという状況の下で,大平首相は憲法第69条による衆議院解散を断行し,すでに決まっていた参議院通常選挙と同日に選挙が執行されることになったのである。ところがこの総選挙公示後に

大平首相が心筋梗塞で死亡するという事態が発生し，選挙の結果は久々の自民党圧勝（総議席511中284を獲得）であった。

このような自民党の勢力回復は，当時「保守回帰」という言葉で語られたものの，その流れは安定的なものにはならなかった。続く第37回総選挙（1983年12月）では，東京地裁のロッキード裁判での田中角栄有罪判決，投票率の激減という環境の下で，自民党は三たび当選者の過半数割れを経験することになったのである。

度重なる与野党伯仲状況を解消したのは，第38回総選挙（1986年7月）であった。中曽根内閣の衆参同日選挙の選択で，自民党は300議席を獲得して絶対安定多数に復帰し，続いて第39回総選挙（1990年2月）では，前年の参議院選挙において消費税反対の主張で圧勝した社会党の大量当選（136議席）を許しながらも，275議席の安定多数を確保したのであった。

以上で述べたように，戦後政党システムの第2期後半の時期，すなわち55年体制の後半の時期は，自民党政権の存続にとって大変厳しい時期であったといえる。選挙のたびに政治情勢が一変し，与野党伯仲状況と自民党安定多数が繰り返し出現したところにこの時期の特色があるといえよう。自民党は政権を維持してはいるものの，いつその座から滑り落ちるかわからないという不安定な状況の下で自民党政治が続いたのであった。

2 研究の発想と問題意識

筆者・水崎が本書で展開する論理の機軸をなす研究に着手したのは，第36回総選挙（1980年）の直後であった。この選挙では，自民党は総議席511中284議席を獲得するという圧勝を記録したものの，その前後の総選挙の記録を見れば明らかなように，この時期の自民党は，政権を維持しながらも将来に向けて決してその安定が保障される状況にはなかったのである。

55年体制後半期の自民党は，一方でロッキード事件，リクルート事件等の汚職事件，政党内部の派閥抗争，そして政策面では売上税・消費税のような増税構想，農村部に不評な農産物自由化問題など，選挙に不利な材料を数多く抱えていた。他方，当時の緩慢ながらも進行していた多党化の傾向は，野党の効果的な連合が成立しえたならば，政権交代がいつ起こってもおかしくないという状況を作り出しており，自民党政権の脅威となって

いた。

　しかし，それでも自民党は政権を維持し続けた。なぜ自民党は政権を維持することができたのだろうか。この自民党政権の強靱さはどこに起因しているのだろうか。自民党政権が継続した理由を明らかにしようとするならば，野党の脆弱性，政策面での非協調性までを含めて，多角的な検討が必要なことは言うまでもないことだが，筆者はこの問題を当時の日本独特の選挙制度，それを基点とする独特の集票構造，および公認候補厳選の戦略構想等から解明できないかと考えたのである。

　戦後日本の衆議院選挙は，1946年の第22回総選挙において大選挙区制限連記制という一見風変わりな制度で行われたが，新憲法施行直前の第23回（1947年）からは，戦前にも採用されたことのある中選挙区単記制に変更され，沖縄を除く全国46都道府県で117区（3人区40，4人区39，5人区38），総定数466としてスタートした。それ以降，この制度は1993年の第40回総選挙まで実に半世紀近くにわたって持続し，日本の選挙政治に多大な影響を与えたのであった。

　中選挙区単記制は，定数3～5の複数定員選挙区において有権者は1票のみを投ずるという制度で，日本人にとっては現在30歳代後半以上ならばしばしば経験してきたなじみ深い制度といってよいだろう。この制度の下で特定政党が単独で議会の過半数の議席を獲得するには，選挙区総数と総定数からいって，平均して各選挙区で2人の当選が必要であった。当初の自民党にとっては，各選挙区で複数当選はそれほど高いハードルではなかった。しかし，自民党票の漸減と多党化が進行し始めると，主に都市部を中心に自民党の複数当選が次第に困難になった。そのような中で，いかにして各選挙区で複数当選を安定的に勝ち取っていくかが，自民党にとって重要な課題となってきたのである。

　本書第3章でもやや詳しく触れているが，筆者はかつて定数5で自民党当選4人以上，定数4で3人以上，定数3または2で全議席独占の選挙区を「自民圧勝区」と定義づけたことがある（水崎「総選挙データ・ベースの開発とその利用」『岐阜大学教養部研究報告』第27号，1992年）。この基準を自民党公認候補者だけでなく，保守系無所属および新自由クラブ公認候補者まで加えて「保守圧勝区」とし，この保守圧勝が第34回～38回まで

に連続5回を記録した選挙区を「保守安定選挙区」とすると，青森1区，岩手1・2区，宮城2区，山形1区，群馬3区，千葉2・3区，石川2区，岐阜2区，三重2区，広島2区，山口1区，佐賀全県区，長崎2区，熊本2区の16選挙区がこれに該当する。さらにこの保守圧勝が5回のうち1回だけ欠けた選挙区を「準保守安定選挙区」とすると，茨城1区，新潟2区，福井全県区，山梨全県区，愛知4区，鹿児島3区の6選挙区がこれに当てはまる。

これら「保守圧勝区」「保守安定選挙区」の保守系候補者の得票分布を点検すると，そこには独特の集票構造が存在したことが明らかになる。上記22選挙区のうち石川2区，群馬3区，山口1区，三重2区の4選挙区は，保守安定区ではあるがベテラン議員が多く，集票基盤にそれ程の地域的偏りもなく無風に近い選挙戦となっている。ところが他の18選挙区では，保守系候補者は何らかの形で地理的に排他的な集票領域を確保し，選挙区の中での限定的な地盤の形成が顕著である。つまり各候補者は互いに「すみわけ」を堅持して安定当選を確保しているのである。

その中で特に「すみわけ」の度合いが強いのは，佐賀全県区，熊本2区，宮城2区，千葉3区，岐阜2区の5選挙区であり，これら定数4または5の選挙区の第34～38回総選挙の実績を見ても，第34回の佐賀全県区，第38回の宮城2区では保守系無所属を含めて自民系が全議席を獲得，その他はすべて野党1議席の他は自民系が議席を掌握している。そしてこのような絶対的な勝利を確保した自民系候補者の集票構造は，徹底して特定地域への偏りをみせている。その特異な事例を第36回（1980年）の佐賀全県区と岐阜2区から拾ってみよう。

佐賀全県区では定数5に対して立候補者は8人であったが，当選した4人の自民党候補者の地域別得票を点検してみると，保利耕輔は地盤の唐津市・東松浦郡で75.4％，山下徳夫は伊万里市・西松浦郡で63.6％，三池信は佐賀郡・神崎郡・三養基郡・小城郡で47.4％，愛野興一郎は鹿島市・杵島郡・藤津郡で47.5％の得票率をあげている。まさに東西南北の地域別独壇選挙といえよう。また岐阜2区では，定数4に対して全5回とも自民3社会1の当選で，自民当選者の顔ぶれも第38回に1人が養子の世襲候補になっただけで，長年変動のない無風区であった。立候補者6人の第36回総

選挙で自民党候補のデータを点検してみると、金子一平が高山市・益田郡・大野郡・吉城郡の飛騨地域で52.2%、古屋亨が中津川市・瑞浪市・恵那市・恵那郡の東濃地域で43.9%、渡辺栄一が多治見市・美濃加茂市・土岐市・郡上郡・加茂郡・可児郡・土岐郡の中濃地域で47.0%といった具合である。

保守安定選挙区でこのような地域偏重的な集票構造が定着し、それらが固有の地盤として世襲ないしは輩下の候補者に継受されていくとなると、自民党政権の安定性は容易に崩れることはないだろう。自民党が過半数割れを繰り返した保革伯仲期において、このような選挙区・候補者の存在は、その数は限定的であったとしても、きわめて大きな意味を持っているといえないか。これは1つの仮説であったが、この仮説を検証するには長期にわたる日本全選挙区の地域票を詳細かつ正確に把握しておくことが不可欠であった。

3 データ・ベースの作成

総選挙の地域別得票数は原則として各市区町村単位に公表される。55年体制がスタートする以前の市区町村数は今から見ると膨大なもので、第25回総選挙（1952年）までは、その数は1万を超え、第27回時にも5千を超えていた。これが昭和の大合併を機に急速な減数が進行し、55年体制最初の総選挙・第28回（1958年）以降は3千台で推移し、最近の平成の大合併で更に減数を続け、直近の第44回（2005年）では2,524となり、現在も減数は進行中である。

筆者が第36回総選挙（1980年）を機に地域票の分析に着手した時には、選挙管理委員会から公表された地域数は3,378であり（これは人口バランスから岡山市のように一部が他選挙区に編入されていた区域もあり、必ずしも市区町村数とは一致しない）、有権者数は80,925,034、有効投票総数は60,342,329であった。当初は前述の保守安定区の一部のデータを当該選挙区管轄の選挙管理委員会から直接入手していたが、やはり全国版の必要を感じ、各回ごとに公表される『衆議院議員総選挙一覧』（衆議院事務局編）を利用してデータ・ファイルを作成した。その後衆議院開設以来の上述データの入手が実現したので、55年体制以降の第28回総選挙にさかのぼってデ

ータ入力に着手していった。そして，第38回総選挙（1986年）以降はデータ作成の緊急性もあって総選挙直後に全国の都道府県選挙管理委員会から直接データの提供を受け，今日に至っている。選挙のたびに，迅速にデータを提供してくださった各都道府県の選挙管理委員会に，謝意を表する次第である。

　回顧すれば，データ作成に着手した1980年当時のIT環境は現在に比べて全くお粗末なもので，記録媒体もポケット・コンピュータに手動で一定の速度で出し入れしなければならない磁気カードであった。その後初期のパソコンが出現するが媒体は録音用カセット・テープで，ランダムアクセスのできないシーケンシャル・ファイルなので，テープの回転を気長に待っていたものである。やがて記録媒体は5インチのペラペラのフロッピィ・ディスクが主流となり，1990年頃にはSHARP MZ-3541のパソコンにBASICでプログラムを組んで記録していたのだが，このデータ・ファイルは他の機種では読みづらく互換性に欠けていたので，当時普及し始めたMS-DOSファイルに変換する必要に迫られた。これは難作業であったが，当時筑波大学におられた蒲島郁夫氏（東京大学法学部教授）のご好意により，プリンターに出力した全データを筑波大学のFUJI-ELECTRICを用いて光学的に読み取り，MS-DOSファイルに変換することに成功した。

　データの入力作業には，実に多くの学生が加わっている。データの入力作業を担当した岐阜大学，椙山女学園大学，京都女子大学，同志社大学の学生諸君に心より感謝したい。本書の共著者である森裕城（同志社大学法学部准教授）も，当初は学部学生として筆者のゼミに参加する一学生であった。その後，森は政治学者の道を志し，これら膨大なデータの作成と分析に主導的な役割を担って今日に至っている。現在，データバンク「エル・デー・ビー」を通じて多くの選挙研究者に活用して頂いているデータ・ファイル「JED-M」（Japan Election Data by Mizusaki）のMは，水崎と森の共有イニシャルと考えて下されば幸甚である。

　さらに付言すれば，1980年の第36回総選挙の分析を端緒にこの研究に着手した頃，日本選挙学会の設立の機運があらわれ，1981年秋に第1回の総会が獨協大学で開催された。これは筆者にとっても誠にタイムリーなことで，以後四半世紀にわたって多くの研究者との交流が実現し，数々の刺激

と知識を与えられて今日に至っている。本書のもととなった論文の多くは，日本選挙学会の研究大会で報告したものや，学会年報の『選挙研究』に発表したものである。

4　本書の構成

本研究の主たる課題は，中選挙区制における地域偏重的な得票構造が，自民党政権の継続にどの程度貢献したかという問題であり，この序論でこれまで述べてきたものである。これに加え，本書では，新しい選挙制度導入以後の選挙も射程に入れて，補足的に次の2つの問題も扱っている。第1は，中選挙区制が廃止された後に導入された小選挙区比例代表並立制において，政党・候補者の得票動向はどのような傾向を示しているかという問題である。第2は，中選挙区から小選挙区への移行において，中選挙区時代に形成された選挙地盤は，どのように持続・変容したかという問題である。

第1章から第4章は，本書の主たる課題を追究した章である。第28～40回の中選挙区制下における選挙を対象とし，特に55年体制の後半期の選挙変動をとらえる。

第1章では，55年体制下における政党システムの変化と自民党候補者の得票水準の変動に焦点を当て，多党化の進展と自民党の得票減が，どうして自民党の選挙での敗北につながらなかったかを明らかにする。まず，多党化については，ラクソとタゲペラの有効政党数を使って議会における多党化の度合いが第28回以降ジグザグを繰り返しながらも確実に上昇していたことを示す。しかしながら，選挙区レベルで見ると，それは全国的な現象とはいえず，多党化が全く進展していなかった選挙区が数多く存在することを確認する。次に，自民党が党全体として得票を減らしていた問題については，それは候補者厳選という自民党の合理的選挙戦略に由来する部分が大きく，自民党の候補者は一貫して一定の得票水準を維持していたことをTK指数（候補者が当選のための十分条件の何倍の得票を獲得したかを示す）の分析から明らかにする（第1章は次の論文を基礎とし，それに書き下ろしの原稿を加えたものである。水崎節文「比較政党研究における

計量分析─破片化指数の効果とその応用」横越英一編『政治学と現代世界』御茶の水書房，1983年。水崎節文「中選挙区制における集票構造とその変動─自民党候補者の地域票の分析を中心として」『椙山女学園大学研究論集』第27号（社会科学篇），1996年）。

　第2章と第3章では，得票の地域的偏りを把握するための計量的手法の提示と具体的な分析結果が示される。第2章で提示するのはRS指数であり，これは候補者個人得票の地域偏重度を示すもので，特定候補者の各市区町村得票率が選挙区全体の得票率から平均的にどの程度逸脱しているかを算出し（平均偏差），それを選挙区得票率で相対化したものである。ここではこの指数が高いいくつかの事例を示し，RS指数とTK指数との相関関係を検証する。そして，地域偏重的な得票構造が確かに自民党の政権維持に貢献していたことを実証する（第2章は次の論文を基礎とし，それを書き改めたものである。水崎節文「衆議院総選挙における地域偏重的集票の計量分析試論」『岐阜大学教養部研究報告』17号，1981年。水崎節文「中選挙区制における集票構造とその変動─自民党候補者の地域票の分析を中心として」『椙山女学園大学研究論集』第27号（社会科学篇），1996年）。

　第3章で提示するのはDS指数である。これは選挙区全体からみた各候補者間の得票の偏りから，各市区町村における各候補者間の得票の偏りの平均値が，どの程度逸脱しているかを算出するものである。つまり得票の地域偏重度を選挙区特性値として数量的に示す指数であり，前に挙げた佐賀全県区，熊本2区等は非常に高い数値を示す。この章では，DS指数の計算手順とその意味を解説した後，DS指数と都市－農村型選挙区や保守安定区との相関関係を検討し，農村型，保守安定型ほど指数が高いことを指摘する（第3章は，次の論文を基礎とし，それを書き改めたものである。水崎節文「得票の地域偏重よりみた選挙区特性」『岐阜大学教養部研究報告』18号，1983年。水崎節文「総選挙データ・ベースの開発とその利用」『岐阜大学教養部研究報告』27号，1992年）。

　第4章では，中選挙区制における選挙過程を地理的，空間的に捉え，候補者得票が特定地域に偏るメカニズムを，選挙制度，都市－農村特性，有権者分布，生活圏，候補者特性などに焦点を当て，特徴的な選挙区や候補者を比較しながら検討する。次いで，中選挙区制最後の選挙になった1993

年の第40回総選挙における地域票の変動に着目し，新制度に移行する直前の地域票がどのような状態にあったのかを確認する（第4章の基礎になった論文は，水崎節文・森裕城「中選挙区制における候補者の選挙行動と得票の地域的分布」『選挙研究』10号，1995年，であるが，後半の第40回（1993年）総選挙の分析の箇所は，書き下ろしである）。

　第5章から第7章にかけては，これまでの中選挙区単記制とは全く異なったシステム，小選挙区比例代表並立制の下での選挙の分析となる。複数定員選挙区での自民党の地盤や地域票を重点的に検証してきた我々にとっては，データ・ベースの作成を含めてここらでひと区切りと考えたのも事実である。しかし，中選挙区制時代の各候補者の地盤が，新しい選挙区においてどのように変容したのかは，ぜひとも追跡しておかなければならないと考え，データ・ベースの作成を継続した。それとともに，小選挙区比例代表並立制という複雑な選挙制度における得票集計データを，どのような手法で分析したらよいかを模索した。

　第5章は，小選挙区比例代表並立制における政党・候補者の得票動向全般を示すために書かれたものである。新制度になってからの投票率と得票動向の関係，各政党の得票分布の形態，小選挙区票と比例代表票の連動，小選挙区における接戦度の相違，公明党の選挙協力効果について，基礎的なデータを提示した（第5章の初出は，森裕城「小選挙区比例代表並立制における政党・候補者の得票動向」『同志社法学』208号，2005年，である。再掲するにあたって，水崎節文・森裕城「得票データからみた並立制のメカニズム」『選挙研究』13号，1998年，水崎節文・森裕城「小選挙区比例代表並立制における地域票の動向」『椙山女学園大学研究論集』第33号（社会科学篇），2002年，の内容も加え，再構成した）。

　第6章では，まず前半で，中選挙区時代から継続する自民党候補者の強固な地盤が，小選挙区においてどのように継承されたのかという問題を扱っている。そして，①旧制度である中選挙区制の下で培われた選挙地盤が小選挙区においても効果的に再編され，自民党の連続立候補者に有利に働いたこと，②旧来の地盤が1つの選挙区で競合することになった自民党候補者の間では，小選挙区・比例代表交互立候補方式（いわゆるコスタリカ

方式)が用いられ,地盤をめぐる決定的な対立が回避されたケースが少なからずあることを明らかにしている。

　第6章の後半では,視点を変えて,2005年度末に一段落を告げながらなお今後も進行が予測される市町村合併の小選挙区の区割作成に与える影響を論じている。小選挙区の導入によって,1票の格差は以前にも増して生じやすくなったわけだが,選挙区の領域が縮小した反面,小選挙区を構成する市町村は逆にその領域を拡大しつつあることもあって,区割作成も大きな困難に直面している。単一市町村が選挙区の領域を越えるようになった場合には,複数の選挙区に足をおく市町村が現れるからである。小選挙区制がスタートした時点でも例外的にこうした事例は見られたが,「合併特列法」適用が終了した2005年度末には,実に全国でその数が76市区町村にふくれあがった。極端な事例は新潟市で,県内6選挙区中4選挙区に足をおいている。市町村はある意味では単一の生活圏を意味するが,今後生活圏と選挙区割との乖離が著しくなれば,小選挙区制そのものの妥当性に議論が及んでいく可能性があろう(第6章は,次の3つの論文を再構成したものである。水崎節文・森裕城「得票データからみた並立制のメカニズム」『選挙研究』13号,1998年。水崎節文・森裕城「小選挙区比例代表並立制における地域票の動向」『椙山女学園大学研究論集』第33号(社会科学篇),2002年。水崎節文「市町村合併と小選挙区制」『自治研ぎふ』第78号,2006年)。

　第7章は,小泉自民党が圧勝し,民主党が惨敗した第44回(2005年)総選挙の分析である。得票データを多角的に分析することにより,①自民党の勝因は都市部における投票率の大幅上昇が自民党の得票増に結びついたことにあった,②自民党は全体として見れば得票を大幅に増加させたが,従来強かった農村部において得票水準を下げている,③民主党は議席を大幅に減らしたが,得票水準は前回並みを維持していることを明らかにしている。2005年総選挙のことだけを考えれば①が注目されるが,中長期的な選挙政治の展開を考えると,②③の持つ意味の方が大きいといえよう。なお,この章では,選挙結果のデータ分析に加えて,並立制導入以降の政党システムの動向と変容についてやや大胆な見解を述べている。今後の政党システムの動向は予測困難な問題が多々あるが,選挙制度と政党システム

に関するこれからの研究課題を含め，多様な問題を提起しておきたい（第7章の初出は，森裕城「2005年総選挙と政党システム」『レヴァイアサン』39号，木鐸社，2006年，である）。

　以上の各章の後に，補論として「一人区における自民党の完敗——89年参議院選挙集計データの解析から——」を付け加えた。これは1989年の第15回参議院選挙における自民党の敗北を分析した同名の水崎論文（『レヴァイアサン』10号，木鐸社，1992年）に若干の補正を施したものである。選挙における投票率と自民党得票結果との因果関係のパターンをモデル化し，本書の集計データ分析にもしばしば援用したので，ここに再録することとした。

　1989年の参院選挙では，自民党はこれまで圧勝を重ねてきた定数1の選挙区で3勝23敗という完敗を喫し，以後の衆参ねじれ現象を定着させた。分析結果の要点は，自民党の絶対得票率は同一候補者の多い前々回（第13回，1983年）と比較してほとんど変わらないが，相対得票率は軒並低下しており，増加した投票がほとんど社会党や連合の反自民候補に投ぜられた計算になるということである。従来は投票率の上昇は一般に自民党に有利に作用してきたのでこの傾向を「浮動票効果モデル」と名づけたが，この回は全く逆の結果が現出しているので「浮動票逆効果モデル」と名づけた。これは，リクルート事件，消費税導入，農産物自由化という当時のいわゆる3点セットが影響したとの見方が有力であるが，その後も，1998年・2004年の参議院比例区の選挙に同様の結果が現れ，また衆議院総選挙でも，2000年の比例区において同様の傾向が顕著に見られた。都市部の無党派層の動向が選挙結果を大きく左右する現在の選挙政治を分析するにあたって，特に得票集計データの計量分析においては，欠かせない視角といえよう。

5　回顧と謝辞

　上述の「2　研究の発想と問題意識」の冒頭でも触れたように，筆者が意識的に総選挙データの計量分析にとりかかったのは，55年体制の政党システムに変動が予測され始めた1980年前後であった。だからこの分析にはかなりの年月と労力を費やしたように見えよう。それは事実だが，選挙分

析，特に緻密なデータ分析には時間と労力はつきものである。つまり確定したデータを前にしないと，分析の手法が見えてこないことが多い。したがってこうした研究には，目的意識を持ちながら新たな目的意識を探っていくという姿勢が欠かせない。2005年の小泉解散には率直に言って戸惑ったが，破格的な解散手法と自民党内の角逐，加えて改革路線をめぐる多くの政党の対応の中から今後の日本政治の新しい展望が見えてくるような気がしてならない。

　こうした長期にわたる研究の継続には，やはりそれをサポートできる人材と環境が不可欠である。社会科学系の学部をもたない地方大学で専攻の学生もなく，文系教員には大型コンピュータの使用もままならない環境では，これらの研究にはどうしても限界がつきまとう。その点，日本選挙学会の発足で，西平重喜，三宅一郎，蒲島郁夫，小林良彰の諸氏，その他多くの同学会の研究者には並々ならぬアドバイスを頂いた。

　本書の共著者であり共同研究者である森裕城は，1992年に他学部から筆者の卒論ゼミに入り，強力なサポーターとしてデータ作成や研究推進の中心的役割を果たしてきた。思えばそれは森の成人，筆者の還暦の年であった。40年もの落差のある師弟関係であればこそ，継続が必要な我々の選挙研究も驚くほど長期にわたることが可能になったのだろう。

　本書の刊行に際しては，木鐸社の坂口節子氏に大変お世話になった。行き届いたご配慮に心より感謝申し上げたい。図表の作成，原稿の入力，校正や索引作成の作業では，筑波大学大学院人文社会科学研究科・平井由貴子，同志社大学大学院法学研究科・大石昇平，今村亜由美，法学部4回生・梶本悦子の諸氏の手を煩わせた。記して謝意を表する次第である。

　　　　　　　　　　　　2007年3月　　　　水　崎　節　文

第1章

55年体制下における選挙変動の概観
―中選挙区制における多党化の進展と自民党候補の得票水準―

　日本の衆議院総選挙は，明治憲法下の帝国議会開設以来44回を数える。戦後になってからは，23回の総選挙が行われている。

　戦後初の総選挙である第22回総選挙（1946年）は，大選挙区制限連記制の下で行われた[1]。この制度は，選挙区を基本的に都道府県単位の大選挙区とし，定数4～10の選挙区では2名連記，11～14の選挙区では3名連記とするものであったが，選挙実施の翌年の新憲法施行にともなう選挙法改正において廃止されている。

　大選挙区制限連記制の廃止とともに採用されたのが，戦前にも採用された実績のある中選挙区制度であった。この中選挙区制度の下では，第23回（1947年）～第40回（1993年）の計18回の総選挙が行われている。その中で，日本独特の政党政治が確立したのは，保守合同による自民党結成と左右の社会党統一に象徴される55年体制成立以降であったといってよいだろう。

　自民党と社会党が二大政党として衆議院選挙の舞台に登場したのは，1958年に行われた第28回総選挙である。それ以降，民社党，公明党の結成，共産党の議席増，加えて70年代後半の新自由クラブと社民連の結成というように，多党化の状況が進行したものの，政党政治の基調は一貫して自民党の一党優位であった。

　ただし，自民党の一党優位は，必ずしも磐石なものではなかった。都市

　1　大選挙区制限連記制については，水崎節文「戦後選挙制度改革の一始点　制限連記投票の採用とその実態」『岐阜大学教養部研究報告』11号，1975年。

表1　政党の相対得票率と絶対得票率（第28回－第40回総選挙）

相対得票率%

	自民党	社会党	公明党	民社党	共産党	新自由ク	進歩党	社民連	日本新党
28(1958)	57.80	32.94			2.55				
29(1960)	57.56	27.56		8.77	2.93				
30(1963)	54.67	29.03		7.37	4.01				
31(1967)	48.80	27.88	5.38	7.40	4.76				
32(1969)	47.63	21.44	10.91	7.74	6.81				
33(1972)	46.85	21.90	8.46	6.98	10.49				
34(1976)	41.78	20.69	10.91	6.28	10.38	4.18			
35(1979)	44.59	19.71	9.78	6.78	10.42	3.02		0.68	
36(1980)	47.88	19.31	9.03	6.60	9.83	2.99		0.68	
37(1983)	45.76	19.49	10.12	7.27	9.34	2.36		0.67	
38(1986)	49.42	17.23	9.43	6.44	8.79	1.84		0.83	
39(1990)	46.14	24.39	7.98	4.84	7.96		0.43	0.86	
40(1993)	36.62	15.43	8.14	3.51	7.70			0.73	8.05

絶対得票率%

	自民党	社会党	公明党	民社党	共産党	新自由ク	進歩党	社民連	日本新党
28(1958)	44.17	25.17			1.95				
29(1960)	41.87	20.05		6.38	2.13				
30(1963)	38.48	20.43		5.19	2.83				
31(1967)	35.64	20.36	3.92	5.40	3.48				
32(1969)	32.32	14.55	7.40	5.25	4.62				
33(1972)	33.30	15.56	6.01	4.96	7.45				
34(1976)	30.35	15.03	7.93	4.56	7.54	3.03			
35(1979)	30.04	13.28	6.59	4.57	7.02	2.04		0.46	
36(1980)	34.92	14.09	6.59	4.82	7.17	2.18		0.50	
37(1983)	30.84	13.13	6.82	4.90	6.29	1.59		0.45	
38(1986)	34.57	12.05	6.60	4.51	6.15	1.29		0.58	
39(1990)	33.56	17.74	5.80	3.52	5.79		0.31	0.63	
40(1993)	24.34	10.25	5.41	2.33	5.12			0.49	5.35

化と多党化が進展する中で，総選挙における自民党の得票率は，70年代に至るまで低下の一途をたどっていた（表1）。しかし，このことで自民党の優位が崩れることはなかった。自民党の得票率の低下は，自民党の敗北に直結するものではなかったからである。ここで，なぜ自民党の得票率が低下したのに，自民党は選挙での大きな敗北を免れてきたのかという問いが生じる。

本章が着目するのは，多党化のあり方と自民党候補者の得票水準の2点である。まず，55年体制下における多党化は必ずしも全国的なものではなく，多党化がまったく進展しなかった選挙区が数多く存在していたことを確認する。次に，自民党は党全体としては得票を減らしていたものの，自

民党の候補者自体は一貫して一定の得票水準を維持していたことを確認する。

1 議会における多党化

(1) 有効政党数

 比較政党研究の分野においては，議会における政党の数とそれぞれの政党の議席占有率とを相乗的に捉える計算式が複数提案されている[2]。その中で，今日最もよく利用されているのは，ラクソとタゲペラによって提案された「有効政党数」(Effective Number of Parties) であろう[3]。次の数式によって算出される値は，政党の数が多ければ多いほど，そして諸政党の議席占有率が互いに接近していればいるほど大きくなり，その逆の場合には小さくなり，1つの政党が議席を独占しているときに最小値をとる。

$$ENP = 1 \bigg/ \sum_{i=1}^{N} S_i^2$$

 S_i は i 番目の政党の議席占有率を意味している。有効政党数 (ENP) の便利なところは，各政党の議席占有率がまったく同じであれば，政党数 (N) がそのまま有効政党数になるという点である。たとえば，政党が2つでその議席占有率が50％，50％であれば，有効政党数は $1 \big/ (0.5 \times 0.5 + 0.5 \times 0.5) = 2$ となる。議席に偏りが生じ，70％と30％となると，有効政党数は2を下回り，1.724となる。
 数式の意味するところをもう少し詳しく書いておこう。右辺の $\sum_{i=1}^{N} S_i^2$（各

さきがけ	新生党	諸派	無所属
		0.72	5.99
		0.36	2.83
		0.15	4.77
		0.22	5.55
		0.17	5.30
		0.27	5.05
		0.08	5.70
		0.13	4.89
		0.18	3.48
		0.11	4.88
		0.20	5.81
		0.09	7.32
2.64	10.10	0.23	6.85

さきがけ	新生党	諸派	無所属
		0.55	4.58
		0.26	2.06
		0.10	3.36
		0.16	4.05
		0.12	3.60
		0.19	3.59
		0.06	4.14
		0.09	3.29
		0.13	2.54
		0.07	3.29
		0.14	4.07
		0.06	5.32
1.76	6.71	0.15	4.56

---

2 水崎節文「比較政党研究における計量分析」横越英一編『政治学と現代世界』御茶の水書房，1983年，参照。

3 Markku Laakso and Rein Taagepera "Effective Number of Parties: A Measure with Application to West Europe," *Comparative Political Studies*, 12, 1979.

政党の議席占有率の二乗和）の部分は，議会における特定政党への議席の集中化の度合いを示している。それは，厳密にいえば，議会の全議員から2人の議員を無作為に抽出した場合に，この2人が同一政党に所属している確率の近似値である。この点を解説すると，次のようになる[4]。

たとえば，総議員数を n，i 番目の政党の議席数を f_i とすれば，全議員から2人を抽出する場合の数（組み合わせ）は

$$_nC_2 = \frac{1}{2}n(n-1)$$

であり，抽出された2人が同一政党に属している場合の数は

$$\sum_{i=1}^{N} {}_{f_i}C_2 = \sum_{i=1}^{N} \frac{1}{2}f_i(f_i-1)$$

であるから，よって2人が同一政党に所属している確率は，後式を前式で割って

$$\sum_{i=1}^{N} f_i(f_i-1) \bigg/ n(n-1)$$

となる。ここで，f_i と n がそれほど小さな数でなければ，$f_i - 1 \fallingdotseq f_i$，$n - 1 \fallingdotseq n$ と考えて，この確率は

$$\sum_{i=1}^{N} f_i^2 \bigg/ n^2 = \sum_{i=1}^{N} S_i^2$$

という近似値で表されることになる。

このようにして求められた確率（の近似値）で1を割った値が有効政党数である[5]。したがってこの数値は，「2人の議員を無作為に抽出した場合，

---

[4] Michael Taylor and V. M. Herman, "Party Systems and Government Stability," *American Political Science Review*, vol. 65, no. 1, March 1971, pp. 30-31.

[5] $1/\sum S_i^2$ ではなく，$1-\sum S_i^2$ を計算すれば，「議会の全議員から2人の議員を無作為に抽出した場合に，この2人が異なる政党に所属している確率」の近似値が求められる。この数値を「政党破片化指数」として提案したのがレイであり，以前はレイ指数の方が多用されていた。「有効政党数」はレイ指数をわかりやすい形に変形させたものであるが，基礎となる確率論，扱っている情報はまったく同じものである。レイ指数については，次の文献を参照されたい。Douglas W. Rae, *The Political Consequence of Electoral Law*, Yale University Press, 1967. D. W. Rae and Michael Taylor, *An*

(2) 多党化の推移

図1は，衆議院総選挙（1946年から2005年まで）の政党別当選者数から有効政党数を算出し[6]，その変化を折れ線グラフで示したものである。この図には，55年体制下における多党化の進展があざやかに描きだされている。

社会党の統一と保守合同による55年体制が成立する前は，多党化（特に保守政党の分裂）を反映して有効政党数は高い値を示している。そのピークは，自由党から鳩山派が分離した第26回総選挙（1953年），いわゆる「バカヤロー解散選挙」であった。しかし，55年体制最初の総選挙である第28回（1958年）では，有効政党数は極端に低くなり1.8750となっている。

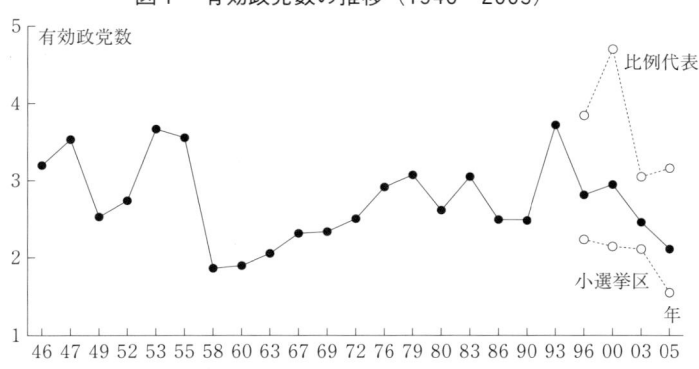

図1　有効政党数の推移（1946－2005）

※　総選挙における獲得議席数から算出。諸派，無所属の当選者を差し引いた数を総議席数として計算した。
※　96年以降については，選挙制度が小選挙区比例代表並立制になっているので，総議席から算出した結果（実線）のほか，小選挙区部分のみで算出した結果（下の点線），比例代表部分のみで算出した結果（上の点線）も掲載してある。

Analysis of Political Cleavages, Yale University Press, 1970.
6　算出にあたっては，諸派および無所属の当選者は，その合計人数を総議席数から差し引いて計算している。無所属を含めた場合の計算結果については，蒲島郁夫『政権交代と有権者の態度変容』木鐸社，1998年，参照。

その後の総選挙は、よく知られているように、野党の多党化と自民党議席率の漸減というコースをたどる。その間に自民党議席に多少の増減はあっても、野党の増加とそれにともなう議席拡散によって、有効政党数は緩慢ながら上昇を続け、第35回（1979年）に一旦そのピークに達している。

第34回（1976年）と第35回（1979年）のやや急な数値の上昇は、この2つの選挙がロッキード事件の影響を受けて自民党議席の減少をもたらしたことと、新自由クラブ、社会民主連合の誕生によって政党数が増加したことから、数値的には説明できよう。第36回（1980年）と第38回（1986年）における数値の低下は、いわゆる衆参ダブル選挙による自民党の議席回復によるものである。

第39回（1990年）の数値が低いのは、社会党の大勝と自民党の勝利、その他の野党の敗北によるものである。第40回（1993年）における有効政党数の急激な上昇は、日本新党、新生党、新党さきがけといった3つの新党の躍進、自民党、社会党の大幅議席減によるものである。第40回総選挙が、いかに大きな変動であったかがわかるだろう。

2　選挙区における多党化

前節では55年体制下の議会における多党化の進展を確認したが、本節では、選挙区レベルでどのように多党化が進んでいたかを見ていきたい。

(1)　多党化の地域的偏り

32頁表2は、55年体制下における総選挙で、各政党が何人の候補者を立て、何人当選者を出したかをまとめたものである。まず注目されるのが、各政党の候補者数である。

選挙区数は第28～30回（1958年～1963年）が118、第31～32回（1967年～1969年）が123、第33回（1972年）が124、第34～39回（1976年～1990年）が130、第40回（1993年）が129なので、それよりも多くの候補者を擁立している政党は、1選挙区に複数候補を擁立していることになる。1回の選挙で何人の候補者を擁立できるかは、政党組織の基礎力をあらわすと考えられるが、自民党は当選者数だけでなく、候補者数という点でも一党優位を誇っていたことになる。他の政党は、選挙が始まる前に、すでに負けて

いたと言えなくもない。

次に注目したいのは、候補者数と当選者数の関係である。これを見ると、「勝てないけれども候補者を出す政党」と「勝てる選挙区でしか候補者を出さない政党」が存在することがわかる。前者の典型が共産党であり、後者の典型が公明党である。たとえば、第37回総選挙（1983年）における両党の当選率を算出すると、共産党は20％、公明党は98％となり、両党の選挙戦術の相違が明瞭となる。

それでは、どのような選挙区で多党化は進展したのであろうか。32頁表3は、中選挙区の定数別に公認候補者を擁立した政党数の平均、当選者を出した政党数の平均をまとめたものである。これを見ると、選挙区定数が大きい選挙区で多党化が進展していることを確認できる[7]。

選挙区定数が大きい選挙区の中でも、より一層の多党化が進んだのは、都市部の選挙区であった。これは、多党化の原動力となった公明党、共産党、民社党の支持が都市部で高かったことに関係している。34頁表4は、第37回総選挙（1983年）について、選挙区定数と公認候補者を擁立した政党の数、議席を獲得した政党の数から、130選挙区を分類したものである。この表を見ると、同じ定数であっても都市型の選挙区（その多くが「太平洋ベルト地帯」と呼ばれる地域に存在する）でなければ、多党化はあまり進展しなかったことがわかる。

(2) 原55年体制型選挙区の残存

選挙区レベルで多党化の進展度合いを見ていくと、それはかなり地域限定的なものであったことがわかった。自民党政権が長期化した理由を考えるならば、多党化が起こったことよりも、むしろ多党化がまったく進展しなかった選挙区が数多く存在していたことの方が注目されるべきであろう。

55年体制成立後初の総選挙は1958年に行われた。このときの選挙区レベルの政党競合パターンは、大部分が自民党、社会党、共産党の3政党所属

---

7 選挙区定数が多党化の形態を規定したとする議論は多い。たとえば、河野勝「戦後日本の政党システム変化と合理的選択」日本政治学会編『年報政治学1994 ナショナリズムの現在 戦後日本政治』岩波書店、1994年、参照。

表2　当選者数と候補者数（第28回－第40回総選挙）

選挙回	自民党	社会党	公明党	民社党	共産党	新自由ク	進歩党	社民連	日本新党
28(1958)	287	166			1				
	413	246			114				
29(1960)	296	145		17	3				
	399	186		105	118				
30(1963)	283	144		23	5				
	359	198		59	118				
31(1967)	277	140	25	30	5				
	342	209	32	60	123				
32(1969)	288	90	47	31	14				
	328	183	76	68	123				
33(1972)	271	118	29	19	38				
	339	161	59	65	122				
34(1976)	249	123	55	29	17	17			
	320	162	84	51	128	25			
35(1979)	248	107	57	35	39	4		2	
	322	157	64	53	128	31		7	
36(1980)	284	107	33	32	29	12		3	
	310	149	64	50	129	25		5	
37(1983)	250	112	58	38	26	8		3	
	339	144	59	54	129	17		4	
38(1986)	300	85	56	26	26	6		4	
	322	138	61	56	129	12		5	
39(1990)	275	136	45	14	16		1	4	
	338	149	58	44	131		7	6	
40(1993)	223	70	51	15	15			4	35
	285	142	54	28	129			4	57

上段：当選者数　下段：候補者数

表3　選挙区定数と政党の公認擁立・議席獲得

公認候補を擁立した政党数（平均）

	28 (1958)	29 (1960)	30 (1963)	31 (1967)	32 (1969)	33 (1972)	34 (1976)	35 (1979)	36 (1980)	37 (1983)	38 (1986)	39 (1990)	40 (1993)
定数3	2.950	3.825	3.300	3.512	3.814	3.628	3.766	3.681	3.766	3.574	3.452	3.429	4.077
定数4	2.974	3.872	3.564	3.769	4.231	3.872	4.049	4.098	4.024	4.000	4.000	3.923	4.794
定数5	3.000	3.947	3.658	4.000	4.525	4.463	4.902	4.829	4.512	4.415	4.512	4.349	5.413

当選者を出した政党数（平均）

	28 (1958)	29 (1960)	30 (1963)	31 (1967)	32 (1969)	33 (1972)	34 (1976)	35 (1979)	36 (1980)	37 (1983)	38 (1986)	39 (1990)	40 (1993)
定数3	1.900	1.950	2.000	2.047	1.930	2.116	2.191	2.277	2.149	2.213	2.024	2.119	2.256
定数4	2.000	2.154	2.256	2.385	2.385	2.513	2.683	2.683	2.610	2.805	2.436	2.564	2.853
定数5	2.000	2.237	2.263	2.700	2.875	3.000	3.366	3.488	3.098	3.463	3.186	3.047	3.804

※　例外的に存在した1人区，2人区，6人区はケース数が少ないので掲載していない。

さきがけ	新生党	諸派	無所属	全候補
		1	12	467
		33	145	951
		1	5	467
		34	98	940
		0	12	467
		64	119	917
		0	9	486
		16	135	917
		0	16	486
		37	130	945
		2	14	491
		15	134	895
		0	21	511
		17	112	899
		0	19	511
		33	96	891
		0	11	511
		42	61	835
		0	16	511
		18	84	848
		0	9	512
		15	100	838
		0	21	512
		64	156	953
13	55	0	30	511
16	69	62	109	955

候補の対決であり（全選挙区の97％），議席獲得のパターンという点では，自民党と社会党の2政党所属候補が大部分の議席を獲得していた（全選挙区の94％）。このような政党競合のパターンを「政党競合における原55年体制型選挙区」（公認候補者を立てた政党が，自民，社会，共産のみの選挙区）と呼び，選挙結果のパターンを「選挙結果における原55年体制型選挙区」（自民，社会の2党の公認候補が議席を占有した選挙区）と呼ぶとして，その推移を整理したものが35頁表5である。

数度の新党参入によって，原55年体制型選挙区は確かにその数を減らしてきた。しかし，90年代に至るまで，30％以上の選挙区が依然として原55年体制型選挙区であった。第39回総選挙（1990年）では自社が勝利したため，選挙結果における原55年体制型選挙区は52％という高い割合になっている。

3 自民党の選挙実績

(1) 選挙変動の時期区分

36頁図2は，総選挙における自民党の実績をまとめたものである。この図には，3つの折れ線が描かれている。第1は自民党の獲得議席率であり，自民党当選者数を総定数で割ったものである。第2は相対得票率であり，自民党候補の獲得票数の合計を有効投票数で割ったものである。第3は絶対得票率であり，自民党候補の獲得票数の合計を有権者数で割ったもので

表4　第37回（1983年）総選挙における多党化の状況

選挙区定数	候補者を擁立した政党の数					議席を獲得した政党の数				
	6	5	4	3	2	5	4	3	2	1
5	神奈川2 東京2	大阪2 岡山1 岡山2 京都1 京都2 静岡1 東京4 東京10 徳島全 栃木2 長崎1 奈良全 兵庫1 兵庫2 広島3 福岡1 福岡2 福岡3 三重1 山口2	茨城3 沖縄全 岐阜1 熊本1 高知全 滋賀全 静岡2 千葉5 福島2 北海道1 北海道4 宮城1	熊本2 佐賀全 島根全 栃木1 新潟3 北海道5 山梨全		大阪2 神奈川2 東京2 東京4 兵庫1 福岡2	岡山1 沖縄全 岐阜1 京都1 京都2 高知全 滋賀全 東京10 栃木2 長崎1 奈良全 兵庫2 福岡3 三重1	茨城3 岡山2 熊本1 静岡1 静岡2 島根全 徳島全 広島3 福岡1 北海道1 北海道4 宮城1 山口2	熊本2 佐賀全 千葉5 栃木1 新潟3 北海道5 山梨全	
4	神奈川1 神奈川4 東京7 東京11	愛知1 大阪3 大阪4 大阪5 千葉1 東京3 東京6	愛知1 愛知2 茨城1 岩手2 大分2 岐阜2 静岡2 長野3 新潟2 兵庫4 福井全 福岡4 山形1 山形2 山口1	愛知4 青森1 秋田1 秋田2 岩手1 鹿児島1 群馬3 千葉2 鳥取全 長崎2 広島2 福島1 北海道2 三重2 宮城2			愛知6 大阪3 大阪4 大阪5 神奈川1 神奈川4 千葉1 東京3 東京6 東京7 東京11	愛知2 秋田1 茨城1 大分1 静岡3 長野3 兵庫4 福岡4 福島1 山形2	愛知4 青森1 秋田2 岩手1 岩手2 鹿児島1 岐阜2 群馬3 千葉2 鳥取全 長崎2 新潟2 広島2 福井全 北海道2 三重2 宮城2 山形1 山口1	
3		神奈川3 神奈川5 埼玉2 埼玉5 東京9 兵庫3	愛知3 石川1 大阪1 大阪6 大阪7 埼玉4 千葉4 東京1 東京5 長野2 兵庫4 新潟1 広島1	愛知5 石川1 茨城2 愛媛1 愛媛2 愛媛3 大分2 香川1 香川2 鹿児島2 鹿児島3 群馬2	青森2		大阪1 大阪6 大阪7 神奈川3 神奈川5 埼玉2 埼玉5 千葉4 東京5 東京9 兵庫3 広島1 宮崎1	愛知3 青森1 石川1 茨城1 愛媛1 愛媛3 大分2 香川1 鹿児島2 広島1 宮崎1	愛知5 石川2 香川2 和歌山2	

選挙区定数	候補者を擁立した政党の数					議席を獲得した政党の数				
	6	5	4	3	2	5	4	3	2	1
			北海道3 宮崎1 和歌山1	埼玉3 東京8 富山1 富山2 長野1 長野2 新潟4 兵庫5 福島3 宮崎2 和歌山2				和歌山1	埼玉1 埼玉3 埼玉4 東京1 東京8 富山1 富山2 長野1 長野2 長野4 新潟 新潟4 兵庫5 福島3 北海道3 宮崎2	
1					奄美					奄美

※ 政党：自民党，社会党，公明党，民社党，共産党，新自由クラブ，社民連

表5　多党化の進展と原55年体制型選挙区

回(年)	選挙区数	A	%	B	%		当選－候補
28(1958)	118	114	96.6	111	94.1		
29(1960)	118	15	12.7	95	80.5	←民社党参入	17－105
30(1963)	118	59	50.0	87	73.7		
31(1967)	123	58	47.2	68	55.3	←公明党参入	25－32
32(1969)	123	31	25.2	47	38.2		
33(1972)	124	42	33.9	60	48.4		
34(1976)	130	34	26.2	54	41.5	←新自ク参入	17－25
35(1979)	130	43	33.1	47	36.2	←社民連参入	2－7
36(1980)	130	39	30.0	56	43.1		
37(1983)	130	42	32.3	44	33.8		
38(1986)	130	41	31.5	43	33.1	←日新参入	35－57
39(1990)	130	48	36.9	67	51.5	←さき参入	13－16
40(1993)	129	17	13.2	19	14.7	←新生参入	55－69

A＝政党競合における原55年体制型選挙区（候補者が，自民，社会，共産のみの選挙区）
B＝選挙結果における原55年体制型選挙区（自民，社会の2党が議席を占有した選挙区）

ある。すべて％で表示してある。

　55年体制下における自民党の選挙変動は，前半期と後半期の2つの時期に区別することができよう[8]。前半期は，議席率，相対・絶対得票率がほぼ

　8　55年体制下の選挙変動を大胆に2つの時期に区分することについては，蒲島郁夫『戦後政治の軌跡　自民党システムの形成と変容』岩波書店，2004年，第4章「バッファー・プレイヤーの登場」より多くの示唆を受けた。

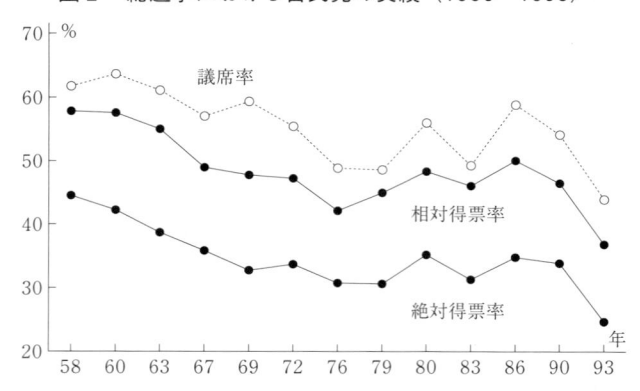

図2　総選挙における自民党の実績（1958－1993）

直線的に低下する時期である。後半期は、それらの指標が短期的に上下変動する時期である。

ここで3つの疑問が浮かぶ。まず第1に「なぜ得票の長期低落が発生したのか」という疑問である。第2の疑問は、「なぜ長期低落が底打ちしたのか」というものである。そして、第3の疑問は、「なぜ党勢が短期的な変動を繰り返すのか」というものである。

これらの疑問については、すでにいくつかの説明がなされている。まず前半期の長期低落については、日本の社会構造の変動が引き起こしたものであるという説明がなされている。たとえば、石川真澄は都市化による人口移動と職業変動こそが、その原因であるとする仮説を提起している[9]。人口移動・職業変動によって保守の集票組織から離脱した有権者が、この時期に多数発生したというのである。この視点に立てば、長期低落が底打ちしたことについても、都市化と多党化が終息した（地域限定的なものにとどまった）という点から説明がつく。

長期低落が底打ちした理由については、もっと大きな政治経済環境の変化やそれにともなう有権者の意識の変化という要因が指摘されている[10]。こうした点を最も大胆に論じたのが村上泰亮であろう。村上は、『新中間

9　石川真澄『戦後政治構造史』日本評論社、昭和53年、69－81頁。
10　三宅一郎『投票行動』東京大学出版会、1989年、168－176頁、参照。

大衆の時代』（1984年）の中で，「保守回帰」現象について「保守支持の範囲は拡大したが，その強度は低下した」点を重視し，次のように論じている。「70年代の自民党が，都市消費者という新しい『顧客(クライアント)』にも目を向けて，『豊かな社会』の状況を日本で完成させたことが，自民党支持の増加となって結実したとみるべきだろう。実際，豊かさにかげりや亀裂のみえる他の先進社会にくらべて，1970年代の日本は，世界でも最も快適な生活環境を提供しているといっても過言ではない。このような判断は，停滞する他国の状況が明らかとなり，高度成長にみられた期待水準の膨張が沈静するに及んで，日本人の間に定着したのである。脱イデオロギー化し，保身化した新中間大衆が，政権担当政党の支持に向かったことは当然というべきであろう[11]。」

　後半期については，より短期的な要因が選挙結果を規定したという観点から，人々の投票行動が論じられてきた[12]。そのような中でもユニークなのが，蒲島郁夫のバッファー・プレイヤー仮説である[13]。バッファー・プレイヤー（buffer player）とは，基本的に自民党の政権担当能力を支持しているが，政局は与野党伯仲がよいと考えて投票する有権者である。彼らは，自民党政権を継続させることで政治の安定性を，自民党を与野党伯仲という不安定な状況に置くことによって，国民に対する政治の応答性を求めているとされる。このような有権者の戦略的な投票行動が，自民党の選挙実績における上下変動を作り出したというのが，蒲島の主張である。

(2) 候補者数の変動にみる自民党の合理化

　11　村上泰亮『村上泰亮著作集　5』中央公論社，1997年，254－274頁。

　12　三宅一郎『政党支持の分析』創文社，1985年。堀江湛・梅村光弘『投票行動と政治意識』慶応通信，1986年。三宅一郎・綿貫譲治・猪口孝・蒲島郁夫『日本人の選挙行動』東京大学出版会，1986年。三宅一郎『政治参加と投票行動』ミネルヴァ書房，1990年。小林良彰『現代日本の選挙』東京大学出版会，1991年。

　13　バッファー・プレイヤーは，自民党政権が長く続き，野党の政権担当能力が不足している状況の下で生まれた，日本独特の投票行動を示す有権者であるといえる。蒲島郁夫『政権交代と有権者の態度変容』木鐸社，1998年，蒲島前掲書『戦後政治の軌跡　自民党システムの形成と変容』参照。

表6　死票率（第28回－第40回総選挙）(%)

	自民党	社会党	公明党	民社党	共産党	新自由ク	進歩党	社民連	日本新党
28 (1958)	22.25	22.74			94.19				
29 (1960)	18.92	14.78		71.24	81.95				
30 (1963)	15.60	20.95		43.88	77.37				
31 (1967)	13.76	26.65	18.37	34.87	85.36				
32 (1969)	8.09	43.83	26.15	35.59	66.10				
33 (1972)	15.25	20.69	40.56	62.15	32.72				
34 (1976)	16.94	18.12	19.39	27.18	75.01	11.26			
35 (1979)	17.68	25.19	6.59	23.43	40.96	72.67		40.96	
36 (1980)	5.36	23.91	43.46	27.31	55.72	24.50		9.32	
37 (1983)	21.17	15.75	1.37	20.83	60.83	30.99		30.05	
38 (1986)	4.89	32.09	6.32	42.09	54.29	36.45		4.67	
39 (1990)	13.87	4.63	18.92	61.92	70.61		41.73	14.15	
40 (1993)	15.60	40.11	3.95	30.88	71.44			0.00	18.94

　後半期については，次章以降で扱うので，ここでは前半期の選挙変動についてのみ考えたい。前半期の自民党の長期低落が社会構造の変動によってもたらされたものであるという考え方は，おそらく妥当なものであろう。しかし，都市化の影響がダイレクトに得票変動にあらわれたと説明することについては，慎重であるべきかもしれない。この点に関して，たとえば河野勝は，自民党候補者数の減少（長期低落の時期に自民党は候補者数を90人近く減らしている）こそがその要因であるとして，石川説を批判している[14]。候補者数が減少すれば，得票数も当然に減少するわけであり，得票率にあらわれた自民党の長期低落傾向は「見かけ」上のものに過ぎないというのが，河野の指摘である。

　河野の指摘はもっともであり，自民党の得票率低下は，この時期の自民党の選挙戦略からも説明される必要がある。自民党は結党以後しばらくの間，当選率を向上させており[15]，この点からは，むしろ都市化の影響で地盤を縮小させつつも，候補者の擁立をうまくコントロールしながら，合理的に議会の過半数の議席を獲得しようとする自民党の戦略的側面が見えてく

14　三宅一郎・西澤由隆・河野勝『55年体制下の政治と経済―時事世論調査データの分析―』木鐸社，2001年，33-34頁。

15　自民党の当選者数を候補者数で割った値を当選率とすると，その数値は次のように推移している。69%（1958年）→74%（1960年）→79%（1963年）→81%（1967年）→88%（1969年）→80%（1972年）。

さきがけ	新生党	諸派	無所属	全候補
		85.50	76.05	27.93
		46.47	75.40	25.91
		100.00	68.96	24.38
		100.00	77.59	26.31
		100.00	64.09	26.93
		14.95	66.03	26.25
		100.00	51.57	25.93
		100.00	46.26	24.21
		100.00	51.58	21.17
		100.00	45.96	23.38
		100.00	74.73	21.28
		100.00	67.85	23.00
14.07	12.27	100.00	37.35	24.73

表7　自民党候補の公認状況

	自民党候補者数−選挙区定数					
	−4	−3	−2	−1	0	＋1
28(1958)	0	1	7	51	45	14
29(1960)	0	1	11	50	49	7
30(1963)	0	3	19	61	35	0
31(1967)	0	10	24	66	23	0
32(1969)	0	11	34	57	21	0
33(1972)	0	12	33	50	29	0
34(1976)	3	18	33	59	17	0
35(1979)	3	17	37	53	19	1
36(1980)	3	20	40	49	18	0
37(1983)	0	14	38	54	24	0
38(1986)	3	17	37	53	20	0
39(1990)	0	17	35	53	25	0
40(1993)	5	26	45	35	17	0

るのである。自民党の候補者厳選が合理的であったことは，同時期の死票率を見ればよくわかる。表6にあるように，55年体制前半期の死票率は，選挙を経るごとに低下している。

2つの保守政党が合同した結果生まれた自民党の候補者擁立は，当初は戦略性を欠いたものであった。選挙区定数を超えた数の候補者を擁立したり，定数と同数の候補者を擁立したりするケースが少なからず見られた。このような選挙区では，当然のことながら，共倒れ現象が起きてしまう。

表7は，候補者擁立の実態を整理したものである。各選挙区における自民党公認候補数と選挙区定数の差を計算してある。公認候補者数が定数を超えていたらプラスとなり，定数と同じならゼロ，定数未満ならマイナスとなる。

55年体制成立後の2回の選挙では，選挙区定数を超える候補者が擁立された選挙区が存在する（第28回（1958年）＝14選挙区，第29回（1960年）＝7選挙区）。また，定数と同じ数の候補者数が擁立された選挙区も50近く存在する。このような選挙区における過剰競争を整理し，当選可能な票数を獲得できる候補者を各選挙区に揃えていくこと，他方で，多党化の進展した都市部においても，共倒れが起きないような適正な候補者数にしていくこと，これが結党当初の自民党の課題であり，それに成功したからこ

そ自民党政権は長期化したといえるのではなかろうか。

4　候補者レベルの集票力

　自民党が戦略的に候補者数を減らしたのだとすれば，その結果，各候補者の集票力はどのように変化しただろうか。本節では，中選挙区制における候補者レベルの集票力を把握する指数を紹介するとともに，その指数を用いた計算結果を提示していきたい[16]。

(1)　TK指数

　定数が3～5の中選挙区制における候補者の集票力を，全国統一基準で測定することは，案外に難しい。定数が異なれば，候補者数も異なり，その結果，候補者の得票率にも差が生じてくるからである。

　選挙区の議員定数を考慮して候補者の集票力量を測定する指数としては，すでに松原望・蒲島郁夫によって考案されたMK指数がある[17]。これは候補者得票が法定得票数（有効投票数を議員定数で除した数の4分の1）の何倍あるかを示すもので，法律が許容する当選のための「選挙民の支持の最小単位」を基準とすることで，異なる選挙区の候補者得票を統一基準で計測することを試みたものである。

　松原・蒲島の試みは，かなりの程度成功したといってよいが，計測基準として法定得票数という必ずしも数理的でない数値を用いていることに問題が残されているように思われる。そこで以下では，松原・蒲島の発想を

16　以下で紹介するのは，1995年度日本選挙学会・共通論題「中選挙区制の総括」における「55年体制下の選挙変動」という報告の中で，水崎が当選可能性指数（TK指数）として公表したものであるが，それはすでに1993年に田中善一郎氏が提案し，分析に多用していた当確指数と全く同じものであったことをここでお断りしておく。田中善一郎「政権交代選挙－第40回総選挙と今後の日本政治」『民主主義研究会紀要』第22号，1993年。水崎節文「中選挙区制における集票構造とその変動　自民党候補者の地域票の分析を中心として」『椙山女学園大学研究論集』第27号（社会科学篇），1996年。

17　松原望・蒲島郁夫「田中派圧勝自民党大敗の構図」『中央公論』1984年3月号。

活かしつつ、比例代表理論の古典的な当選基数法としてのドループ式クォータ[18]（Qd）を利用した合理的な尺度を紹介したい。

$$Qd = V \div (M+1) \quad (V: 有効投票数 \quad M: 議員定数)$$

Qd は、当該選挙区内の有効投票数を定数プラス1で割った数（正確には、小数点以下があれば切り上げ、割り切れた場合には1を加える）以上の得票を示した場合には、その候補者は他の候補者達の得票がどのような展開になろうとも、絶対に落選することはないという理論的最小値であり、つまり当選のための十分条件である[19]。

実際には、候補者数が多かったり、特定候補者が大量に得票することがあるので、この理論値より低い得票でも当選は可能である。そこで各候補者の得票数が Qd に対してどの程度の比率に達しているかを計算し、この値を当選可能性指数（TK指数）と名づける。

$$TK = V_i \div Qd \quad (V_i: 候補者 i の得票数)$$

この指数は、各選挙区の定数規模に応じて、各候補者が当選可能性に向けてどの程度の現実的な力量を示したかをあらわす数値といえる[20]。

---

18 イギリスの弁護士 H. R. Droop によって開発された比例代表における当選基数法で、候補者の得票がこの当選の十分条件を満たす数に達した時に1議席が与えられるべきだとして、1881年にイギリス統計協会で発表されたものである（H. R. Droop, "On Methods of Electing Representatives," *Journal of the Statistical Society*, 1881）。これを応用した比例代表法はかつてのイタリア等で多くみられる。

19 たとえば、有効票が100で定数が4の場合、ドループの基数は100／（4＋1）＝20となり、候補者は20票よりも多く得票すれば必ず当選する。

20 ドループの基数を算出する際に、有効投票総数の代わりに有権者数を使用すれば、「仮に全有権者が投票に行った場合の当選の十分条件」が算出される。候補者がこの数値の何倍得票しているかを計算したものを、森は ZTK 指数（絶対当選可能性指数）と呼び、参議院選挙の分析に活用している。森裕城「2001年参議院選挙の得票分析」『現代社会研究』（京都女子大

(2) TK 指数の算出結果

55年体制の下で行われたすべての総選挙（第28～40回）について，TK指数を算出した結果を紹介しておこう。

表8は，各回総選挙における全選挙区最下位当選者のTK指数の平均値を掲げたものである。選挙回や選挙区によって多少の差はあるものの，ほぼTK＝0.8前後で当落が画されているようである。55年体制下の定数3～5程度の中選挙区制の下ではTK＝0.8（得票率でいうと，定数5では13.3％，定数4では16％，定数3では20％）を安定当選の尺度とみて差し支えない

表8　最下位当選者のTK指数平均値

回	28	29	30	31	32	33	34	35	36	37	38	39	40
年	(1958)	(1960)	(1963)	(1967)	(1969)	(1972)	(1976)	(1979)	(1980)	(1983)	(1986)	(1990)	(1993)
	0.78	0.80	0.83	0.79	0.78	0.80	0.81	0.83	0.85	0.84	0.83	0.81	0.77

表9　政党別TK指数平均値

選挙回	自民党	社会党	公明党	民社党	共産党	新自由ク	進歩党	社民連	日本新党
28 (1958)	0.8299	0.7651			0.1214				
29 (1960)	0.8573	0.8525		0.4670	0.1350				
30 (1963)	0.9131	0.8400		0.6565	0.1816				
31 (1967)	0.9110	0.8072	0.7897	0.6716	0.2164				
32 (1969)	0.9214	0.7153	0.7800	0.6254	0.3086				
33 (1972)	0.8940	0.8352	0.7576	0.6067	0.4752				
34 (1976)	0.8809	0.8254	0.7532	0.7345	0.4917	0.8958			
35 (1979)	0.9239	0.8056	0.8848	0.7849	0.4942	0.5442		0.0510	
36 (1980)	1.0408	0.8411	0.7921	0.7970	0.4574	0.6299		0.6973	
37 (1983)	0.9109	0.8815	0.9608	0.8143	0.4377	0.7035		0.9335	
38 (1986)	1.0225	0.8013	0.8999	0.6899	0.4130	0.8118		0.8712	
39 (1990)	0.9092	1.0368	0.7807	0.6633	0.3663		0.2719	0.7814	
40 (1993)	0.8699	0.6963	0.8458	0.7325	0.3659			1.0770	0.8039

であろう。

次に，政党別にTK指数の算出結果を見ていきたい。表9は，55年体制下で行われたすべての総選挙について，全候補者のTK指数を算出し，所属政党別にその平均値を算出したものである。候補者レベルの集票力の推移は，政党全体でみた場合の集票力の推移とは，かなり印象の異なる結果

学現代社会学部），4・5号，2003年，参照。

になっている。

　この表で注目したいのは，自民党のTK指数平均値が，同党が直線的に得票率を低下させた長期低落の時期においても大きな変動を示さず，むしろ向上している点である。自民党の公認候補者厳選という選挙戦略が奏効した結果といえるだろう[21]。

　55年体制が存続した期間，自民党のTK指数平均値は，他の党よりもかなり高い水準にあったわけだが，個々の候補者のTK指数はどのようなものであっただろうか。44頁表10は，自民党候補のTK指数の分布を見たものである。これを見ると，結党当初の自民党では，TK指数が0.8を下回る候補者が半数近く存在したが，次第にそのような候補者が姿を消し，第32回総選挙（1969年）以降は7割を超える候補者が0.8を超えるようになっている。第28回（1958年）から第32回（1969年）にかけて自民党の公認候補者数は85人減少しているが，候補者の厳選は，集票力の低い候補者を排除する方向で行われたといえよう。

　自民党の中に，TK指数の異常な高さを誇っている候補者が数名いるが，これはどのような候補者であろうか。実際の候補者名を確認しておこう。表11には，各回総選挙におけるTK指数トップ50の候補者名を掲載しておいた。田中角栄をはじめとして，首相経験者，大臣経験者が並んでいる。この表は，野党候補者を排除したものではないが，トップ50

さきがけ	新生党	諸派	無所属	全候補
		0.1253	0.2487	0.6151
		0.0566	0.1782	0.6223
		0.0112	0.2522	0.6380
		0.0722	0.2622	0.6641
		0.0264	0.2704	0.6444
		0.1263	0.2498	0.6872
		0.0285	0.3470	0.7130
		0.0211	0.3552	0.7194
		0.0256	0.3801	0.7677
		0.0447	0.3767	0.7559
		0.0678	0.4027	0.7661
		0.0080	0.3246	0.6737
1.0134	0.9493	0.0208	0.4284	0.6702

21　社会党のTK平均値が，自民党と同様，社会党が長期低落をたどった時期に大きな変動を示していない点も注目される。社会党の場合も，この時期に候補者の削減を行ったことの結果と考えられる。ただし，社会党の候補者削減は，多くの場合，1つの選挙区から複数の候補者を擁立することをあきらめただけに終わっており，かなり消極的なものであったといわなければならない。社会党の候補者削減については，森裕城『日本社会党の研究　路線転換の政治過程』木鐸社，2001年，183－186頁参照。

表10　自民党候補者のTK指数の分布

	28(1958)		29(1960)		30(1963)		31(1967)		32(1969)		33(1972)	
2.4≦ TK <2.6	0	0.0	0	0.0	0	0.0	0	0.0	0	0.0	1	0.3
2.2≦ TK <2.4	0	0.0	0	0.0	0	0.0	0	0.0	0	0.0	1	0.3
2.0≦ TK <2.2	0	0.0	0	0.0	0	0.0	0	0.0	0	0.0	0	0.0
1.8≦ TK <2.0	0	0.0	0	0.0	0	0.0	1	0.3	1	0.3	1	0.3
1.6≦ TK <1.8	1	0.2	1	0.3	4	1.1	1	0.3	3	0.9	2	0.6
1.4≦ TK <1.6	4	1.0	6	1.5	9	2.5	7	2.0	7	2.1	3	0.9
1.2≦ TK <1.4	19	4.6	17	4.3	21	5.8	24	7.0	23	7.0	15	4.4
1.0≦ TK <1.2	57	13.8	63	15.8	77	21.4	75	21.9	60	18.3	54	15.9
0.8≦ TK <1.0	144	34.9	158	39.6	135	37.6	126	36.8	145	44.2	165	48.7
0.6≦ TK <0.8	123	29.8	118	29.6	92	25.6	84	24.6	69	21.0	72	21.2
0.4≦ TK <0.6	55	13.3	25	6.3	16	4.5	18	5.3	16	4.9	23	6.8
0.2≦ TK <0.4	9	2.2	10	2.5	5	1.4	6	1.8	3	0.9	2	0.6
0.0≦ TK <0.2	1	0.2	1	0.3	0	0.0	0	0.0	1	0.3	0	0.0
計	413	100.0	399	100.0	359	100.0	342	100.0	328	100.0	339	100.0
TK ≧0.8	225	54.5	245	61.5	246	68.4	234	68.3	239	72.8	242	71.4

各回の右側の数値は構成比（％）

の大半が自民党候補であることは，野党の選挙における非力さを象徴しているように思われる。多数の野党候補がトップ50に食い込んだのは，土井社会党が大勝した第39回総選挙（1990年）と，新党ブームによって3つの新党が躍進した第40回総選挙（1993年）のみであった。

　以上本章では，55年体制下における多党化の進展を概観した後，中選挙区制における候補者得票の水準を測定するTK指数を紹介し，TK指数を用いて自民党候補者の得票動向を検討してきた。都市化と多党化が進展する中で，総選挙における自民党の得票率は70年代に至るまで低下の一途をたどっていたが，個々の候補者レベルでは一定の得票水準が維持されていたことが明らかになった。これは，自民党の候補者厳選戦略が功を奏した結果であったといってよいだろう。

　次章では，選挙区内の地域票にまで立ち入り，個々の自民党候補者の集票特性と地域特性との関係を検討していくことにする。時代的には，保革伯仲期以降の選挙政治を扱うことになる。

34(1976)		35(1979)		36(1980)		37(1983)		38(1986)		39(1990)		40(1993)	
0	0.0	0	0.0	1	0.3	0	0.0	0	0.0	0	0.0	0	0.0
0	0.0	0	0.0	0	0.0	0	0.0	0	0.0	0	0.0	0	0.0
0	0.0	1	0.3	0	0.0	1	0.3	0	0.0	0	0.0	0	0.0
1	0.3	0	0.0	2	0.6	0	0.0	0	0.0	1	0.3	0	0.0
2	0.6	4	1.2	7	2.6	2	0.6	6	1.9	1	0.3	2	0.7
6	1.9	6	1.9	13	4.2	9	2.7	16	5.0	1	0.3	6	2.1
17	5.3	21	6.5	38	12.3	18	5.3	31	9.6	19	5.6	19	6.7
56	17.5	70	21.7	94	30.3	72	21.2	104	32.3	61	18.0	44	15.4
115	35.9	119	37.0	125	40.3	143	42.2	126	39.1	178	52.7	105	36.8
101	31.6	86	26.7	26	8.4	65	19.2	34	10.6	65	19.2	82	28.8
20	6.3	13	4.0	3	1.0	19	5.6	3	0.9	10	3.0	12	4.2
2	0.6	1	0.3	1	0.3	10	2.9	2	0.6	2	0.6	11	3.9
0	0.0	1	0.3	0	0.0	0	0.0	0	0.0	0	0.0	4	1.4
320	100.0	322	100.0	310	100.0	339	100.0	322	100.0	338	100.0	285	100.0
197	61.5	221	68.6	280	90.6	245	72.3	283	87.9	261	77.2	176	61.7

表11　TK指数トップ50

第28回総選挙(1958年)				第29回総選挙(1960年)				第30回総選挙(1963年)			
愛知揆一	宮城1区	自民	1.700	田村元	三重2区	自民	1.605	田中角栄	新潟3区	自民	1.720
三木武夫	徳島全県区	自民	1.578	荒船清十郎	埼玉3区	自民	1.542	渡辺良夫	新潟2区	自民	1.707
岸信介	山口2区	自民	1.561	江崎真澄	愛知3区	自民	1.483	江崎真澄	愛知3区	自民	1.667
藤山愛一郎	神奈川1区	自民	1.455	福田赳夫	群馬3区	自民	1.464	山村新治郎	千葉2区	自民	1.650
横路節雄	北海道1区	社会	1.449	飛鳥田一雄	神奈川1区	社会	1.460	前尾繁三郎	京都2区	自民	1.587
黒田寿男	岡山1区	社会	1.443	渡辺良夫	新潟2区	自民	1.450	佐藤栄作	山口2区	自民	1.560
池田勇人	広島2区	自民	1.430	田中角栄	新潟3区	自民	1.422	荒船清十郎	埼玉3区	自民	1.559
小沢佐重喜	岩手2区	自民	1.375	中嶋英夫	神奈川2区	社会	1.409	松村謙三	富山1区	自民	1.504
福田赳夫	群馬3区	自民	1.368	池田勇人	広島2区	自民	1.409	福田赳夫	群馬3区	自民	1.479
田中角栄	新潟3区	自民	1.364	愛知揆一	宮城1区	自民	1.392	大野伴睦	岐阜1区	自民	1.474
田中竜夫	山口1区	自民	1.355	遠藤三郎	静岡2区	自民	1.386	田中栄一	東京1区	自民	1.436
荒船清十郎	埼玉3区	自民	1.320	石山権作	秋田1区	社会	1.383	赤城宗徳	茨城1区	自民	1.431
町村金五	北海道1区	自民	1.319	大野伴睦	岐阜1区	自民	1.378	瀬戸山三男	宮崎2区	自民	1.431
渡辺良夫	新潟2区	自民	1.313	永井誠一郎	東京1区	自民	1.368	西尾末広	大阪2区	民社	1.395
田中栄一	東京1区	自民	1.306	田中彰治	新潟4区	自民	1.360	水田三喜男	千葉3区	自民	1.393
小西寅松	大阪5区	自民	1.281	畑和	埼玉1区	社会	1.332	和爾俊二郎	大阪1区	自民	1.359
早川崇	和歌山2区	自民	1.276	加藤清二	愛知2区	社会	1.325	森清	千葉3区	自民	1.358
田中彰治	新潟4区	自民	1.276	辻寛一	愛知2区	自民	1.321	斉藤邦吉	福島3区	自民	1.351
赤城宗徳	茨城1区	自民	1.274	足鹿覚	鳥取全県区	社会	1.306	下平正一	長野4区	社会	1.339
西村直己	静岡1区	自民	1.273	三木喜夫	兵庫4区	社会	1.288	松田竹千代	大阪5区	自民	1.338
川島正次郎	千葉1区	自民	1.272	坊秀男	和歌山1区	自民	1.288	原健三郎	兵庫2区	自民	1.335
竹下登	島根全県区	自民	1.264	佐藤栄作	山口2区	自民	1.272	江田三郎	岡山2区	社会	1.316
松野頼三	熊本1区	自民	1.245	小坂善太郎	長野1区	自民	1.262	中曽根康弘	群馬3区	自民	1.311
益谷秀次	石川2区	自民	1.218	田中織之進	和歌山1区	社会	1.261	小山長規	宮崎2区	自民	1.303
篠田弘作	北海道4区	自民	1.214	川島正次郎	千葉1区	自民	1.259	正力松太郎	富山2区	自民	1.280
平野三郎	岐阜2区	自民	1.214	中垣国男	愛知4区	自民	1.255	田村元	三重2区	自民	1.280
松村謙三	富山1区	自民	1.200	山中広	北海道3区	社会	1.247	木村守江	福島3区	自民	1.272
増田甲子七	長野4区	自民	1.199	山口喜久一郎	和歌山1区	自民	1.239	西宮弘	宮城1区	社会	1.264
小林絹治	兵庫3区	自民	1.195	松野頼三	熊本1区	自民	1.229	河野一郎	神奈川3区	自民	1.254
大野伴睦	岐阜1区	自民	1.193	唐沢俊樹	長野4区	自民	1.220	松野頼三	熊本1区	自民	1.251
江崎真澄	愛知3区	自民	1.190	中曽根康弘	群馬3区	自民	1.212	山本勝市	埼玉4区	自民	1.248
前尾繁三郎	京都2区	自民	1.190	水田三喜男	千葉3区	自民	1.208	八田貞義	福島2区	自民	1.244
古川丈吉	大阪4区	自民	1.182	山中吾郎	岩手1区	社会	1.207	村上勇	大分1区	自民	1.220
佐藤栄作	山口2区	自民	1.181	松村謙三	富山2区	自民	1.205	地崎宇三郎	北海道1区	自民	1.213
羽田武嗣郎	長野2区	自民	1.180	山花秀雄	東京7区	社会	1.193	池田勇人	広島2区	自民	1.212
松浦周太郎	北海道2区	自民	1.174	細迫兼光	山口1区	社会	1.191	増田甲子七	長野4区	自民	1.210
始関伊平	千葉1区	自民	1.172	角屋堅次郎	三重2区	自民	1.187	愛知揆一	宮城1区	自民	1.209
河本敏夫	兵庫4区	自民	1.149	藤原豊次郎	千葉2区	社会	1.184	川島正次郎	千葉1区	自民	1.202
永山忠則	広島5区	自民	1.137	羽田武嗣郎	長野2区	自民	1.184	相川勝六	福岡3区	自民	1.195
小坂善太郎	長野1区	自民	1.131	赤松勇	愛知1区	社会	1.182	関谷勝利	愛媛1区	自民	1.188
中村梅吉	東京5区	自民	1.130	福永健司	埼玉1区	自民	1.170	横路節雄	北海道1区	社会	1.186
正木清	北海道1区	社会	1.130	横路節雄	北海道1区	社会	1.168	堤康次郎	滋賀全県区	自民	1.182
田村元	三重2区	自民	1.130	高田富之	埼玉3区	自民	1.166	藤枝泉介	群馬1区	自民	1.180
水田三喜男	千葉3区	自民	1.129	大橋武夫	島根全県区	自民	1.164	山中貞則	鹿児島3区	自民	1.178
正力松太郎	富山2区	自民	1.122	西尾末広	大阪2区	民社	1.159	山内広	北海道3区	社会	1.174
荒木万寿夫	福岡2区	自民	1.121	有田喜一	兵庫新5区	自民	1.157	園田直	熊本2区	自民	1.172
金子岩三	長崎2区	無属	1.119	村上勇	大分1区	自民	1.156	加藤常太郎	香川2区	自民	1.171
森清	千葉3区	自民	1.119	正示啓次郎	和歌山2区	自民	1.152	金丸徳重	山梨全県区	社会	1.164
久保田鶴松	大阪4区	社会	1.118	古井喜実	鳥取全県区	自民	1.152	坂田英一	石川1区	自民	1.159
賀屋興宣	東京3区	自民	1.118	西宮弘	宮城1区	社会	1.151	三木武夫	徳島全県区	自民	1.156

表11 つづき

第31回総選挙（1967年）				第32回総選挙（1969年）				第33回総選挙（1972年）			
田中角栄	新潟3区	自民	1.879	田中角栄	新潟3区	自民	1.978	田中角栄	新潟3区	自民	2.525
瀬戸山三男	宮崎2区	自民	1.608	園田直	熊本2区	自民	1.713	福田赳夫	群馬3区	自民	2.310
荒船清十郎	埼玉3区	自民	1.568	渡海元三郎	兵庫3区	自民	1.698	田村元	三重2区	自民	1.880
松浦周太郎	北海道2区	自民	1.530	保利茂	佐賀全県区	自民	1.680	金丸信	山梨全県区	自民	1.641
福田赳夫	群馬3区	自民	1.484	伊東正義	福島2区	自民	1.581	足立篤郎	静岡2区	自民	1.621
江崎真澄	愛知3区	自民	1.456	松浦周太郎	北海道2区	自民	1.534	渡辺栄一	岐阜2区	自民	1.583
松前重義	熊本1区	社会	1.439	中曽根康弘	群馬3区	自民	1.471	鈴木善幸	岩手1区	自民	1.502
保利茂	佐賀全県区	自民	1.438	江崎真澄	愛知3区	自民	1.448	大平正芳	香川2区	自民	1.463
灘尾弘吉	広島1区	自民	1.416	灘尾弘吉	広島1区	自民	1.439	竹下登	島根全県区	自民	1.357
渡海元三郎	兵庫3区	自民	1.406	鈴木善幸	岩手1区	自民	1.421	早川崇	和歌山2区	自民	1.350
足立篤郎	静岡3区	自民	1.387	坂田道太	熊本2区	自民	1.409	石原慎太郎	東京2区	無属	1.337
加藤清二	愛知2区	社会	1.370	佐藤栄作	山口2区	自民	1.385	山田芳治	京都2区	社会	1.330
水田三喜男	千葉3区	自民	1.370	福田赳夫	群馬3区	自民	1.370	石橋政嗣	長崎2区	社会	1.323
藤山愛一郎	神奈川1区	自民	1.367	小沢辰男	新潟1区	自民	1.355	東中光雄	大阪2区	共産	1.314
園田直	熊本2区	自民	1.363	荒船清十郎	埼玉3区	自民	1.352	船田中	栃木1区	自民	1.305
森清	千葉3区	自民	1.357	田村元	三重2区	自民	1.329	保利茂	佐賀全県区	自民	1.292
佐藤栄作	山口2区	自民	1.349	浅井美幸	大阪2区	公明	1.319	松本善明	東京4区	共産	1.290
大平正芳	香川2区	自民	1.332	渡辺栄一	岐阜2区	自民	1.309	橋本登美三郎	茨城1区	自民	1.268
渡辺栄一	岐阜2区	自民	1.330	西村栄一	大分2区	自民	1.305	寺前巌	京都2区	共産	1.256
小山長規	宮崎2区	自民	1.320	吉田実	富山2区	自民	1.302	三木武夫	徳島全県区	自民	1.251
安倍晋太郎	山口1区	自民	1.316	山口敏夫	埼玉2区	自民	1.288	多賀谷真稔	福岡2区	社会	1.244
中馬辰猪	鹿児島2区	自民	1.303	藤枝泉介	群馬2区	自民	1.281	荒船清十郎	埼玉3区	自民	1.238
長谷川四郎	群馬2区	自民	1.295	谷口善太郎	京都1区	共産	1.275	浅井美幸	大阪2区	公明	1.236
西村直己	静岡1区	自民	1.295	上村千一郎	愛知5区	自民	1.269	加藤六月	岡山2区	自民	1.232
菅太郎	愛媛1区	自民	1.295	小平忠	北海道3区	民社	1.262	小沢辰男	新潟1区	自民	1.229
赤城宗徳	茨城3区	自民	1.289	内田常雄	山梨全県区	自民	1.250	中川一郎	北海道5区	自民	1.220
猪俣浩三	新潟4区	社会	1.283	原田憲	大阪3区	自民	1.246	佐々木良作	兵庫5区	民社	1.219
久野忠治	愛知2区	自民	1.266	渡辺肇	新潟2区	自民	1.246	中曽根康弘	群馬3区	自民	1.216
西尾末広	大阪2区	民社	1.258	大平正芳	香川2区	自民	1.244	二階堂進	鹿児島3区	自民	1.214
石川次夫	茨城3区	社会	1.250	中村梅吉	東京5区	自民	1.243	西村英一	大分2区	自民	1.214
渡辺肇	新潟2区	自民	1.250	山中貞則	鹿児島3区	自民	1.241	安倍晋太郎	山口1区	自民	1.208
前尾繁三郎	京都2区	自民	1.247	小沢一郎	岩手2区	自民	1.240	原健三郎	兵庫2区	自民	1.204
上村千一郎	愛知5区	自民	1.245	浜田幸一	千葉2区	自民	1.230	八木一男	奈良全県区	社会	1.197
小沢辰男	新潟1区	自民	1.241	砂原格	広島2区	自民	1.215	中村重光	長崎1区	社会	1.184
坂本三十次	石川2区	自民	1.230	毛利松平	愛媛3区	自民	1.214	萩原幸雄	広島1区	自民	1.183
田村元	三重2区	自民	1.228	安倍晋太郎	山口1区	自民	1.205	瓦力	石川2区	自民	1.183
白浜仁吉	長崎2区	自民	1.227	山田太郎	岡山1区	公明	1.197	金子岩三	長崎2区	自民	1.181
坂田道太	熊本2区	自民	1.225	二階堂進	鹿児島3区	自民	1.197	稲葉修	新潟2区	自民	1.174
大原亨	広島1区	社会	1.198	羽田孜	長野2区	自民	1.197	浜田幸一	千葉2区	自民	1.162
松沢雄蔵	山形2区	自民	1.194	浜野清吾	東京9区	自民	1.193	山本政弘	東京3区	社会	1.159
八百板正	福島1区	社会	1.194	愛知揆一	宮城1区	自民	1.193	愛知揆一	宮城1区	自民	1.148
天野公義	東京6区	自民	1.192	寺前巌	京都2区	共産	1.191	村上弘	大阪3区	共産	1.145
松野頼三	熊本1区	自民	1.180	松沢雄蔵	山形2区	自民	1.188	田沢吉郎	青森2区	自民	1.141
岡田利春	北海道5区	社会	1.174	木村俊夫	三重1区	自民	1.184	山下元利	滋賀全県区	自民	1.137
江田三郎	岡山2区	社会	1.163	海部俊樹	愛知3区	自民	1.181	倉成正	長崎2区	自民	1.137
松村謙三	富山2区	自民	1.161	村上勇	島根全県区	自民	1.181	正示啓次郎	和歌山2区	自民	1.133
小沢太郎	山口2区	自民	1.158	益谷秀次	石川2区	自民	1.177	椎名悦三郎	岩手2区	自民	1.131
原健三郎	兵庫2区	自民	1.158	丹羽喬四郎	茨城3区	自民	1.177	山原健二郎	高知全県区	共産	1.121
愛知揆一	宮城1区	自民	1.158	伏木和雄	神奈川1区	公明	1.173	村山富市	大分1区	社会	1.120
益谷秀次	石川2区	自民	1.154	塚原俊郎	茨城2区	自民	1.166	大村襄治	岡山1区	自民	1.117

表11 つづき

第34回総選挙(1976年)				第35回総選挙(1979年)				第36回総選挙(1980年)			
田中角栄	新潟3区	無属	2.220	大平正芳	香川2区	自民	2.083	森田一	香川2区	自民	2.486
福田赳夫	群馬3区	自民	1.815	田中角栄	新潟3区	無属	1.863	石原慎太郎	東京2区	自民	1.971
荒船清十郎	埼玉3区	自民	1.762	田村元	三重2区	自民	1.733	田中六助	福岡4区	自民	1.902
大平正芳	香川2区	自民	1.733	保岡興治	奄美群島区	自民	1.687	田中角栄	新潟3区	無属	1.815
田沢吉郎	青森2区	自民	1.571	渡辺美智雄	栃木1区	自民	1.666	大西正男	高知全県区	自民	1.778
渡辺栄一	岐阜2区	自民	1.509	山下元利	滋賀全県区	自民	1.612	加藤紘一	山形2区	自民	1.672
海部俊樹	愛知3区	自民	1.508	長谷川四郎	群馬2区	自民	1.597	粕谷茂	東京4区	自民	1.664
田川誠一	神奈川2区	自ク	1.501	中川一郎	北海道5区	自民	1.582	塩川正十郎	大阪4区	自民	1.646
田村元	三重2区	自民	1.499	森喜朗	石川1区	自民	1.578	渡辺美智雄	栃木1区	自民	1.646
斉藤邦吉	福島3区	自民	1.492	福田赳夫	群馬3区	自民	1.512	保岡興治	奄美群島区	自民	1.625
河野洋平	神奈川5区	自ク	1.485	安倍晋太郎	山口1区	自民	1.492	田村元	三重2区	自民	1.610
綿貫民輔	富山2区	自民	1.468	梶山静六	茨城3区	自民	1.460	安倍晋太郎	山口1区	自民	1.594
石橋政嗣	長崎2区	社会	1.411	竹入義勝	東京10区	公明	1.429	福田赳夫	群馬3区	自民	1.578
佐藤隆	新潟2区	無属	1.384	塩崎潤	愛媛1区	自民	1.376	中西啓介	和歌山1区	自民	1.575
早川崇	和歌山2区	自民	1.363	浅井美幸	大阪2区	公明	1.374	伊東正義	福島2区	自民	1.542
安倍晋太郎	山口1区	自民	1.351	塚本三郎	愛知6区	民社	1.336	荒船清十郎	埼玉3区	自民	1.504
松永光	埼玉1区	自民	1.346	渡辺栄一	岐阜2区	自民	1.329	渡辺栄一	岐阜2区	自民	1.497
福田篤泰	東京7区	自民	1.340	佐々木良作	兵庫5区	民社	1.326	小里貞利	鹿児島2区	自民	1.497
山口敏夫	埼玉2区	自民	1.330	赤城宗徳	茨城2区	自民	1.325	唐沢俊二郎	長野4区	自民	1.467
春日一幸	愛知1区	民社	1.324	斉藤邦吉	福島3区	自民	1.323	水野清	千葉2区	自民	1.459
石原慎太郎	東京2区	自民	1.316	丹羽兵助	愛知3区	自民	1.316	前尾繁三郎	京都2区	自民	1.448
森喜朗	石川1区	自民	1.316	粕谷茂	東京4区	自民	1.314	中山正暉	大阪2区	自民	1.447
三木武夫	徳島全県区	自民	1.314	竹下登	島根全県区	自民	1.294	中川一郎	北海道5区	自民	1.443
浅井美幸	大阪2区	公明	1.302	保利耕輔	佐賀全県区	自民	1.280	長谷川四郎	群馬2区	自民	1.439
上坂昇	福島3区	社会	1.291	東中光雄	大阪2区	共産	1.277	原田憲	大阪1区	自民	1.384
塩谷一夫	静岡1区	自民	1.291	灘尾弘吉	広島1区	自民	1.275	塩崎潤	愛媛1区	自民	1.377
竹入義勝	東京10区	公明	1.290	福田一	福井全県区	自民	1.261	竹下登	島根全県区	自民	1.375
上村千一郎	愛知5区	自民	1.277	鈴木善幸	岩手1区	自民	1.258	鈴木善幸	岩手1区	自民	1.364
中村弘海	長崎2区	自民	1.275	田中六助	福岡4区	自民	1.255	砂田重民	兵庫1区	自民	1.358
松沢雄蔵	山形2区	自民	1.270	奥野誠亮	奈良全県区	自民	1.253	山下元利	滋賀全県区	自民	1.341
中村喜四郎	茨城3区	無属	1.258	水野清	千葉2区	無属	1.235	武藤嘉文	岐阜1区	自民	1.335
中島源太郎	群馬2区	自民	1.254	山口敏夫	埼玉2区	自ク	1.234	中島源太郎	群馬2区	自民	1.321
渡辺美智雄	栃木1区	自民	1.251	中島源太郎	群馬2区	自民	1.232	細田吉蔵	島根全県区	自民	1.318
村田敬次郎	愛知5区	自民	1.247	羽田孜	長野2区	自民	1.231	山口敏夫	埼玉2区	自ク	1.313
山崎平八郎	福岡3区	自民	1.225	荒船清十郎	埼玉3区	自民	1.224	友納武人	千葉4区	自民	1.313
阿部文男	北海道3区	自民	1.220	河本敏夫	兵庫4区	自民	1.218	奥野誠亮	奈良全県区	自民	1.313
井上一成	大阪3区	社会	1.219	小山長規	宮崎2区	自民	1.216	宇野宗佑	滋賀全県区	自民	1.311
西岡武夫	長崎2区	自ク	1.217	金子一平	岐阜2区	自民	1.215	有馬元治	鹿児島2区	自民	1.311
加藤紘一	山形2区	自民	1.208	橋本龍太郎	岡山2区	自民	1.206	塚本三郎	愛知6区	民社	1.310
灘尾弘吉	広島1区	自民	1.204	園田直	熊本2区	自民	1.204	阿部文男	北海道3区	自民	1.305
村山富市	大分1区	社会	1.199	稲village利幸	栃木2区	自民	1.196	園田直	熊本2区	自民	1.295
片岡清一	富山2区	自民	1.196	松本十郎	兵庫4区	自民	1.194	羽田孜	長野2区	自民	1.295
東中光雄	大阪2区	共産	1.179	寺前巌	京都2区	共産	1.193	石川要三	東京11区	自民	1.289
平石磨作太郎	高知全県区	公明	1.169	三原朝雄	福岡2区	自民	1.193	河本敏夫	兵庫4区	自民	1.282
大原亨	広島1区	社会	1.165	山本幸雄	三重1区	自民	1.189	北川石松	大阪7区	自民	1.277
依田実	東京9区	自民	1.164	村ham兼造	秋田1区	自民	1.186	川田正則	北海道3区	自民	1.270
坂本三十次	石川2区	自民	1.162	金丸信	山梨全県区	自民	1.184	木野晴夫	大阪5区	自民	1.265
竹本孫一	静岡3区	民社	1.162	中曽根康弘	群馬3区	自民	1.184	森喜朗	石川1区	自民	1.263
越智通雄	東京3区	自民	1.155	湯山勇	愛媛1区	社会	1.184	橋本龍太郎	岡山2区	自民	1.256
竹内黎一	青森2区	自民	1.154	関谷勝嗣	愛媛1区	自民	1.182	愛知和男	宮城1区	自民	1.256

表11 つづき

第37回総選挙(1983年)				第38回総選挙(1986年)				第39回総選挙(1990年)			
田中角栄	新潟3区	無属	2.799	田中角栄	新潟3区	無属	2.402	橋本龍太郎	岡山2区	自民	1.918
渡辺美智雄	栃木1区	自民	2.152	安倍晋太郎	山口1区	自民	1.734	井上一成	大阪3区	社会	1.610
加藤紘一	山形2区	自民	1.728	加藤六月	岡山2区	自民	1.699	塩川正十郎	大阪4区	自民	1.605
福田赳夫	群馬3区	自民	1.647	竹下登	島根全県区	自民	1.676	伊藤秀子	北海道1区	社会	1.538
髙鳥修	新潟4区	自民	1.569	渡辺美智雄	栃木1区	自民	1.645	関晴正	青森1区	社会	1.537
中西啓介	和歌山1区	自民	1.514	田村元	三重2区	自民	1.629	加藤万吉	神奈川3区	社会	1.531
中川昭一	北海道5区	自民	1.511	小里貞利	鹿児島2区	自民	1.629	上野建一	千葉1区	社会	1.510
中曽根康弘	群馬3区	自民	1.505	橋本龍太郎	岡山2区	自民	1.573	大畠章宏	茨城2区	社会	1.508
竹下登	島根全県区	自民	1.497	森喜朗	石川1区	自民	1.565	土井たか子	兵庫2区	社会	1.488
小里貞利	鹿児島2区	自民	1.467	後藤田正晴	徳島全県区	自民	1.540	海部俊樹	愛知3区	自民	1.448
塩崎潤	愛媛1区	自民	1.428	塩川正十郎	大阪4区	自民	1.527	細川律夫	埼玉4区	社会	1.430
塩川正十郎	大阪4区	自民	1.419	西田司	愛媛1区	自民	1.526	渋沢利久	東京10区	社会	1.403
安倍晋太郎	山口1区	自民	1.418	中村喜四郎	茨城3区	自民	1.510	山中末治	京都2区	社会	1.370
森喜朗	石川1区	自民	1.394	中山正暉	大阪2区	自民	1.485	伊東正義	福島2区	自民	1.368
伊藤英成	愛知4区	民社	1.390	今井勇	愛媛3区	自民	1.472	梶山静六	茨城2区	社会	1.363
浅井美幸	大阪2区	公明	1.382	福田赳夫	群馬3区	自民	1.469	前島秀行	静岡2区	社会	1.359
西田司	愛媛1区	自民	1.361	中西啓介	和歌山1区	自民	1.457	石原慎太郎	東京2区	自民	1.356
小沢辰男	新潟1区	自民	1.357	渡部恒三	福島2区	自民	1.448	日野市朗	宮城3区	社会	1.355
八木昇	佐賀全県区	社会	1.350	梶山静六	茨城2区	自民	1.437	中村喜四郎	茨城3区	自民	1.338
阿部未喜男	大分2区	社会	1.349	山口敏夫	埼玉2区	自ク	1.434	小松定男	埼玉2区	社会	1.332
竹入義勝	東京10区	公明	1.340	西岡武夫	長崎1区	自民	1.425	奥田敬和	石川1区	自民	1.330
多賀谷真稔	福岡2区	社会	1.314	藤波孝生	三重2区	自民	1.421	小沢潔	東京7区	自民	1.329
渡辺栄一	岐阜2区	自民	1.308	麻生太郎	福岡2区	自民	1.419	左近正男	大阪2区	社会	1.326
田原隆	大分2区	自民	1.306	中曽根康弘	群馬3区	自民	1.406	小林守	栃木1区	社会	1.322
森田一	香川1区	自民	1.301	浜田幸一	千葉3区	自民	1.384	岩田順介	福岡2区	社会	1.318
村山喜一	鹿児島2区	社会	1.298	瓦力	石川2区	自民	1.382	中山太郎	大阪5区	自民	1.318
村山富市	大分1区	社会	1.296	田原隆	大分2区	自民	1.379	赤松広隆	愛知6区	社会	1.313
羽田孜	長野2区	自民	1.291	伊東正義	福島2区	自民	1.377	田口健二	長崎1区	社会	1.303
金丸信	山梨全県区	自民	1.271	原田憲	大阪3区	自民	1.376	伊藤茂	神奈川1区	社会	1.300
中村喜四郎	茨城3区	自民	1.266	金丸信	山梨全県区	自民	1.369	森井忠良	広島2区	社会	1.294
渡部恒三	福島2区	自民	1.264	羽田孜	長野2区	自民	1.363	水野清	千葉2区	自民	1.290
田村元	三重2区	自民	1.259	城田豊司	茨城2区	社会	1.351	関山信之	新潟1区	社会	1.288
石原慎太郎	東京2区	自民	1.258	亀井静香	広島3区	自民	1.351	竹下登	島根全県区	自民	1.286
宇野宗佑	滋賀全県区	自民	1.250	坂本三十次	石川2区	自民	1.344	森喜朗	石川1区	自民	1.284
塚本三郎	愛知6区	民社	1.246	竹入義勝	東京10区	公明	1.342	佐々木秀典	北海道2区	社会	1.280
鈴木善幸	岩手1区	自民	1.239	浅井美幸	大阪2区	公明	1.337	山口敏夫	埼玉2区	自民	1.250
瀬長亀次郎	沖縄全県区	共産	1.237	小沢一郎	岩手2区	自民	1.335	安倍晋太郎	山口1区	自民	1.241
中村茂	長野2区	社会	1.228	宮下創平	長野3区	自民	1.335	藤田高敏	愛媛2区	社会	1.236
山口敏夫	埼玉2区	自ク	1.227	加藤紘一	山形2区	自民	1.332	小沢克介	山形2区	社会	1.233
宮下創平	長野3区	自民	1.227	小此木彦三郎	神奈川1区	自民	1.318	古堅実吉	沖縄全県区	共産	1.233
川崎寛治	鹿児島1区	社会	1.226	伊藤英成	愛知4区	民社	1.305	後藤田正晴	徳島全県区	自民	1.227
小谷輝二	大阪1区	公明	1.223	水野清	千葉2区	自民	1.298	片岡武司	愛知6区	自民	1.222
福田一	福井全県区	自民	1.207	小沢潔	東京7区	自民	1.294	村山喜一	鹿児島2区	社会	1.221
保利耕輔	佐賀全県区	自民	1.205	石井一	兵庫1区	自民	1.290	加藤紘一	山形2区	自民	1.216
田沢吉郎	青森1区	自民	1.204	小沢辰男	新潟1区	自民	1.289	二階堂進	鹿児島3区	自民	1.214
中村正男	大阪7区	社会	1.204	奥田一雄	北海道3区	社会	1.286	富塚三夫	神奈川5区	社会	1.213
河本敏夫	兵庫4区	自民	1.191	石原慎太郎	東京2区	自民	1.252	中西啓介	和歌山1区	自民	1.210
斉藤滋与史	静岡2区	自民	1.189	三塚博	宮城1区	自民	1.250	浜野剛	東京9区	自民	1.208
伊東正義	福島2区	自民	1.181	新井将敬	東京2区	自民	1.248	遠藤登	山形1区	社会	1.205
増岡博之	広島2区	自民	1.178	左藤恵	大阪6区	自民	1.248	小沢一郎	岩手2区	自民	1.204

表11 つづき

第40回総選挙(1993年)			
羽田孜	長野2区	新生	2.047
石波茂	鳥取全県区	無属	2.019
細川護熙	熊本1区	日本	2.004
武村正義	滋賀全県区	さき	1.974
加藤紘一	山形2区	自民	1.772
橋本龍太郎	岡山2区	自民	1.703
村井仁	長野4区	新生	1.687
山崎広太郎	福岡1区	日本	1.678
小沢一郎	岩手2区	新生	1.633
海部俊樹	愛知3区	自民	1.515
中村喜四郎	茨城3区	自民	1.512
渡辺美智雄	栃木1区	自民	1.506
奥田敬和	石川1区	新生	1.501
宮沢喜一	広島3区	自民	1.498
佐藤謙一郎	神奈川4区	さき	1.483
土井たか子	兵庫2区	社会	1.469
森喜朗	石川1区	自民	1.452
江田五月	岡山1区	社民	1.439
江藤隆美	宮崎1区	自民	1.403
伊藤英成	愛知4区	民社	1.401
熊谷弘	静岡3区	新生	1.374
船田元	栃木1区	新生	1.357
渡部恒三	福島2区	新生	1.345
中山太郎	大阪5区	自民	1.341
後藤田正晴	徳島全県区	自民	1.340
丹羽雄哉	茨城3区	自民	1.338
伊藤達也	東京11区	日本	1.322
簗瀬進	栃木1区	さき	1.320
山中貞則	鹿児島3区	自民	1.315
中川秀直	広島2区	自民	1.315
田中直紀	福島3区	自民	1.310
竹下登	島根全県区	無属	1.305
鳩山邦夫	東京8区	無属	1.304
矢上雅義	熊本2区	日本	1.300
谷口隆義	大阪2区	公明	1.294
綿貫民輔	富山2区	自民	1.289
鳩山由紀夫	北海道4区	さき	1.264
杉山憲夫	静岡2区	新生	1.260
鹿野道彦	山形1区	自民	1.253
梶山静六	茨城2区	自民	1.250
小里貞利	鹿児島2区	自民	1.240
佐藤孝行	北海道3区	自民	1.236
大石千八	静岡1区	無属	1.235
森英介	千葉3区	自民	1.233
野田佳彦	千葉1区	日本	1.233
岡田克也	三重1区	新生	1.228
河野洋平	神奈川5区	自民	1.220
穀田恵二	京都1区	共産	1.219
山本公一	愛媛3区	自民	1.218
玉沢徳一郎	岩手1区	自民	1.216

第2章

得票の地域偏重よりみた候補者特性

　中選挙区時代の総選挙で自民党公認の当選者が総議席の過半数を割ったのは，第40回総選挙（1993年）を除いて3回あるが，それはいずれも70年代半ば以降の保革伯仲期の選挙であった。この時期の自民党政権は，著名な政党研究家G．サルトーリが「日本は80年代に一党優位政党制ではなくなるかもしれない[1]」と述べるほどに，危機的な状況にあった。

　しかし，こうした再三の危機的状況に際して，自民党は継続して政権を担当し得る程度の議席は保持し続け，最終的には1986年の衆参ダブル選挙で300人の公認候補の当選を果たし，危機を脱することに成功した。保革伯仲から保守回帰に至る自民党政権の粘り強さについては，自民党政権を支える有権者の政治意識構造を分析するものから，野党間の連合政権不毛論など，多岐にわたって論じられてきたが，自民党独特の集票構造の分析に及んだものは意外に少ない。

　自民党候補者の中には，激動する政治情勢にもそれほど左右されない安定した集票構造を持つ候補者が一定数存在した。そして，こうした候補者の大半が，選挙区内の特定地域に集中して集票する地域偏重型の候補者であった。本章は，55年体制下の衆議院総選挙の制度的特徴であった中選挙区単記投票制において，自民党候補者の集票構造がどのような特質を持つ

---

[1] G．サルトーリ（岡沢憲芙・川野秀之訳）『現代政党学——政党システム論の分析枠組み〔新装版〕』早稲田大学出版部，1992年，「日本語版への序文」ii頁。

ていたのか,そして,それが自民党政権の安定にどの程度貢献するものであったかを,地域票の分析を通して検討しようとするものである。

1 RS指数

衆議院総選挙における各候補者の集票パターンを分析する方法の1つとして,それぞれの候補者の得票の地域的偏りを,数値によって表示することを考えてみたい。

(1) 得票の地域偏重:単純な想定から

衆議院総選挙における候補者の選挙区内地域別得票数は,基本的に,市区町村レベルまで公開されている。そこで,候補者が各市区町村において,自分の選挙区内平均得票率をどれだけ上回っているか,あるいは下回って得票しているかを検出し,次に,これらの市区町村における得票率の偏差を選挙区全体についてトータルに把握することを試みる。

議論をわかりやすくするために,ごく単純な想定上の選挙結果の集計表を使おう(表1)。この選挙区は,5つの市町村からなり,候補者はA・B・Cの3人である。各市町村の人口(有効投票数)

表1　想定上の選挙区集計表

	A(得票率)	B(得票率)	C(得票率)	有効投票	同構成比
1市	245(0.70)	35(0.10)	70(0.20)	350	0.35
2市	180(0.60)	75(0.25)	45(0.15)	300	0.30
3町	20(0.10)	140(0.70)	40(0.20)	200	0.20
4町	5(0.05)	70(0.70)	25(0.25)	100	0.10
5村	10(0.20)	30(0.60)	10(0.20)	50	0.05
計	460(0.46)	350(0.35)	190(0.19)	1,000	1.00

にはかなりの落差があり,しかも,Aは1と2の市部において,Bは3・4・5の郡部町村において圧倒的な集票をみせているが,ともに他の地域では極端に得票が少ない。Cは得票数では最下位であるが,すべての市町村において,ほぼ平均に近い得票率を維持している。かつての中選挙区選挙によくみられた,保守系候補の「すみわけ」による地域偏重的集票に革新系候補が全地域に平均した得票率で対抗しているパターンである。

(2) 平均得票率偏差

候補者Aは,総得票数460票,選挙区得票率46%であるが,1の市では

245票をとり，その市での得票率は70%である。つまり，この候補者は1の市では自己の選挙区得票率を24ポイント上回って集票していることになる。ここでj番目の候補者の選挙区得票率をP_j，i番目の市町村における得票率をp_{ij}と表わせば，1番目の候補者Aの1の市における得票率偏差は$p_{11}-P_1=+0.24$となり，同様に2〜5の市町村におけるそれぞれの得票率偏差は，$p_{21}-P_1=+0.14$，$p_{31}-P_1=-0.36$，$p_{41}-P_1=-0.41$，$p_{51}-P_1=-0.26$となる。

ここでもし全市町村の有効投票数が全く等しいならば，上に算出した各市町村の得票率偏差の絶対値の平均値をとることによって，その候補者が，各市町村で自己の選挙区得票率から上下に向かって平均してどの程度離れた得票率で集票しているかを，数値的にとらえることが可能であろう。しかし，実際にはそのようなことはありえないから，各市町村の有効投票数の差異を考慮に入れた平均の偏差を算出しなければならない。というのは，仮にいくつかの市町村において極めて近接した得票率偏差が表われたとしても，それぞれの有効投票数に開きがあれば，得票の地域的偏りを全市町村についてトータルに把握する上では，それらを同等に取り扱うわけにはいかないからである。例えば，候補者Bは3と4の町においてはともに同率の70%の得票率であり，得票率偏差はともに+0.35であるが，有効投票数の差異からみて，3の町は4の町に比して候補者Bの得票偏重の度合いに及ぼす効果は2倍であるとみなければならない。

そこで，前に算出した特定候補者の各市町村の得票率偏差の絶対値に，当該市町村の有効投票数の選挙区内構成比を乗じて補正し，そうして得られた各数値を合計する。つまり重みつき平均値を算出するわけである。ここでi番目の市町村の有効投票構成比をq_iと表示すれば，候補者Aについていえば，その補正値は，1の市では$q_1|p_{11}-P_1|=0.35\times0.24=0.084$となり，以下2〜5の市でも同様の操作を行えば，その合計値は0.252となる。

これを平均得票率偏差とよび，一般式で$\sum_{i=1}^{n}q_i|p_{ij}-P_j|$と表わされる。この計算のプロセスを候補者Aについて示したのが，54頁表2である。このように，平均得票率偏差は，特定の候補者が各市町村において自己の選挙区得票率からどの程度離れて得票しているかという，いわゆる得票の地域偏重の度合いを，各市町村の有効投票数の違いを考慮に入れて平均的に算

表2　候補者Aの平均得票率偏差の計算例

	得票数	得票率 p_{i1}	構成比 q_i	$p_{i1}-P_1$	$q_i|p_{i1}-P_1|$
1市	245	0.70	0.35	+0.24	0.084
2市	180	0.60	0.30	+0.14	0.042
3町	20	0.10	0.20	−0.36	0.072
4町	5	0.05	0.10	−0.41	0.041
5村	10	0.20	0.05	−0.26	0.013
計	460	P_1=0.46	1.00	平均偏差=0.252	

出したものであるが，それは別の角度からいえば次のようにも説明できる。

まず，その候補者がすべての市町村で自己の選挙区得票率と同じ得票率で均一に得票したと仮定した場合の想定上の市町村得票数を計算しておく。実際の得票数は，市町村によってこの想定得票数からプラスの方向に「はみだし」ているか，マイナスの方向に「へこみ」をみせているかである。この「はみだし票」と「へこみ票」の絶対値は同じ値であるが，その合計値が選挙区内有効投票総数の中でどの程度の比率を占めているかを示しているのが平均得票率偏差なのである。

表3　候補者Aの超過(はみだし)・不足(へこみ)得票の計算例

	得票数(a)	想定得票数(b)	(a)−(b)	
1市	245	350×0.46＝161	+84	⎫ はみ出し票 +126
2市	180	300×0.46＝138	+42	⎭
3町	20	200×0.46＝ 92	−72	⎫
4町	5	100×0.46＝ 46	−41	⎬ へこみ票 −126
5村	10	50×0.46＝ 23	−13	⎭
計	460	460	0	絶対値計→252

このことを候補者Aについて点検したのが，表3である。つまり，候補者Aは，1・2の市部では自己の選挙区得票率を上回る得票をあげて「はみだし票」合計は126票，3・4・5の郡部では下回って「へこみ票」計は同じく126票，その合計252票が当該選挙区の有効投票総数1,000票の25.2%に当るということである。この平均得票率偏差を，他の候補者についても算出してみると，候補者Bは0.235，候補者Cは0.024となる。すなわち，郡部に偏重して集票したBの「はみだし」「へこみ」票の合計は有効投票数の23.5%に当り，これに対して各市町村でほぼ平均した得票率をあげたCのそれは2.4%に過ぎないということになる。

(3) 相対得票率偏差（RS指数）

ところが，ここでAとBとの平均得票率偏差の数値は，かなり近接しながらもわずかにAの方が高い。しかし，だからといってAの方がBよりも得票の地域偏重の度合いが高いと単純にいいうるであろうか。AはBに比

して全体の得票率が高いのであるから，各市町村における得票率偏差の絶対値は全体の傾向としては高い数値をとり，したがって，平均得票率偏差の数値も相対的に高くなる。逆にいえば，得票率が低い候補者は，たとえ得票に極端な地域偏重があったとしても，平均得票率偏差の数値はそれほど高くはならない。

例えば，候補者Cがその得票数190票をすべて1の市で獲得し，他の市町村では得票0であると仮定しても，それによってA・Bの得票に移動が生じて各市町村の有効投票数に変化がなければ，Cの平均得票率偏差は0.247と算出され，前例でのAとBとの中間程度の数値に過ぎない。したがって，各候補者の間で得票の地域偏重の度合いを比較するには，平均得票率偏差を当該候補者の得票率で割って相対化する，つまり算出される数値から得票率要因を消去する必要が生じる。

このことを候補者Aについて試みると，0.252÷0.46＝0.5478となる。この数値は，別の角度からいえば，候補者Aの各市町村における「はみだし票」と「へこみ票」の合計がAの総得票数の中で占めている比率でもある。すなわち，(126＋126)÷460＝0.5478となる。

ところが，すでに見てきたように，「はみだし票」と「へこみ票」の絶対値は常に等しく，しかも一方は他方の結果として必然的に生ずるという関係にあるから，実際に得票の地域偏重の分析に用いる場合には，この値を2で割って表示する方が説明に便利であり，かつ合理的である。すなわち「はみだし票」または「へこみ票」が，その候補者の総得票数に対してどれだけの比率になっているかを示すということである。

しかも，この値は0から1の範囲に分布し，候補者得票率がすべての市町村において均一であれば0の数値を示し，得票の地域偏重が大きくなればなるほど限りなく1に近づく。この相対得票率偏差をRS指数と呼び，次の一般式で表わす。

$$RS = \frac{\sum_{i=1}^{n} q_i |p_{ij} - P_j|}{2P_j}$$

$(0 \leq RS < 1)$

n : 地域数
P_j : j番目の候補者の選挙区得票率
p_{ij} : 地域iでのj番目の候補者の得票率
q_i : 地域iの有効投票構成比

表4　候補者A・B・Cの計算結果

	A	B	C
得票率	0.46	0.35	0.19
平均得票率偏差	0.252	0.235	0.024
RS指数	0.2739	0.3357	0.0632

この計算結果を候補者A・B・Cについて示したのが，表4である。すなわち，平均得票率偏差ではAはBよりわずかに高いが，RS指数ではBの方がかなり高くなっており，BはAに比して得票率の低さの割には「はみだし票」または「へこみ票」が多く，したがって得票の地域偏重の度合いが大きいということである。この方法で前述の仮定（候補者Cが全得票190票を1の市だけで集票した場合）を検証すると，RS指数は0.65と跳ね上がり，得票の地域偏重の度合いを敏感に反映する。

　このRS指数については，さらに別の角度からの意味づけが可能である。それは特定の候補者得票内での各市町村得票構成比を算出し，それと有効投票構成比との差を累積する方法である。表5に示すように，候補者Aは，自己得票460票のうち，1の市では245票（53.26％）をとり，2の市では180票（39.13％），3の町では20票（4.35％），4の町では5票（1.09％），5の村では10票（2.17％）をとった。つまり，1の市では有効投票構成比が35％であるのに，Aは自己得票のうちの53.26％もとり，その超過は＋18.26，2の市では同様にして超過は＋9.13で，超過計は1・2の市で＋27.39である。3〜5の各町村では，Aの自己得票に占める比率はすべて有効投票構成比を下回り，その不足の計は同様にして－27.39である。この有効投票構成比に対して超過した得票比率の合計，したがって不足した得票比率の合計の数値0.2739がRS指数の値だということになる。

(4) RS指数の留意点

　RS指数の実際の事例への適用については，次のような限界があることは指摘しておく必要があろう。

表5　構成比の差からのRS指数の計算例（候補者Aの場合）

	得票数	得票構成(a)	有効票構成(b)	(a)－(b)	
1市	245	0.5326	0.35	＋0.1826	＋0.2739
2市	180	0.3913	0.30	＋0.0913	
3町	20	0.0435	0.20	－0.1565	－0.2739
4町	5	0.0109	0.10	－0.0891	
5村	10	0.0217	0.05	－0.0283	
計	460	1.0000	1.00	0.0000	RS＝0.2739

まず，政令指定都市のように得票がかなり人口の多い区単位で集計される選挙区，選挙区内にかなり大きい人口比率を占める市を包含する選挙区などは，その有効投票構成比の大きさが，この指数に過大な効果を及ぼしてしまうことがある。極端にいえば，現在の小選挙区にいくつかみられるような，選挙区が1つの集計単位（単一の市・区またはその一部）のみで構成されている選挙区では，RSはすべて0となり意味をなさない。

次に，得票数が極端に低い泡沫候補の場合は，どの市町村でどれだけ得票するかはかなりの偶然性に左右されることがあり，特定市町村での偶発的な得票が，その市町村の有効投票構成比によっては，この数値に大きく作用することがある。

一般的には，定数3〜5の中選挙区で候補者が極端に乱立することもなく，しかも主要政党が複数の候補者を擁立している場合に，この指数による分析に適合的な環境が与えられる。かつての中選挙区における県分割選挙区の2区・3区……等がその好例であろう。

2　RS指数の計算事例

(1)　個別選挙区の事例：鹿児島3区（定数3）の場合

前節で紹介したRS指数を，具体的な事例に適用して，その意味と効用を検討してみよう[2]。ここでは事例として，保守安定区といわれ，自民党候補

---

[2]　総選挙における個別選挙区の分析にRS指数を用いたものとしては，次の研究がある。茨城3区を扱ったものとして，山田真裕「選挙地盤と得票の動態　橋本登美三郎と額賀福志郎を中心に」『筑波法政』第15号，1992年。茨城県全般を扱ったものとして，高木彰彦「茨城県の政治風土　保守王国のすがお」茨城大学地域総合研究所編『茨城県のすがお　その未来展望』文眞堂，1996年。静岡1区を扱ったものとして，谷口将紀『現代日本の選挙政治　選挙制度改革を検証する』東京大学出版会，2003年。岡山2区を扱ったものとして，建林正彦『議員行動の政治経済学　自民党支配の制度分析』有斐閣，2004年。戦前の茨城3区を扱ったものとして，森裕司「戦前期の茨城3区　伊奈町域における地域票の動向」伊奈町町史編纂委員会編『伊奈の歴史』第2号，1997年。この他，外国の選挙分析にRS指数を活用したものとして，平井由貴子「トルコの総選挙における各政党の得票

の地盤割りが比較的はっきりしている鹿児島3区（中選挙区当時）をとりあげる。用いるデータは，第36回総選挙（1980年）の結果である。

　鹿児島3区は，鹿児島県東部の大隈半島と離島の種子島・屋久島を包摂する農山村地区であった。1980年のいわゆる衆参ダブル選挙の時点で，有権者数255,717人，議員一人当りにして85,239人，有権者指数（議員一人当り有権者数の全国平均に対する百分比）53.82で，この数値は全国130選挙区のうち下から2番目という過疎選挙区である。1967年総選挙以来，定数3の全議席を自民党候補が独占し続け，自民党候補者の顔ぶれもまったく変わっていなかった。選挙区は3市21町からなっているが，選挙区内人口の約20％を占める鹿屋市を除くすべての市町が過疎地域振興特別措置法に基づく指定を受け，過疎債等について，国の財政上の手当てを受けている。

　総選挙は，第30回総選挙（1963年）以来，自民3，社会1，共産1の候補者で争われてきた。第34回総選挙（1976年）からは社会党候補がかなり当選ラインに接近し，ここで紹介する第36回総選挙（1980年）ではわずか935票差に迫ったものの，保守独占の壁は破られなかった。

　表6は第36回総選挙（1980年）における各候補者の市町村別得票率と，それに基づいて算出したRS指数を示したものである。この表に見られるように，5人の候補者がそれぞれ異なった集票パターンを持っていることは明らかである。以下では，各候補者の経歴と集票上の特徴を列挙しておこう（経歴等の説明はすべて第36回総選挙当時）。

　二階堂進（自民）：当選12回。1955年総選挙以来連続10回当選。肝属郡高山町出身。自治大臣，科学技術庁長官，内閣官房長官，党幹事長の経歴を持ち，党総務会長。田中派。70歳。大隈半島南部の肝属郡が地盤であるが，他候補を寄せつけない強さを見せているのは郡内では北部5町で（出身地の高山町とその西部に隣接する吾平町では約70％の得票率），この5町の有効投票構成比15.38％に対して自己総得票数に占める5町での得票比率は32.35％に及ぶが，同郡南部4町では他候補の接近，または逆転を許している。しかし他方，市部（垂水市・鹿屋市）と離島（熊毛郡）にも一定の

　　パターン：地域的偏りとその時系列的傾向」『筑波法政』第31号，2001年，がある。

表6　市町村別得票率・同有効投票構成比・RS指数（第36回総選挙の鹿児島3区）

	二階堂(自)	山中(自)	橋口(自)	上西(自)	宮地(共)	有効投票数	同構成比
総得票数	64,428	58,352	45,323	44,388	2,282	214,773	1.0000
鹿屋市	0.3229	0.0473	0.3849	0.2372	0.0077	42,896	0.1996
西之表市	0.2765	0.2626	0.2186	0.2227	0.0196	12,963	0.0604
垂水市	0.4655	0.0472	0.3030	0.1764	0.0079	15,475	0.0721
曽於郡	0.0907	0.6176	0.0812	0.1982	0.0122	69,317	0.3227
大隅町	0.0331	0.7068	0.0635	0.1874	0.0093	10,210	0.0475
輝北町	0.0648	0.6220	0.1498	0.1612	0.0022	3,579	0.0167
財部町	0.0334	0.6655	0.0839	0.1989	0.0183	7,794	0.0363
末吉町	0.0175	0.7359	0.0477	0.1821	0.0169	13,614	0.0634
松山町	0.0716	0.6423	0.0710	0.2108	0.0042	3,548	0.0165
志布志町	0.1839	0.4673	0.0680	0.2637	0.0171	11,956	0.0557
有明町	0.1212	0.5980	0.0993	0.1735	0.0080	7,650	0.0356
大崎町	0.1678	0.5220	0.1202	0.1817	0.0084	10,966	0.0511
肝属郡	0.5274	0.0485	0.2216	0.1940	0.0084	52,676	0.2453
串良町	0.6063	0.0295	0.1875	0.1658	0.0109	8,545	0.0398
東串良町	0.4692	0.0886	0.2239	0.1922	0.0261	5,484	0.0255
内之浦町	0.4562	0.1108	0.1332	0.2932	0.0066	4,676	0.0218
高山町	0.7193	0.0113	0.0376	0.2264	0.0055	10,625	0.0495
吾平町	0.6935	0.0161	0.1178	0.1636	0.0090	4,779	0.0223
大根占町	0.4496	0.0410	0.3342	0.1701	0.0050	6,190	0.0288
根占町	0.2546	0.0279	0.5505	0.1633	0.0036	5,620	0.0262
田代町	0.4478	0.0773	0.3092	0.1620	0.0037	2,988	0.0139
佐多町	0.3672	0.1226	0.3112	0.1950	0.0040	3,769	0.0175
熊毛郡	0.2668	0.3177	0.1860	0.2162	0.0132	21,473	0.1000
中種子町	0.1809	0.3682	0.2603	0.1784	0.0121	7,202	0.0335
南種子町	0.2287	0.0802	0.2456	0.2239	0.0217	4,793	0.0223
上屋久町	0.4048	0.2574	0.0821	0.2468	0.0089	5,069	0.0236
屋久町	0.2901	0.3452	0.1195	0.2345	0.0107	4,409	0.0205
得票率	0.3000	0.2717	0.2110	0.2067	0.0106		
RS指数	0.2531	0.4291	0.2848	0.0729	0.2145		

集票力を持ち，RS指数は0.2531と全国自民党候補の平均値（0.2101）を上回っている。

山中貞則（自民）：当選11回。第26回総選挙（1953年）初出馬以来の連続当選。曽於郡末吉町出身。総理府総務長官，沖縄開発庁長官，環境庁長官，防衛庁長官，党政務調査会長の経歴を持ち，選挙当時は党税制調査会長，党独禁改正特別調査会長，党過疎対策特別委員長。中曽根派。58歳。大隅半島北部の曽於郡8町で他候補をまったく寄せつけない強力な集票力を持ち，特に出身地の末吉町とその南西に隣接する大隅町では70％を超える得票率をあげている。曽於郡の有効投票数構成比32.27％に対して，山中は

そこで自己総得票数の73.37%を集票している。しかし，離島（熊毛郡2島）を除く他の地域（鹿屋市・垂水氏，肝属郡）で極端に集票力が落ち，平均して5％にも満たない。この徹底した地元重点的な集票は，RS指数0.4291という高い数値に表れている。

橋口隆（自民）：当選6回。2度目の出馬となった第31回総選挙（1967年）以来の連続当選。鹿屋市出身。総理府総務副長官，衆議院商工委員長，党衆議院議員副会長の経歴を持ち，選挙当時政務調査会副会長。三木派。66歳。自己総得票数の36.41%を選挙区内で最大の有権者を有する鹿屋市（有効投票数構成比19.96％）で集票するとともに，肝属郡南部および離島の一部にも一定の集票力を持つ。しかし，他の保守系候補のように特定地域で突出した得票率をあげることはなく，比較的広範な地域に支持層を持っている。RS指数は0.2848。

上西和郎（社会）：第33回総選挙（1972年）以来連続4回立候補して，すべて次点。48歳。選挙区全域に平均して安定した集票力を持ち，24市町村における得票率は16〜29％の範囲内にあり，その結果RS指数は0.0729と低くなっている。

宮地利雄（共産）：1980年初出馬。30歳。得票率が1.06％と低く，特に鹿屋市・垂水市の大票田での集票が弱いこともあって，RS指数は0.215と党単独候補としては高い。

(2) 一般的傾向

以上，やや詳しく鹿児島3区の計算結果を紹介したが，一般論として，RS指数が高く算出される候補者には次のような類型が見られる。

第1は，農村型選挙区の保守系候補者である。特に複数の自民党候補者が地域的に割拠した形で強固な選挙地盤を形成している場合は顕著である。第2は，社会党が地域別の組織票に依拠して複数の当選を期している選挙区の同党候補者で，具体的には北海道4，5区の同党候補者がこれに該当する。第3は，無所属の泡沫候補者であり，当選の可能性が皆無に近く，得票率は3％未満程度で極めて限られた地域でしか得票できないため，RS指数が高くなるのである。

反対に，RS指数が低く算出されるのは次のような場合である。第1は，

知名度・当選実績の高い候補者である。当選を重ね，閣僚経験などの実績を積み重ねていくと，集票力が地元以外に広がるので，一般的にRS指数は低くなる。第2は，大都市選挙区の候補者である。東京・大阪・名古屋等の大都市選挙区では，選挙区内の地域間で候補者支持にそれほど大きな差は見られないので，候補者のRS指数は一般的に低い。これらの選挙区では，指数算出の単位となる地域数が少ないこともあるが，仮に地域をより細分化して集計できたとしても指数はそれほど変わらないと思われる。第3は，単数擁立の都市型政党候補者である。単数の候補者擁立を当選の可能性の高い選挙区にのみ絞っている公明党・民社党などの中道政党候補者は，他党に比してRS指数が低くなっている。また大都市選挙区の共産党候補にも，同様の傾向が見られる。

3 同一候補者のRS指数の変化

(1) 一般的モデル

ここでは，同一候補者のRS指数を経年的にたどることで，その候補者の集票動向を把握する方法について解説したい。横軸に得票率をとり，縦軸にRS指数をとった座標で，その共変関係をみていくと，特定候補者の集票動向がより鮮明になる（図1参照）。

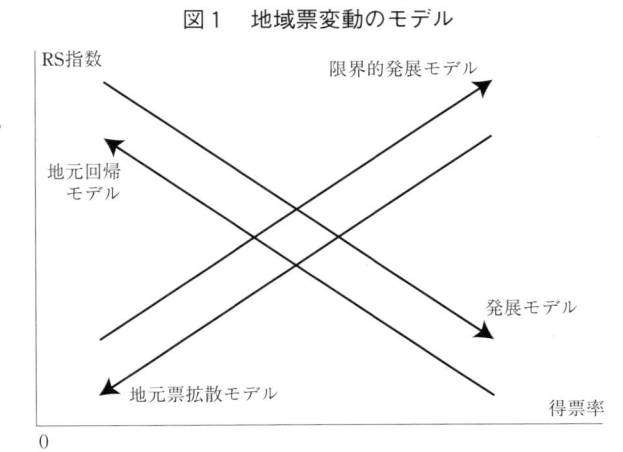

一般に新人候補は得票率も低く集票領域も地元に限定されているので，座標上にプロットされる位置は左上方になる。やがて功績をあげ知名度が高くなると，地盤外に集票領域がひろがり，得票率の上昇とRS指数

図1　地域票変動のモデル

（限界的発展モデル／地元回帰モデル／発展モデル／地元票拡散モデル）

の低下によって,推移直線は右下がりとなる。これを「発展モデル」と呼ぶ。

　得票率の上昇とRS指数の上昇が併行するいわゆる右上がりの推移は,地盤内での増票が顕著であることを示し,この場合には限られた地盤での集票には限界があるので,やがて頭打ちになる。これを「限界的発展モデル」と呼ぶ。

　左上がりの推移は,地盤外の票が逃げていくために,得票率の下降とともにRS指数が上昇しているわけで,やや危険信号である。「地元回帰モデル」と呼んでおく。

　左下がりは,むしろ地盤内の票が大きく失われていることを示す。地元に不人気な政策や地盤内有力候補の出現などが原因であり,「地元票拡散モデル」,露骨にいえば「絶望モデル」である。

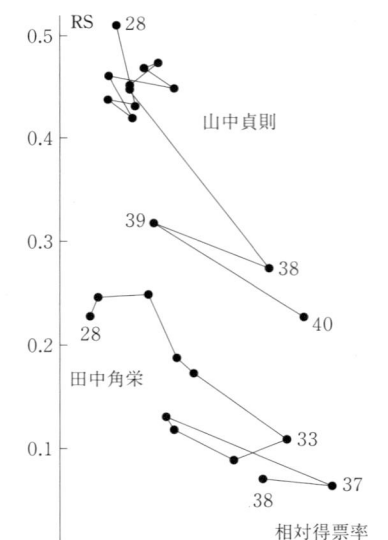

図2　得票率とRS指数の変化

田中角栄（新潟3区）
第28回（1958年）〜第38回（1986年）
山中貞則（鹿児島3区）
第28回（1958年）〜第40回（1993年）

(2)　田中角栄,山中貞則の場合

　現実の集票特性の推移は,上述の各モデルが時期によって複合して現れ,かなりジグザグしたものになるが,特定候補者のデータをこのグラフで時系列的にとらえてみると,その安定・不安定動向や今後の集票戦略が浮かび上がってこよう。以下では,田中角栄（新潟3区）と山中貞則（鹿児島3区）の例をとりあげてみたい（図2）。

　田中角栄は,第23回総選挙（1947年）より第38回総選挙（1986年）まで連続当選を果たしているが,55年体制最初の第28回総選挙（1958年）にはすでに閣僚経験者であった。その後の選挙でも,閣僚の歴任による選挙区全体への支持拡大で得票率の上昇とRS指数の低下が続き,首相就任直後の第33回総

選挙（1972年）にピークに達する。ロッキード事件以後得票率は減少に向かうが，当初の第34回総選挙（1976年）はRS指数の低下が見られ，むしろ地盤内の支持低下が強かったことを示している。第36回総選挙（1980年）に至る折れ線の左上への移行は地盤外支持の低下を示している。第37回総選挙（1983年）は東京地裁有罪判決直後で，日本国中の「田中叩き」に反発した新潟3区選挙民の強烈な支持で記録的な増票を果たし，RS指数も最低を記録した。第38回総選挙（1986年）では選挙区全般にわたって支持が低下している。

次に，先述の鹿児島3区の山中貞則の集票動向を見よう。山中は，鹿児島3区の曽於郡を中心に強力な地盤を持ち，RS指数は抜群に高く，同じく地盤が強固な二階堂進ら自民党候補2人と合わせて計3人で保守独占の砦を築いてきた。第37回総選挙（1983年）に至る得票率・RS指数の微変動がそれを示している。第38回総選挙（1986年）は，定数が3から2へ削減されたため，出馬を断念した他の候補の地盤（大票田・鹿屋市）に浸透し，得票率の上昇・RS指数の低下でトップ当選を果たした。第39回総選挙（1990年）は，自民党税制調査会長の経歴が消費税批判の的となり，社会党の攻勢もあり，初落選の憂き目をみている。RS指数の微増は，地盤外の逸票がやや大きかったことを示している。第40回総選挙（1993年）では，過去最高の得票で復活当選を果たしている。

4 自民党政権の継続と地域偏重的得票構造

(1) 55年体制下におけるRS指数の推移

表7は，55年体制下最初の第28回総選挙（1958年）から中選挙区制最後の第40回総選挙（1993年）に至るまでの全候補者のRS指数の平均，最大値，最小値，標準偏差，RS指数が0.4以上の候補者数と比率をまとめたものである。表8は，主要政党のRS指数平均値をまとめたものである。これらの表からわかることを記述してみよう。

RS指数の推移を概観すれば，回を重ねるにつれてその数値が次第に低下していることがわかる。特に指数が0.4以上の地域偏重型候補者は，絶対数においても，全候補者中の比率においても明らかに減少の傾向が見ら

表7 全候補者のRS指数の推移

選挙回	候補数	RS≧0.40	平均値	最大値	最小値	標準偏差
28(1958)	951	178(18.7%)	0.2682	0.7895	0.0059	0.1381
29(1960)	940	139(14.8%)	0.2521	0.7464	0.0073	0.1339
30(1963)	917	109(11.9%)	0.2389	0.7600	0.0158	0.1275
31(1967)	917	79(8.6%)	0.2147	0.6692	0.0046	0.1249
32(1969)	945	79(8.4%)	0.2002	0.6957	0.0019	0.1229
33(1972)	895	69(7.7%)	0.1945	0.6440	0.0013	0.1231
34(1976)	899	59(6.6%)	0.1706	0.7244	0.0006	0.1170
35(1979)	891	49(5.5%)	0.1746	0.6599	0.0007	0.1164
36(1980)	835	39(4.7%)	0.1633	0.6455	0.0011	0.1125
37(1983)	848	49(5.8%)	0.1679	0.6174	0.0026	0.1148
38(1986)	838	59(7.0%)	0.1677	0.6321	0.0011	0.1161
39(1990)	953	40(4.2%)	0.1558	0.6326	0.0007	0.1156
40(1993)	955	33(3.5%)	0.1461	0.5933	0.0017	0.1041

表8 RS指数平均値の推移(第28回－第40回総選挙)

	自民党	社会党	公明党	民社党	共産党	新自由ク	進歩党	社民連	日本新党
28(1958)	0.3047	0.2063			0.1843				
29(1960)	0.2920	0.1928		0.2170	0.2012				
30(1963)	0.2767	0.1930		0.1875	0.1955				
31(1967)	0.2523	0.1881	0.0696	0.1514	0.1671				
32(1969)	0.2399	0.1871	0.0751	0.1596	0.1557				
33(1972)	0.2300	0.1673	0.0802	0.1461	0.1486				
34(1976)	0.2182	0.1484	0.0799	0.1362	0.1299	0.1494			
35(1979)	0.2185	0.1489	0.0738	0.1392	0.1364	0.1817		0.1220	
36(1980)	0.2101	0.1407	0.0741	0.1340	0.1336	0.1252		0.1697	
37(1983)	0.2078	0.1339	0.0645	0.1269	0.1330	0.1300		0.1421	
38(1986)	0.2003	0.1410	0.0689	0.1346	0.1271	0.1272		0.1273	
39(1990)	0.1934	0.1172	0.0652	0.1339	0.1210		0.0907	0.0922	
40(1993)	0.1974	0.1290	0.0632	0.1412	0.1120			0.0846	0.1140

れる。これは第1に，選挙区内の候補者数が一般傾向として減少してきていること，第2には，60年代半ば以降の多党化の動向が都市型中道政党によって担われてきたことと密接な関係を持っていると思われる。

　55年体制初期の第28回（1958年）～第30回（1963年）においては，候補者数は55年体制後半に比べて著しく多く，特に自民党では，定数いっぱい，あるいは定数を超える候補者を擁立した選挙区すら見られた。その後，自民党の党統制力の強化，候補者厳選は，候補者の集票領域を相対的に拡げ，RS指数の低下をもたらすことになった。また，一般の新人候補者は集票領域が狭く，したがってRS指数が高く，立候補経験を重ねるにつれて指数

が低下していく傾向があるが，自民党政権が長期化した結果，すでにベテラン議員によって形成された地盤が系列内の新人候補者に受け継がれる傾向が強くなり（特に世襲議員），世代交代や新人の参入があっても，それがRS指数低下にブレーキをかけるほどではないという事情がある。

野党第1党である社会党でも，第31回総選挙（1967年）までは，2～3人の複数候補擁立区がかなり見られた。しかし，その後の野党の多党化，得票力の減退により，北海道・東北の一部を除けば，大体において単数擁立が一般化し，その結果としてRS指数は低下している。

その他の野党については，ほぼ単数擁立であり，しかも当選確率の高い都市型選挙区に候補者擁立を限定しているため，自民・社会両党に比してRS指数は低い。その典型が公明党である。さらに，第34回総選挙（1976年）以降に顕著になってきた選挙区間での野党の選挙協力は，候補者の集票領域を一層拡大し，指数低下傾向に拍車をかける結果となっている。これに加えて，都市部での共産党候補者の集票力の増大も，指数低下傾向の要因とみなければならないだろう。

このように，RS指数は回を追って低下する傾向にあったが，特定の選挙区の自民党候補者の中には，依然として高い指数を保持して安定当選を重ねている者が一定数存在したことを看過してはならない。次に，この点を検討したい。

さきがけ	新生党	全候補者
		0.2682
		0.2521
		0.2389
		0.2147
		0.2002
		0.1945
		0.1706
		0.1746
		0.1633
		0.1679
		0.1677
		0.1558
0.1582	0.1344	0.1461

(2) 地域偏重的得票構造と自民党政権の継続

自民党候補の中で，特定地域を重点とする集票構造を持ち，安定的な当選を重ねている候補者はどの程度いたのだろうか。以下では，地域偏重度の指標としてRS指数を，安定当選の基準として前章で扱ったTK指数を用い，この点を解明したい。

66頁表9は，TK指数が0.8以上の候補者の中で，RS指数が0.3以上の候補者を，55年体制下の全ての総選挙から拾い出してみたものである。TK指数の0.8という数値は，前章で述べたように，55年体制下における各選挙

表9 TK≧0.8，RS≧0.3の候補者

回	28	29	30	31	32	33	34	35	36	37	38	39	40
年	1958	1960	1963	1967	1969	1972	1976	1979	1980	1983	1986	1990	1993
定数	467	467	467	486	486	491	511	511	511	511	512	512	511
全体	112	121	109	92	62	64	55	53	64	48	54	52	38
自民党	92	104	88	72	54	51	38	38	54	40	48	43	30
	(1)	(3)	(3)	(4)	(0)	(1)	(3)	(1)	(4)	(6)	(0)	(5)	(1)
	32%	34%	30%	25%	19%	19%	14%	15%	18%	14%	16%	14%	13%

( )は落選者の数。%は自民党当選者全体に対する比率。

表10 RS≧0.3の自民党当選者

回	28	29	30	31	32	33	34	35	36	37	38	39	40
年	1958	1960	1963	1967	1969	1972	1976	1979	1980	1983	1986	1990	1993
	125	130	106	87	77	63	51	50	54	40	56	46	41
	44%	44%	38%	31%	27%	23%	21%	20%	19%	16%	19%	17%	18%

%は自民党当選者全体に対する比率。

区の最下位当選者の平均的得票水準であり，RS指数の0.3という数値は，我々の分析経験上，顕著な得票の地域偏重といえるものである。なお，TK指数を考慮せずに，RS指数が0.3以上の自民党の当選者を拾ってみると表10のようになる。

図3は，以上の論点を，視覚的に確認したものである。横軸にTK指数を，縦軸にRS指数をとって，各回総選挙で候補者の計算値をプロットし，TK＝0.8，RS＝0.3で領域を画したものである。紙幅の関係から，自民党については55年体制下の総選挙の推移で大きな転機とみられる第28回（1958年），第31回（1967年），第

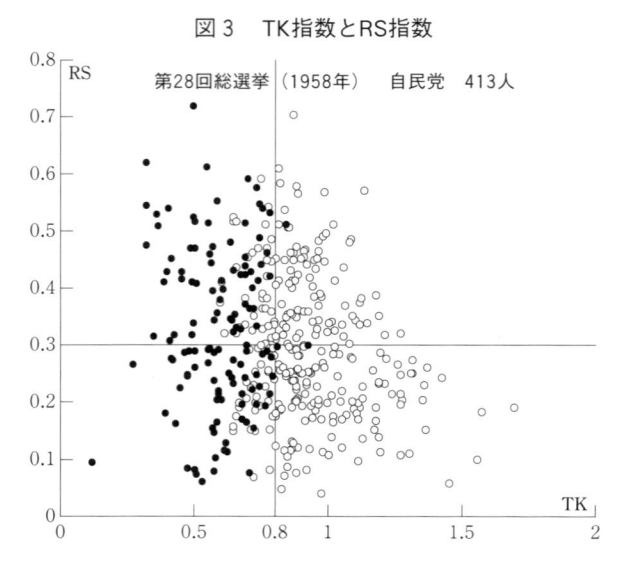

図3 TK指数とRS指数
第28回総選挙（1958年）　自民党　413人

第2章　得票の地域偏重よりみた候補者特性　67

34回（1976年），第38回（1986年）を選び，それと比較する意味で，野党については第38回（1986年）の社会党，公明党，民社党，共産党を示した。

TK＝0.8，RS＝0.3ラインで画された4つの領域のうち，右上の領域がここで問題にする地域偏重的な安定集票を果たしている候補者である。なお，プロットされた記号の○は当選者を，●は落選者をあらわす。自民党と他の政党を比較した場合の集票特性の違いが視覚的に確認できよう。

これらの検証から明らかなように，TK指数が安定当選ラインに達し現実に当選を果たした自民党候補者で，RS指数が0.3以上の者は，第28～30回においては同党全当選者の30%を超えており，これにTK指数が0.8ライ

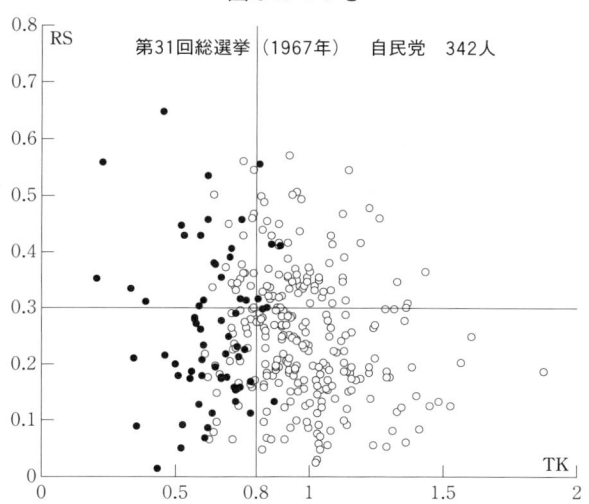

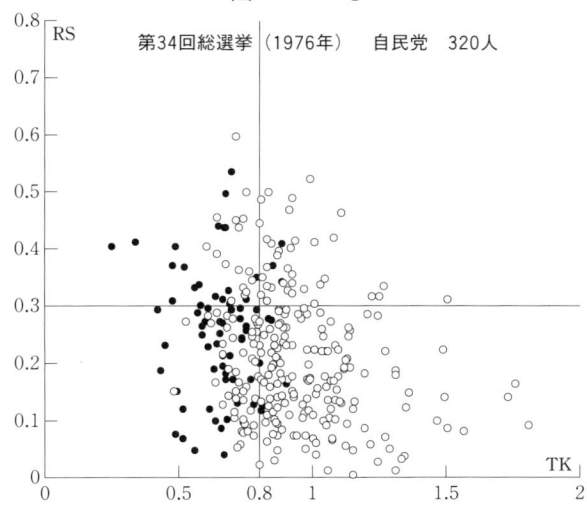

図3のつづき

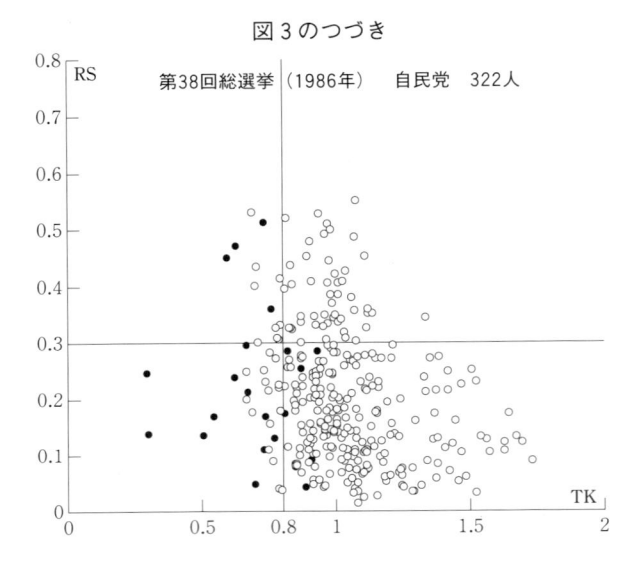

第38回総選挙 (1986年) 自民党 322人

図3のつづき

第38回総選挙 (1986年) 社会党 138人

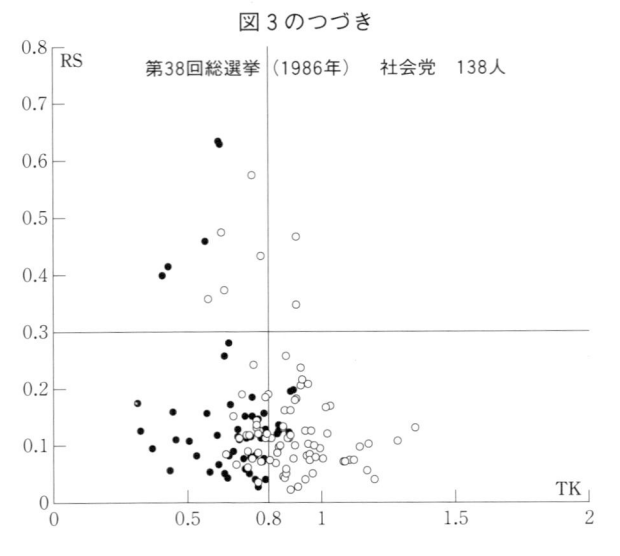

ンを割りながら激戦を勝ち抜いて当選した候補者を加えると，38〜44％に達する。その後，野党の多党化，自民党の得票率・当選者率の減少という55年体制の変容にともなって，これらの数値は次第に低下の傾向を示していくが，それでも第39回に至るまで，自民党全当選者の15％程度，実数で40人程度の候補者が地域偏重的な集票構造に依拠して当選を勝ち取っていたことがわかる。自民党が再三にわたる危機状況に遭遇しながらも政権を掌握し続けた要因の1つとして，特定選挙区におけるこうした集票構造の存在を無視することはできないであろう。

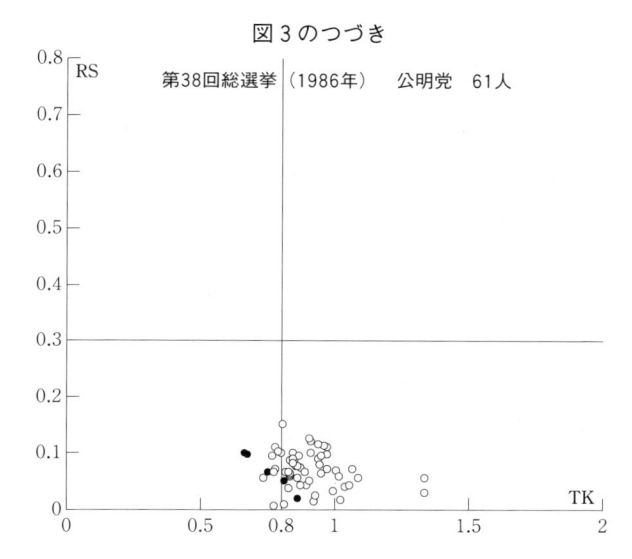

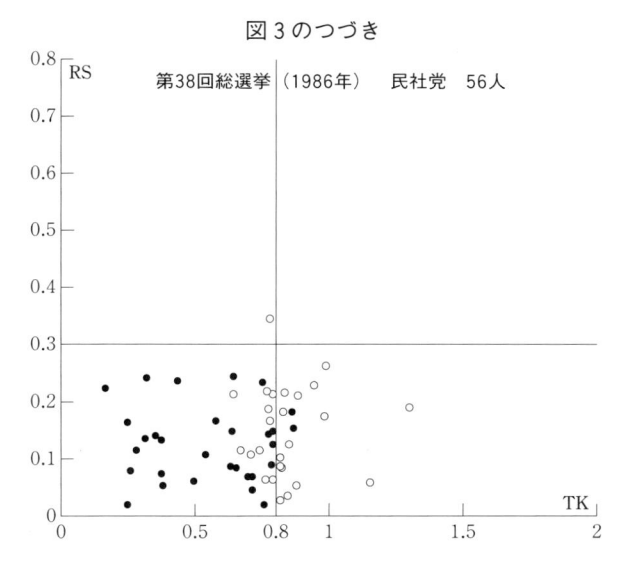

第2章　得票の地域偏重よりみた候補者特性　　69

図3のつづき

第38回総選挙　(1986年)　公明党　61人

図3のつづき

第38回総選挙　(1986年)　民社党　56人

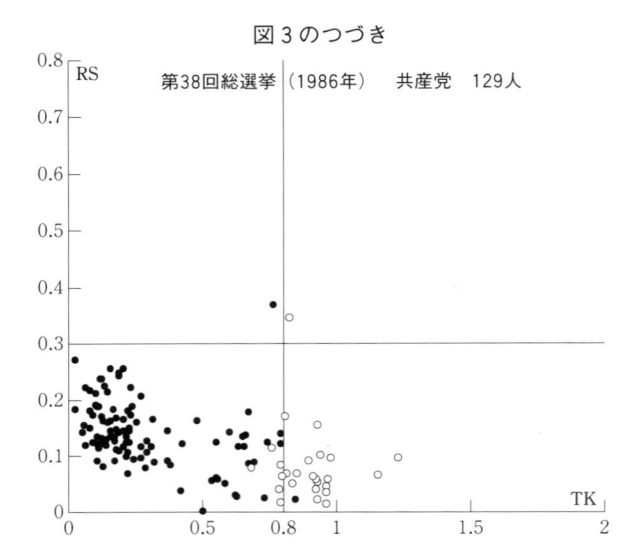

図3のつづき

第38回総選挙 (1986年) 共産党 129人

第3章

得票の地域偏重よりみた選挙区特性

　前章では，自民党候補者の多くが選挙区内の特定地域に偏重して得票することで，安定的当選を果たしている事例に着目し，その得票偏重の度合いを測定する方法としてRS指数を提案した。RS指数は，候補者の各市区町村得票率と選挙区得票率との偏差を，各市区町村の有効投票数構成比の重みをつけて平均し，それをさらに候補者得票率の2倍で割って相対化したもので，いわば候補者個人の地域的な集票特性をあらわしたものであった。

　RS指数の分析によって，中選挙区制下における候補者の集票特性は一定程度明らかになったと思われるが，この指数で分析を進めていくうちに，候補者個人だけではなく，各市区町村ごとの票の偏り具合を数量的に把握し，さらにそれを選挙区全体としてトータルで表示する方法が，選挙区特性の分析の上で是非とも必要だと感じられてきた。というのは，特定候補者のRS指数が，同一選挙区内の他の候補者の集票動向に左右されるという事例に多く行き当たったからである。

　本章で提案するDS指数は，得票の地域偏重度を選挙区特性値として数量的に示す指数である。DS指数は，仮に選挙区内の全市区町村において，候補者の得票率分布が完全に等しければ下限値0をとり，各候補者が地域偏重的に得票するほど，つまり各市町村の間での得票率分布の差異が大きくなるほど，値が大きくなるという特性を持っている。

　以下では，DS指数の計算手順とその意味を解説し，この指数を活用して55年体制下における地域票の変動を検討したい。

1　DS指数の開発

(1)　想定上の選挙区集計表

説明の便宜上，ここで第2章に掲げた想定上の選挙区集計表を，再び表1として利用する。この表によれば，1〜5の各市町村では，それぞれ1位の各候補者には得票の60〜70%が集中しているけれども，選挙区全体では第1位の票は46%に過ぎない。そこで，各市町村ごとに激しくあらわれる得票の候補者間の偏重が，選挙区全体としての偏重からどの程度かけ離れているのかを数値的にとらえる方法を試みていこう。

表1　想定上の選挙区得票集計表

	A（得票率）	B（得票率）	C（得票率）	有効投票	同構成比
1市	245(0.70)	35(0.10)	70(0.20)	350	0.35
2市	180(0.60)	75(0.25)	45(0.15)	300	0.30
3町	20(0.10)	140(0.70)	40(0.20)	200	0.20
4町	5(0.05)	70(0.70)	25(0.25)	100	0.10
5村	10(0.20)	30(0.60)	10(0.20)	50	0.05
計	460(0.46)	350(0.35)	190(0.19)	1,000	1.00

(2)　地域単位の得票偏重度の測定：レイ破片化指数の応用

政党システムの計量分析において，レイ（Douglas W. Rae）は，政党の選挙における得票数またはその結果としての議席数が，諸政党間でどの程度拡散しているかを示すのに，独特の破片化指数（the fractionalization index）を提案した[1]。今それを Fv （fractionalization of votes）で表わすとすれば，次のようになる。

$$Fv = 1 - \sum_{j=1}^{m} P_j^2 \quad (m：政党数 \quad P_j：政党 j の得票率)$$

この式のなかで，$\sum_{j=1}^{m} P_j^2$ は，有効票を投じたすべての選挙人から2人を無作為に抽出した場合，この2人が同一政党に投票している確率の近似値をあらわしている。例えば，全有効投票数を X，政党 j に投じた選挙人数を

1　Douglas W. Rae, *The Political Consequence of Electoral Law*, Yale University Press, 1967.　D. W. Rae and Michael Taylor, *An Analysis of Political Cleavage*, Yale University Press, 1970.

第3章　得票の地域偏重よりみた選挙区特性　　73

x_j とすれば，全有効投票者から2人を抽出する「場合の数」（組合せ）は，

$$_xC_2 = \frac{1}{2}X(X-1)$$

であり，抽出された2人が同一政党に投票している「場合の数」は，

$$\sum_{j=1}^{m} {_{x_j}C_2} = \frac{1}{2}\sum_{j=1}^{m}x_j(x_j-1)$$

である。よって2人が同一政党に投票している確率は，後式を前式で割って

$$\sum_{j=1}^{m}x_j(x_j-1) \Big/ X(X-1)$$

となる。ここで X, x_j がそれ程小さな数でなければ，$X \fallingdotseq X-1$，$x_j \fallingdotseq x_j-1$ と考えて，この確率は

$$\sum_{j=1}^{m}x_j^2 \Big/ X^2 = \sum_{j=1}^{m}P_j^2$$

という近似値であらわされることになる。Fv の式は，この確率を1から引いたものであるから，抽出された2人の選挙人が逆に異政党に投票している確率の近似値をあらわしている。

このように，無作為に抽出された2人が異政党に投票している確率をとらえることによって，レイは，政党間での得票の拡散度を数値として表現したのである。この計算式は，政党の得票数だけでなく，議会政党の議席の拡散度を測定するのにも適用され，議会における政党の破片化が政府の安定性にどのように関わっているのかを，計量的に検証していく途を開いていくこととなった[2]。

レイの計算式において，確率論的把握の基礎となっている $\sum_{j=1}^{m}P_j^2$ は，衆議院選挙区における得票の偏重度をとらえる上でも重要な手がかりとなる。ここで，政党 j の得票率 P_j を候補者 j の得票率に，政党数 m を選挙区内の候補者数におきかえると，$\sum_{j=1}^{m}P_j^2$ は，集計単位の区域内での得票の候補者への偏重度を示すこととなり，それは各市町村を単位としても，選挙区全体を単位としても算出することができる。

2　M. Taylor and V. M. Herman, "Party Systems and Government Stability," *American Political Science Review*, vol. 65, no. 1, March 1971.

表2　市町村偏重度の平均値の計算例

	有効投票構成比(q_i)	得票偏重指数(dv_i)	$q_i \times dv_i$
1市	0.35	0.54	0.189
2市	0.30	0.445	0.1335
3町	0.20	0.54	0.108
4町	0.10	0.555	0.0555
5村	0.05	0.44	0.022
計	1.00	0.3702($=Dv$)	0.508($=dv$)

表2の計算例でみると,この値からみた得票の偏重度がもっとも高いのは4町の0.555,次いで1市と3町の0.54,以下2の市の0.445,5村の0.44の順となり,これらの市町村の偏重度に比して選挙区全体の偏重度は,同表計欄にみられるように0.3702と,かなり緩和されていることがわかる。

これらの指数を,破片化指数に対して得票偏重指数と呼び,これを市町村iについて算出したものをdv_i,選挙区全体について算出したものをDvであらわすことにする。

dv_i, Dv は次の式となる。

$$dv_i = \sum_{j=1}^{m} p_{ij}^2 \qquad \cdots\cdots\cdots ①$$

$$Dv = \sum_{j=1}^{m} P_j^2 \qquad \cdots\cdots\cdots ②$$

(3) 市町村の得票偏重指数の平均値

次に,各市町村の得票偏重指数が全体としてどの程度のものであるかをみるために,その平均値を算出してみる。この場合も,各市町村ごとに有効投票構成比q_iで重みをつけて合計する方法をとる(加重平均)。この平均値をdvとすれば,次の式となる。

$$dv = \sum_{i=1}^{n} q_i dv_i \qquad \cdots\cdots ③ \quad (\text{n:選挙区内の市町村数})$$

表1の選挙区についてこれを試みると,表2に計算過程を示したように,$dv=0.508$となる。すなわち,この選挙区では,各市町村の得票偏重度を平均した数値は,0.508だということになる。このように平均値を算出する方法は,破片化指数についてではあるが,1982年にグロス(Donald A.Gross)が試みている[3]。グロスは,選挙区ごとの政党得票の破片化指数

3　Donald A. Gross, "Units of Analysis and Rea's Fractionalization Index,"

(fe_i) に各選挙区の有効投票構成比の重みをつけることによって，全国レベルでの平均値 (fe) を算出した。グロスはこの平均値が全国の選挙区を合計した政党得票の破片化指数 (Fe) よりも小さいことに着目して，その差を1824年から1978年までのアメリカ連邦議会下院選挙について算出し，こうしたギャップが時期によって大きく変動していることを示したのである。このことは，衆議院選挙区において，市町村の平均的な得票偏重度が選挙区全体の偏重度からどの程度離れているかを数値としてとらえる上で大きな手がかりとなる。

(4) 市町村と選挙区との得票偏重指数の差

上に述べた方法で各市町村の得票偏重指数の平均値 dv を算出すれば，それは破片化指数の場合とは逆に，選挙区全体の得票偏重指数 Dv よりも大きな値となる。したがって，その差 $dv - Dv$ の値は，市町村の平均的な得票偏重度が選挙区全体の偏重度から逸脱している程度を示しているといえる。表1，表2の事例からいえば，この選挙区の得票偏重指数は0.3702であるが，市町村の同指数の平均値は0.508であるから，その差0.1378は，候補者の地盤の偏りによって生じた偏差だといえる。

ところで，次に説明するように，この偏差 $dv - Dv$ の値は，各候補者ごとに計算した市町村得票率のバラツキを示す分散 (*variance*) の総和に等しい。候補者 j の得票率の分散 Vp_j は，候補者 j の各市町村得票率 p_{ij} と選挙区得票率 P_j との差を2乗し，それに有効投票構成比で重みをつけた平均値であらわされる。

$$Vp_j = \sum_{i=1}^{n} q_i (p_{ij} - P_j)^2 \quad \cdots\cdots ④$$

したがって，この分散をすべての候補者について合計すると次の式となる。

$$\sum_{j=1}^{m} Vp_j = \sum_{j=1}^{m} \sum_{i=1}^{n} q_i (p_{ij} - P_j)^2 \quad \cdots\cdots ⑤$$

この候補者の得票率分散の合計値が上記の偏差 $dv - Dv$ と同値であることは，やはりグロスが破片化指数について論証を行っている。彼は，全国

Comparative Political Studies, vol. 15, no. 1, April 1982.

的に集計した政党得票の破片化（Fe）は，各選挙区ごとの政党得票の破片化の加重平均（fe）と各政党の選挙区得票率の分散の総和 $\sum_{j=1}^{m} Vp_j$ との和に等しいことを数理的に証明している。つまり，

$$Fe = fe + \sum_{j=1}^{m} Vp_j \quad \cdots\cdots ⑥$$

ここで，破片化指数 Fe, fe にかえて，衆議院選挙区における得票偏重指数 Dv, dv を用いて，$Fe = 1 - Dv$, $fe = 1 - dv$ とおきかえると⑥式は

$$\sum_{j=1}^{m} Vp_j = dv - Dv \quad \cdots\cdots ⑦$$

となり，この等式が成り立つことは，数理的には次のように証明できる。まず，①式を③式に代入する。

$$dv = \sum_{i=1}^{n} q_i (\sum_{j=1}^{m} p_{ij}^2) = \sum_{i=1}^{n} \sum_{j=1}^{m} q_i \cdot p_{ij}^2 \quad \cdots\cdots ⑧$$

選挙区得票率 P_j は，各市町村得票率 p_{ij} に有効投票構成比の重みをつけた平均値であることに留意して，②式を書きかえる。

$$Dv = \sum_{j=1}^{m} P_j^2 = \sum_{j=1}^{m} (\sum_{i=1}^{n} q_i \cdot p_{ij})^2 \quad \cdots\cdots ⑨$$

次に，候補者 j の得票率分散は，④式を変形して，

$$Vp_j = \sum_{i=1}^{n} q_i (p_{ij} - P_j)^2 = \sum_{i=1}^{n} q_i \cdot p_{ij}^2 - (\sum_{i=1}^{n} q_i \cdot p_{ij})^2 \quad \cdots\cdots ⑩$$

となるから，各候補者の得票率の分散の総和を示す⑤式は，

$$\sum_{j=1}^{m} Vp_j = \sum_{j=1}^{m} \{\sum_{i=1}^{n} q_i \cdot p_{ij}^2 - (\sum_{i=1}^{n} q_i \cdot p_{ij})^2\}$$

$$= \sum_{j=1}^{m} \sum_{i=1}^{n} q_i \cdot p_{ij}^2 - \sum_{j=1}^{m} (\sum_{i=1}^{n} q_i \cdot p_{ij})^2 \quad \cdots\cdots ⑪$$

よって⑧⑨式と⑪式より，

$$dv - Dv = \sum_{j=1}^{m} Vp_j \quad \rightarrow ⑦式の証明$$

このことは，言葉をかえていえば，市町村の平均的な得票偏重度が選挙区全体の偏重度から逸脱している程度を示す数値 $dv - Dv$ は，各候補者ごとの得票率分散に分解できるということであり，それによって，各候補者

のこの逸脱度に対する貢献度を算出することが可能となる。これを表1,表2の事例で計算すると,この選挙区の逸脱度0.1378は,候補者Aの分散0.07215,候補者Bの分散0.06475,候補者Cの分散0.0009の和に等しく,各候補者はそれぞれ52.36％,46.99％,0.65％の割合でこの逸脱度に貢献していることになる(表3参照)。

表3　得票率分散和(＝逸脱度)の計算例

	A	B	C
1市	$(0.7-0.46)^2 \times 0.35$	$(0.1-0.35)^2 \times 0.35$	$(0.2-0.19)^2 \times 0.35$
2市	$(0.6-0.46)^2 \times 0.3$	$(0.25-0.35)^2 \times 0.3$	$(0.15-0.19)^2 \times 0.3$
3町	$(0.1-0.46)^2 \times 0.2$	$(0.7-0.35)^2 \times 0.2$	$(0.2-0.19)^2 \times 0.2$
4町	$(0.05-0.46)^2 \times 0.1$	$(0.7-0.35)^2 \times 0.1$	$(0.25-0.19)^2 \times 0.1$
5村	$(0.2-0.46)^2 \times 0.05$	$(0.6-0.35)^2 \times 0.05$	$(0.2-0.19)^2 \times 0.05$
分散	上記計＝0.07215	上記計＝0.06475	上記計＝0.0009
分散和	0.07215＋0.06475＋0.0009＝0.1378(＝0.508－0.3702)		
貢献度	52.36％	46.99％	0.65％

(5) 選挙区特性としての逸脱比 (DS指数)

これまでに証明した⑦式から,

$$dv = Dv + \sum_{j=1}^{m} Vp_j \quad \cdots\cdots ⑫$$

となる。つまり,選挙区内市町村の平均的な偏重度 dv は,選挙区が全体としてもっている固有の偏重度 Dv と,各候補者の地盤の偏りによって生じた逸脱度 $\sum_{j=1}^{m} Vp_j$ とに分解される。そこで,$\sum_{j=1}^{m} Vp_j / dv$ という比をとることによって,全市町村の平均的な偏重度のなかで,候補者の地盤の偏りによって生じた逸脱度がどの程度のウエイトを占めているかを算出することができる(78頁図1)。この逸脱比を,DS指数と称し,次の一般式であらわす。

$$DS = \sum_{j=1}^{m} Vp_j / dv = (dv - Dv) / dv \quad \cdots\cdots ⑬ \quad (0 \leq DS < 1)$$

これまで用いてきた事例におけるDS指数は,0.1378÷0.508＝0.2713と算出される。このDS指数を用いると,選挙区相互の得票の偏重性を比較することが可能となる。

なぜ⑬式のような形で比をとるのかについて,もう少し説明を補足しておこう。DS指数の算出の基礎となっている Dv, dv_i 等の得票偏重度は,当

図1　DS指数の構造

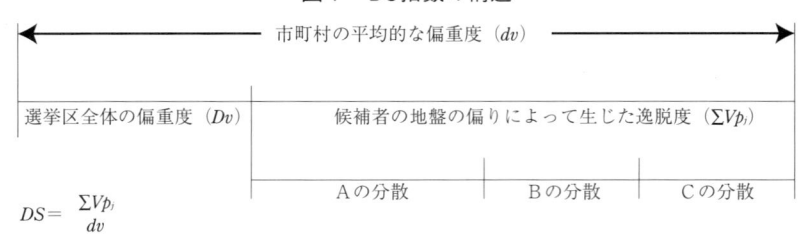

選挙区全体の偏重度 (Dv)	候補者の地盤の偏りによって生じた逸脱度 (ΣVp_j)		
	Aの分散	Bの分散	Cの分散

上部に「市町村の平均的な偏重度 (dv)」

$$DS = \frac{\Sigma Vp_j}{dv}$$

然のことながら，その選挙区の候補者数によってかなり影響を受ける。例えば候補者数 m 人の場合，$Dv(=\sum_{j=1}^{m}P_j^2)$ の値は，$1/m \leq Dv < 1$ の範囲をとる。すなわち，Dv の最小理論値は m 人の候補者の得票数がすべて等しい場合で $1/m$ となり，この値は候補者数が増加するにしたがって減少する。

表4　候補者数別にみた選挙区 Dv の理論的最小値と実態（第36回総選挙）

候補者数	選挙区数	最小値	Dv 平均値
10	1	0.1	0.1409
9	10	0.1111	0.1549
8	17	0.125	0.1517
7	32	0.1429	0.1723
6	35	0.1667	0.2048
5	26	0.2	0.2435
4	8	0.25	0.2790

その変化は図2にみられるようにカービリニアなものであり，また実際の選挙で測定される Dv の全国平均値も，ほぼこれに沿って変化している。

試みに，第36回総選挙（1980年）における奄美群島区（候補者2人）を除く129の選挙区を候補者数によって類別し，それぞれのグループにおける Dv の平均値を上記の最小値と対比してみたのが，表4，図2である。やはり，実際の選挙における Dv の値も，一般的傾向としては，候補者数に対応して同様の変化が生じていることがわかる。

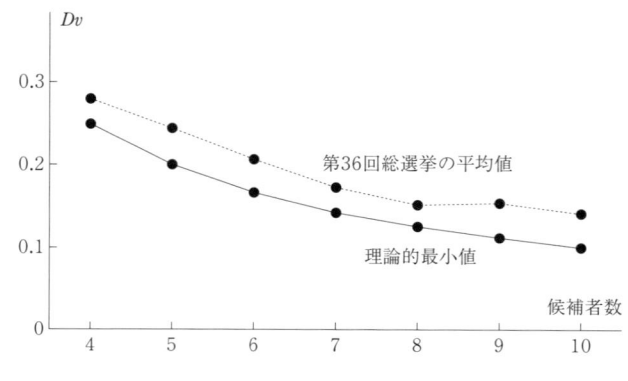

それゆえ，選挙区特性として

図2　候補者数による選挙区 Dv の変化

の得票の地域偏重度を相互に対比するには，前に述べたように，選挙区の Dv の値からの各市町村の平均的偏重度 dv の逸脱度を算出し $(dv - Dv)$，さらにその値の dv に対する比，すなわち逸脱比 DS を算出することが必要になるのである。

2　実際の選挙区への適用

DS 指数は，RS 指数に比べて計算過程が複雑なので，数式を用いた説明だけではその数値の意味するところが伝わらないかもしれない。そこで本節では，以上で説明した手法を，第36回総選挙（1980年）における事例に具体的に適用することで，その数値の意味を確認してみたい。

(1) 異なる選挙区で Dv の値はほぼ等しいが dv の値がかけ離れている場合

表5は，鹿児島3区と石川1区について，得票偏重度をみるのに必要な各種の指数を算出した結果を示したものである。両選挙区は，ともに定数3に対して候補者数5であるが，候補者および当選者の政党別構成を異にしている。この2つの選挙区では，Dv の値はともにほぼ0.25で，選挙区全体としての候補者への票の偏重度は等しいといえる。しかし，市町村における偏重度の平均値は鹿児島3区の方がかなり高く，したがって，その逸脱度 $(dv - Dv)$ は，鹿児島3区の0.1249に対して石川1区は0.0309にすぎ

表5　計算結果

鹿児島3区（定3）			市町村数＝24	候補者数＝5	
Dv	0.2512				
dv	0.3761		分散（構成比）	得票率	RS
$dv - Dv$	0.1249 →	二階堂進（自）	0.0368(0.2943)	0.3000	0.2531
		山中貞則（自）	0.0684(0.5475)	0.2717	0.4291
DS	0.3322	橋口　隆（自）	0.0186(0.1491)	0.2110	0.2848
		上西和郎（社）	0.0011(0.0089)	0.2067	0.0729
		宮地利雄（共）	0.0000(0.0002)	0.0106	0.2145
石川1区（定3）			市町村数＝17	候補者数＝5	
Dv	0.2518				
dv	0.2827		分散（構成比）	得票率	RS
$dv - Dv$	0.0309 →	森　喜朗（自）	0.1755(0.5680)	0.3158	0.1726
		奥田敬和（自）	0.0109(0.3526)	0.3018	0.1471
DS	0.1093	嶋崎　譲（社）	0.0014(0.0437)	0.2147	0.0592
		宮元一二（民）	0.0007(0.0225)	0.1046	0.0784
		森　昭（共）	0.0004(0.0132)	0.0631	0.1527

ない。そこで逸脱比 DS は，それぞれ0.3322, 0.1093と算出される。

鹿児島3区では，各市町においてその偏重度 dv_i が一般的に高く，最高は曽於郡末吉町（山中貞則候補の出身地，同候補の町内得票率は73.59%）の0.5775, 次いで肝属郡高山町（二階堂進候補の出身地，同町内得票率71.39%）の0.5703であり，選挙区内24市町において偏重指数 dv_i が0.4を超えるのは9町におよび，そのうち6町は山中の地盤である曽於郡に集中している。このことは，同候補特有の高い RS 指数 (0.4291) からも説明できよう。これに比して，石川1区では，dv_i の最高は能美郡根上町（森喜朗候補の出身地，同町内得票率82.03%）の0.6828であるが，同町の選挙区内有効投票構成比は2.4%にすぎず，しかも同町を除けば dv_i の値が0.4を超える市町村は皆無である。また，逸脱度 ($dv - Dv$), すなわち各候補者の市町村得票率分散の総計のなかで最高の比率 (56.8%) を占める森候補にしても，RS 指数は0.1726と相対的に低く，これは，鹿児島3区の自民党候補者の誰よりも低い数値である。

要するに，この2つの選挙区は，選挙区全体の得票偏重度はほぼ等しいにもかかわらず，市町村段階での得票の特定候補者への偏りにおいて著しい差があり，それだけ得票の地域偏重からみた選挙区特性を異にしている事例である。

(2) **異なる選挙区で dv の値はほぼ等しいが Dv の値がかけ離れている場合**

表6は，長野3区と宮崎2区との同様な対比である。両選挙区は，議員定数に違いはあるが，ともに候補者数が5人で，しかも自民3, 社会1, 共産1となっている。この2つの選挙区では，dv がともに0.3をわずかに出た数値となっており，したがって，各市町村における平均的な得票偏重度はほぼ等しい。しかし，選挙区全体の偏重度 Dv をみると，長野3区は0.2007で，これは候補者数が5である場合の最低値0.2にほとんど近く，文字通り5人の候補者の少数激戦区となっている。これに対して宮崎2区では，Dv はこれを上回る数値の0.2427で，表4の候補者5人の選挙区の全国平均値に近い。要するに，宮崎2区における各市町村の平均的な偏重度 dv には，選挙区固有の偏重度 Dv に影響される部分が長野3区よりは多く含まれているわけで，それだけ市町村偏重の逸脱度 ($dv - Dv$) が相対的に

第3章 得票の地域偏重よりみた選挙区特性

表6 計算結果

長野3区（定4）			市町村数＝36	候補者数＝5	
Dv	0.2007				
dv	0.3027		分散（構成比）	得票率	RS
$dv - Dv$	0.1021 →	小川平二（自）	0.0230（0.2250）	0.2157	0.3196
		串原義直（社）	0.0054（0.0530）	0.2107	0.1375
DS	0.3372	宮下創平（自）	0.0320（0.3133）	0.1974	0.3865
		林　百郎（共）	0.0047（0.0458）	0.1884	0.1534
		中島　衛（自）	0.0370（0.3630）	0.1878	0.4633
宮崎2区（定3）			市町村数＝18	候補者数＝5	
Dv	0.2427				
dv	0.3017		分散（構成比）	得票率	RS
$dv - Dv$	0.0591 →	堀之内久男（自）	0.0169（0.2856）	0.2782	0.2210
		小山長規（自）	0.0333（0.5644）	0.2557	0.3180
DS	0.1957	瀬戸山三男（自）	0.0071（0.1202）	0.2322	0.1507
		児玉末男（社）	0.0017（0.0286）	0.2135	0.0665
		佐藤　誠（共）	0.0001（0.0012）	0.0204	0.1420

低いということがいえる。したがって，逸脱比 DS 指数を算出すると，長野3区は0.3372，宮崎2区は0.1957とかなりの有意差があらわれてくる。このことは，宮崎2区の3人の自民党候補者の RS 指数が長野3区の3人の自民党候補者の誰よりも低いことからも，予測されたことであった。

(3) Dv の値は高いが DS 指数が低い選挙区

Dv の値が非常に高いにもかかわらず，DS 指数が低い選挙区の極端な事例としては，香川2区（定3，候補者5）をあげることができる（表7）。同選挙区は，もともと故大平首相への票の集中が激しく，Dv の値が全国でも突出して高い選挙区であったが，第36回総選挙（1980年）の選挙戦のさなかに大平候補が急死したために，身代りとして娘婿の森田一候補が立ち，62.15％という驚異的な得票率をあげた。その結果，Dv の値は第35回（1979

表7 計算結果

香川2区（定3）			市町村数＝24	候補者数＝5	
Dv	0.4417				
dv	0.4568		分散（構成比）	得票率	RS
$dv - Dv$	0.0151 →	森田　一（自）	0.0091（0.6015）	0.6215	0.0576
		久保　等（社）	0.0017（0.1097）	0.1806	0.0827
DS	0.0332	加藤常太郎（自）	0.0042（0.2763）	0.1453	0.1862
		久保文彦（共）	0.0001（0.0094）	0.0403	0.1305
		谷川尚敬（無）	0.0000（0.0030）	0.0124	0.1660

年）の0.3599から0.4417とはね上り，これは奄美群島区を除けば，全国で群を抜いて1位である（2位は候補者4人の愛媛1区の0.3005，以下はすべて0.3未満）。ところが，こうした森田候補への極端な票の集中は，地域によってはさらに激しくあらわれているけれども（例えば，三豊郡9町のうち8町で0.5を超え，さらに5町は0.6を超える），その反面，選挙区内24市町の半数に当る12市町のdv_iはDvを下回るという負の逸脱現象が生じている。その結果，全市町の平均値（dv）は0.4568でDvをわずかに上回るだけであり（$dv - Dv = 0.0151$），したがって，DS指数は0.0332と極めて小さな値となっている。こうした特異な現象は，候補者数が少なく，しかもその中の1人が選挙区全域を通じて圧倒的な支持を得ている場合にあらわれる。

(4) 自民党候補4人以上の選挙区

　逸脱比を示すDS指数が高い選挙区は，Dvに対してdvが相対的に高いところである。すなわち，選挙区全体としては候補者の力量が比較的接近していながら，各候補者は自己の地盤を強力に保持し，それぞれがその地盤から重点的に集票している場合である。こうした条件が可能となるのは，自民党が多数の候補者を公認している選挙区，したがって副次的には議員定数が多い選挙区ということになろう。

　第36回総選挙（1980年）で，DS指数がもっとも高かったのは佐賀全県区の0.5559であり，そこでは定数5人に対して自民党は5人の候補者を公認し，前回に続いて4人を当選させている。この選挙区では，表8に掲げたように，Dvは0.1594であるが，選挙区内49市町村のうち21市町村においてdv_iが0.4を超え（最高は東松浦郡七山村の0.8353），市町村平均値dvは0.3588という高い数値を示している。また，個人別にRS指数をみても，1位当選の保利耕輔候補の0.5207を筆頭に，自民党候補はすべて0.35を上回っている。強固な地盤割りに支えられた保守安定区といえる。

　それに次いでDS指数が高い選挙区をあげると，千葉3区の0.4804（定5，自民4，全員当選），宮城2区の0.4731（定4，自民4，3人当選），熊本2区の0.4620（定5，自民5，4人当選）などがあり，いずれも，定数4〜5の選挙区である。しかし，自民党候補者が4人以上の選挙区であって

第3章　得票の地域偏重よりみた選挙区特性

表8　計算結果

佐賀全区（定5）		市町村数＝49	候補者数＝8	
Dv	0.1594			
dv	0.3588	分散（構成比）	得票率	RS
$dv-Dv$	0.1995 → 保利耕輔（自）	0.0709(0.3552)	0.1935	0.5207
	三池　信（自）	0.0414(0.2074)	0.1775	0.4577
DS	0.5559　八木　昇（社）	0.0045(0.0225)	0.1589	0.1669
	愛野興一郎（自）	0.0352(0.1763)	0.1539	0.3964
	山下徳夫（自）	0.0304(0.1525)	0.1512	0.3546
	大坪健一郎（自）	0.0170(0.0854)	0.1333	0.3806
	武藤明美（共）	0.0001(0.0007)	0.0287	0.1894
	山瀬　徹（諸）	0.0000(0.0000)	0.0030	0.1913

も，山形1区のようにかなり低いDS指数（0.1723）が算出されるところもあり，DS指数の高い数値は，自民党多数公認選挙区からあらわれるということはいえても，自民党公認数がDS指数の高さを条件づけているわけではない。参考までに，自

表9　自民党候補者4人以上の選挙区（DS指数）

選挙区（定）	候補者数	自民（当）	Dv	dv	$dv-Dv$	DS
佐賀全(5)	8	5(4)	0.1594	0.3588	0.1995	0.5559
千葉3(5)	9	4(4)	0.1391	0.2677	0.1286	0.4804
宮城2(4)	7	4(3)	0.1812	0.3439	0.1627	0.4731
熊本2(5)	7	5(4)	0.1677	0.3117	0.1440	0.4620
長崎2(4)	8	4(3)	0.1656	0.2454	0.0797	0.3249
青森1(4)	8	4(3)	0.1462	0.2060	0.0598	0.2903
茨城3(5)	7	4(4)	0.1584	0.2202	0.0618	0.2809
山梨全(5)	8	4(4)	0.1373	0.1829	0.0455	0.2490
福島2(5)	7	4(4)	0.1699	0.2246	0.0547	0.2437
徳島全(5)	8	4(4)	0.1615	0.2044	0.0429	0.2098
山形1(4)	7	4(3)	0.1683	0.2033	0.0350	0.1723

民党候補者4人以上の11選挙区における各種指数を表9に掲げておく。

(5) 自民党候補3人の選挙区

衆議院130選挙区のなかで，自民党が3人の候補者を公認した選挙区は50区で最多である。（2人公認は45区）。しかし，それらの選挙区でも，自民党以外の候補者の所属政党の組合せとなると多様であり，これらをすべていくつかのパターンに類別することは困難であろう。ただその中で，自民党以外の政党で全選挙区に必ず候補者を擁立しているのが社会党と共産党であるという事情からみれば，自民3，社会1，共産1，という候補者構成は，一定の共通の選挙区パターンとみてよいであろう。それは，新潟4区，富山2区，長野3区，三重2区，山口1区，愛媛3区，宮崎2区，鹿児島3区の8選挙区であり，これに無所属または諸派が加わってもその

得票率が1％に満たない富山1区，香川1区，大分2区を加えると，11選挙区となる。これらの選挙区は，自・社・共という55年体制型の候補者構成であって，それだけにその後の多党化傾向の影響をそれ程受けていない農村型もしくは準農村型選挙区と考えられ，前にあげた自民党候補者4人以上の選挙区に次ぐ保守安定区といえる。

表10 候補者が自民3，社会1，共産1の選挙区
　　　（DS指数順）

選挙区(定)	候補者数	自民(当)	Dv	dv	$dv-Dv$	DS
長野3 (4)	5	3(2)	0.2207	0.3027	0.1021	0.3372
鹿児島3 (3)	5	3(3)	0.2512	0.3761	0.1249	0.3322
※富山1 (3)	6	3(3)	0.2304	0.3247	0.0943	0.2905
富山2 (3)	5	3(2)	0.2448	0.3433	0.0985	0.2870
愛媛3 (3)	5	3(2)	0.2457	0.3312	0.0855	0.2581
宮崎2 (3)	5	3(2)	0.2427	0.3017	0.0591	0.1957
新潟4 (3)	5	3(3)	0.2389	0.2949	0.0560	0.1900
三重2 (3)	5	3(2)	0.2318	0.2710	0.0393	0.1449
山口1 (4)	5	3(3)	0.2304	0.2641	0.0338	0.1279
※大分2 (3)	6	3(2)	0.2393	0.2727	0.0334	0.1224
※香川1 (3)	6	3(2)	0.2332	0.2522	0.0191	0.0757

※印は，低得票率の諸派・無所属を含む。

表10にみられるように，これらの選挙区のDS指数も，長野3区の0.3372から香川1区の0.0757まで広い範囲に分布しており，得票の地域偏重が，こうした候補者の政党別構成に直接起因するとは考えられない。しかし，この11選挙区のDS指数の平均値0.2147（標準偏差0.0868）は自民党候補者4人の9選挙区の平均値0.3007（同0.0986）に比較して，明らかに低い数値となっている。

(6) 都市型選挙区

　DS指数が低く算出されるのは，集計単位となっている地域の間で候補者への投票の偏りにそれほど大きな差異がない場合で，前にあげた香川2区のような特異な事例を除けば，一般には都市型選挙区がこれに該当する。それは，都市型選挙区では，一般に多党化情況が顕著で各政党が候補者を1人に限定する傾向にあること，集計単位となっている市区町村の間で利害や意識面においてそれ程大きな地域間隔差がみられないこと，得票の集計単位が人口的側面からいえばかなり広域であって，したがって選挙区内の集計区域数が極端に少ないこと，等に起因している。特に集計単位区域数が2（東京都3・5・9区）または3（東京都1・4・6・8・10区）

第3章　得票の地域偏重よりみた選挙区特性　　85

の選挙区などは，こうした指数算出そのものに有意性を認めることは困難であろう。しかし，仮に東京都内の各区の内部を例えば投票区単位に細分して集計が公表されたとしても，それによって偏重度に大きな差異があらわれるとは考えられない。これらの限界を承知の上で，東京都11選挙区，大阪府7選挙区について各種指数を参考値として算出すると，表11のようになる。

表11　東京都・大阪府の各選挙区

選挙区(定)	候補者数	自民(当)	Dv	dv	$dv - Dv$	DS
東京1(3)	9	2(2)	0.1977	0.1923	0.0046	0.0239
2(5)	6	1(1)	0.2178	0.2190	0.0012	0.0056
3(4)	7	2(2)	0.1519	0.1544	0.0024	0.0158
4(5)	9	1(1)	0.1768	0.1792	0.0024	0.0133
5(3)	7	1(1)	0.1814	0.1837	0.0022	0.0121
6(4)	8	2(1)	0.1473	0.1625	0.0151	0.0932
7(4)	6	2(1)	0.1714	0.1775	0.0061	0.0341
8(3)	5	2(2)	0.2352	0.2437	0.0085	0.0350
9(3)	5	1(1)	0.2114	0.2137	0.0023	0.0108
10(5)	7	2(2)	0.1706	0.1979	0.0274	0.1384
11(4)	6	1(1)	0.2064	0.2255	0.0191	0.0847
大阪1(3)	6	1(1)	0.2219	0.2276	0.0057	0.0250
2(5)	6	2(1)	0.1819	0.1888	0.0069	0.0366
3(4)	6	1(1)	0.2060	0.2150	0.0090	0.0419
4(4)	5	1(1)	0.2320	0.2347	0.0027	0.0114
5(4)	6	1(1)	0.2035	0.2098	0.0063	0.0300
6(3)	5	1(1)	0.2245	0.2346	0.0101	0.0431
7(3)	4	1(1)	0.2565	0.2609	0.0044	0.0170

3　地域集票構造の変動とその要因

　本節と次節では，以上で提案したDS指数を活用して，55年体制下における地域票の動向を検討する。

(1)　DS指数の推移

　55年体制以後の中選挙区制時代の総選挙は，マクロな視点からいえば，昭和30年代（28～30回），40年代（31～33回），50年代以降（34～40回）の3つの時期に区分できる。第1期は自民・社会の二大政党時代であり，自民党は相対得票率で55～58％，議席率では60％以上を確保していた。第2期では，公明党の衆議院進出に象徴される野党の多党化傾向があらわれ，自民党は得票率で50％，議席率で60％を割りはじめる。その後共産党の躍進，新自由クラブ・社会民主連合の誕生と多党化が一層進行するなかで，ロッキード事件を契機とする第3期に至って，自民党は3回にわたって公認候補の当選者が過半数割れを起こす事態に直面することとなった。この

表12 DS指数の推移

選挙回	28回	29回	30回	31回	32回	33回	34回	35回	36回
選挙年	1958	1960	1963	1967	1969	1972	1976	1979	1980
平均値	0.3160	0.2911	0.2704	0.2383	0.2212	0.2025	0.1714	0.1734	0.1657
最大値	0.6628	0.5980	0.5878	0.5485	0.5623	0.6025	0.5518	0.5299	0.5559
選挙区名	熊本2	熊本2	岐阜2	栃木2	栃木2	熊本2	熊本2	佐賀全	佐賀全
最小値	0.0198	0.0011	0.0022	0.0034	0.1330	0.0007	0.0004	0.0055	0.0056
選挙区名	東京4	東京3	東京3	東京5	東京3	東京3	東京3	奄美	東京2
標準偏差	0.1361	0.1394	0.1371	0.1333	0.1330	0.1273	0.1245	0.1225	0.1251
0.6≦DS	1	0	0	0	0	1	0	0	0
0.5≦DS<0.6	7	7	6	3	2	1	3	2	1
0.4≦DS<0.5	27	21	16	14	12	9	4	4	6
0.3≦DS<0.4	32	30	24	23	18	15	14	18	14
0.2≦DS<0.3	29	34	38	38	37	31	27	28	25
0.1≦DS<0.2	11	12	19	25	28	38	39	32	35
0 ≦DS<0.1	11	14	15	20	26	29	43	46	49
選挙区数	118	118	118	123	123	124	130	130	130
総定数	467	467	467	486	486	491	511	511	511
候補者数	951	940	917	917	945	895	899	891	835
倍率	2.04	2.01	1.96	1.89	1.94	1.82	1.76	1.74	1.63
自民候補者数	413	399	359	342	328	339	320	322	310
自民総定数比	88.44%	85.44%	76.87%	70.37%	67.49%	69.04%	62.62%	63.01%	60.67%
自民当選者数	287	296	283	277	288	271	249	248	284
自民議席率	61.46%	63.38%	60.60%	57.00%	59.26%	55.19%	48.73%	48.53%	55.58%
自民得票率	57.87%	57.56%	54.67%	48.80%	47.63%	46.85%	41.78%	44.59%	47.88%

　第3期については，自民党過半数割れによる保革伯仲が常態であって，第36回（1980年），第38回（1986年）の自民党圧勝は衆参同日選挙による特殊なケースなのか，あるいは保守回帰への徴候なのか，専門家の間でも評価の分かれていたところであるが，いずれにせよ，選挙時の有権者の争点選択によって議席が大きく変動しているところに特徴がみられる。そして，中選挙区制最後の第40回総選挙（1993年）を前にして，自民党分裂，保守新党の誕生（日本新党・さきがけ・新生党など）の激動が起こり，38年間にわたる自民党長期政権に終止符が打たれたのであった。

　DS指数は，候補者得票の地域的偏重度を選挙区単位に表現したものであるが，55年体制後の第28回総選挙からその推移を追ってみると，表12にみられるように，全体的にその値は回を追うごとに低下してきている。しかも，このDS指数の低下は，上記の3つの時期に対応してその数値にみるべき変化があらわれている[4]。

　　第1期　28～30回＝0.31～0.27

第3章　得票の地域偏重よりみた選挙区特性

37回	38回	39回	40回
1983	1986	1990	1993
0.1584	0.1659	0.1503	0.1474
0.4983	0.5270	0.5411	0.4894
熊本2	熊本2	北海道5	宮城2
0.0061	0.0078	0.0004	0.0081
東京3	東京5	東京9	東京3
0.1174	0.1277	0.1190	0.1168
0	0	0	0
0	3	2	0
5	5	3	4
9	11	14	10
34	26	20	22
28	33	36	36
54	52	55	57
130	130	130	129
511	512	512	511
848	838	953	955
1.66	1.64	1.86	1.87
339	322	338	285
66.34%	62.89%	66.02%	55.77%
250	300	275	223
48.92%	58.59%	53.71%	43.64%
45.76%	49.42%	46.14%	36.62%

第2期　31～33回＝0.23～0.20

第3期　34～40回＝0.17～0.15

このことは，極めてマクロな表現ではあるが，政党システム，選挙区制，地域社会の変動等にともなって，各選挙区，各候補者の地域集票特性に変化が継続的に起こっていることを示している。以下，これを，候補者数の減少，定数是正，多党化傾向の諸側面からとらえてみることにする。

(2) **候補者数の減少，特に自民党公認候補の限定**

3つの時期の間にはそれぞれ定数是正が行われ，総定数が増加したにもかかわらず候補者数は減少しており，特に自民党は，それらの時期に対応して大幅な公認厳選を実施している。今一般的傾向として指摘した得票の地域偏重度の緩和，つまり候補者の集票領域の拡大は，明らかに候補者数の減少，特に自民党の候補者公認数の限定傾向に見合ったものであり（表12），候補者競争倍率および自民党候補者数の総定数に対する比率は，DS全国平均値と極めて高い相関を示す（相関係数はそれぞれ0.7965, 0.9401）。

第1期においては，自民党候補者数は総定数の77％～88％に達し，定数以上の候補者を公認した選挙区が58～34区あり，それらの選挙区のDS平均値は全選挙区の平均値を大きく上回っている。特に28回では14選挙区，29回では6選挙区において自民党は定数を超える候補者を擁立しており，さらに高いDS平均値が算出される。つまり，この時期には多くの選挙区

4　同様な傾向は，各候補者単位に地域偏重度を表現したRS指数についても指摘できる。64頁における第2章表7の全候補者のRS指数平均値の推移，表8の主要政党のRS平均値の推移が回を追って低下しているのを読み取ることができる。

において，自民または保守系無所属候補がほぼ市郡を単位として排他的に強力な地盤を形成し，有権者の投票行動にも狭い生活単位のなかでの地域代表意識が大きく支配していた。

第2期の最初の第31回総選挙（1967年）では，前回選挙に比して総定数が19増加したにもかかわらず，候補者は±0（917）であるが，政党別では自民－17，諸派－48以外はすべてプラスとなっている（公明は新で＋32）。つまり泡沫候補が大量に姿を消すと同時に，自民党は選挙区分割の影響を受けたところを除いて25選挙区で，前回の公認数を1減らしている。これらの自民党減員区で前回公認を受けながら公認されなかった者は28人であるが，そのうち死亡・引退を除けば22人が前回の落選者であり，また同じく28人中22人が前・元議員である（静岡2区・石橋湛山等）。ここに保守合同後ようやく党の近代化・挙党体制に着手した自民党の新しい時代に即応した多数派形成をめざす候補者調整機能の整備をみることができる。

こうして，戦前から55年体制初期までの古参議員の地盤がいわゆる「草刈り場」として集票の自由市場に放出される形となり，これらの選挙区でのDS指数は大きく低下していく。因みに，この25選挙区のDS指数の対前回変動値の平均は－0.0436で全選挙区の変動値の平均－0.0324を上回っているが，顕著な例としては，鹿児島2区の－0.1702，福井全県区の－0.1578，岐阜2区の－0.1156などを挙げることができる。

本格的多党化の開始といわれる第3期の最初の第34回総選挙（1976年）では，前回に比して総定数＋20に対して候補者数は＋4にすぎない。ここでも自民党の－19が大きく，民社－14，無所属－22を除けば，他はすべて候補者を増加させている。自民党の候補者減の要素としては，新自由クラブの結党もあるが，25人の新自由クラブ候補者のうち前回選挙で自民党から公認を受けているのは6人にすぎない。自民党が前回より候補者公認を減員した選挙区は，選挙区分割による定数減選挙区を除けば28区に及ぶ。この選挙区における前回公認者のうちこの回公認を受けなかった者は，新自由クラブ移籍者およびロッキード高官を除いても31人を数える。これら28選挙区においてもDS指数のマイナス変動が大きく表われている。（例えば，愛知5区－0.2169，埼玉3区－0.1387）。

つまり，第34回（1976年）以降は，ロッキード事件を契機とする金権体

質批判，多党化による総野党の得票増加の危機の前に，自民党は明らかに最小限多数派形成の戦略に転換し始めている。そして，その中で安定的な地盤が形成され，候補者の移動は主として地盤の継承で行われるようになる。したがってこの期の推移はDS指数の変動が極めて小さいことで特色づけられる。

(3) 衆議院定数是正（定数増・選挙区分割・定数減）の影響

第2期の最初の第31回総選挙（1967年）の前に，衆議院の定数是正が行われ，大都市選挙区の選挙分割ないしは定数増により，選挙区数+5，総定数+19となった。また第3期の第34回総選挙（1976年）の前にも，選挙区数+6，総定数+20となっている。

一般論としては，選挙区の単純な定数増はDS指数の上昇をもたらし，逆に選挙区分割はDS指数の低下をもたらすと考えられる。ここで，たまたま3つの時期の初めに行われた定数是正が，候補者の地域集票構造にこうした影響を与えているのではないかという仮説を検討したい。

最初の定数是正後の第31回（1967年）では，定数増7選挙区のうちDS指数の上昇は4，低下は3であるが，その変動は微少である。5つの選挙区分割で誕生した10選挙区では，東京1区から分かれた東京8区，大阪1区から分れた大阪8区がわずかにDS上昇をみせているものの，他は低下傾向にある。2回目の是正後の第34回（1976年）にしても，定数増5選挙区のうち4選挙区がDS上昇，また6選挙区の分割で生じた12選挙区のうち東京7・11区で微増のほかはDS低下をみせている。8増7減の是正が行われた第38回では，増員区では殆んど変化がみられず，加えて減員区7区のうち4区はむしろDS上昇を示し，特に秋田2区，新潟4区が顕著である。

つまり定数是正の対象となった選挙区では，仮説に示した傾向が若干みられるものの，第2回目までの定数是正はもともと得票の地域偏重が少ない大都市部で行われているので，それらが全国レベルでの地域的集票構造にそれ程大きな影響を与えたとは考えられない。

(4) 野党の多党化の影響

第31回総選挙（1967年）から進行する野党の多党化は，公明・新自由・社民連・共産などが一定の集票領域を確保すると同時に，それが社会党の特に都市の集票基盤を圧迫していったことを意味する。社会党の候補者減，特に複数擁立区の減少は，これら新しい野党の進出にみあったもので，この両者の相乗効果がDS指数の低下傾向にかなりの影響を与えてきたと考えられる。

表13　社会党が複数候補者を擁立した選挙区におけるDS指数の推移

選挙回	28回	29回	30回	31回	32回	33回	34回	35回	36回	37回
選挙年	1958	1960	1963	1967	1969	1972	1976	1979	1980	1983
社会党複数選挙区	96	61	73	79	57	36	34	27	20	19
（3名以上）	30	7	7	8	4	1	1	1	1	1
DS平均値	0.3104	0.2993	0.2774	0.2571	0.2675	0.2368	0.2448	0.2460	0.2389	0.2168
全選挙区	118	118	118	123	123	124	130	130	130	130
DS平均値	0.3160	0.2911	0.2704	0.2383	0.2212	0.2025	0.1714	0.1734	0.1657	0.1584

　公明党は，都市型政党といわれているが，それは主として都市型選挙区で当選率が高いということであって，この政党の集票特性は単一選挙区内では都市・農村を問わず比較的平均的に集票できるところにある。前章の表8（64頁）に示した政党別RS指数からも明らかなように，他のすべての政党に比して著しく選挙区内の集票領域が広い。かなりDS指数の高い地域偏重型選挙区においても，公明党候補者だけは極めて低いRS指数を示しているのである。この点では，同じ都市型政党といわれる共産党・民社党と顕著な対照を示す。

　DS指数が0.35を超える選挙区で公明党候補が擁立されていた場合，その候補者のRS指数を示すと次の通りである。

　　31回　広島3（0.1073）
　　32回　北海道4（0.0955）北海道5（0.1170）群馬2（0.0916）千葉3
　　　　　（0.0949）岐阜2（0.1290）広島3（0.0983）福岡3（0.0965）
　　33回　青森1（0.0599）福島2（0.1303）栃木2（0.0828）千葉3（0.0823）
　　　　　広島3（0.1906）福岡3（0.0561）
　　34回　栃木2（0.0835）千葉3（0.1016）福井全（0.1203）佐賀全（0.1500）
　　35回　広島3（0.0799）千葉3（0.0907）
　　36回　千葉3（0.1094）

37回　千葉3　(0.1036)
38回　静岡1　(0.0981)　千葉3　(0.0971)
39回　該当選挙区なし
40回　該当選挙区なし

社会党は，55年体制の初期には表13にみられるように，118選挙区中96区で複数候補を擁立し，そのうち30選挙区で3人以上を公認していた。この社会党複数区が野党の多党化に押されて急減するのは第32回総選挙（1969年）からで，第31回（1967年）の79区から一挙に57区となり，さらに第33回（1972年）には36区にまで減少する。第32回（1969年）は社会党の歴史的敗北といわれているように，当選者も第31回（1967年）の140から一挙に90に激減する。その後も社会党は一層守りの選挙に徹し，第38回（1986年）には複数区は16選挙区となっている。

38回	39回	40回
1986	1990	1993
16	24	20
1	0	0
0.2440	0.2231	0.2119
130	130	129
0.1659	0.1503	0.1474

社会党複数区のDS指数平均は，第30回（1963年）まではほぼ全国平均と同値を示しているが，第32回（1969年）以降は全国平均に比してかなり高い数値を示すようになる。このことは，減少する社会党複数擁立区が全国的にはやや特異な選挙区となっていることを意味し，逆にいえば，複数区の減少が全国的にDS指数低下に一定の効果をもっていることを示している。例えば，第32回総選挙（1969年）で複数を擁立しながら第33回総選挙（1972年）では1人にしぼった22選挙区についてみれば，そのうち15選挙区でDS低下が表われている。

4　保守安定選挙区とDS指数

DS指数は一般的に低下傾向にあったが，特定選挙区では依然として高い数値が維持されていた。その値が0.4を超える超偏重選挙区は，第2期でも11～17区，第3期に至っても4～8区を数え，これらの選挙区が保守安定の基盤になっていたのではないかと推測できる。本節では，保守安定選挙区とDS指数の関係を検討する。

(1)　DS指数と都市型ー農村型で示される選挙区特性との関係

選挙区の保守安定構造を農村型の選挙区特性と結びつけて考察した研究は多いが，多変量解析の手法を用いてそれを計量的に表現したのが小林良彰の選挙区特性値である。小林は，国勢調査のデータから人口・世帯・文化・産業・経済に関する32変数を全国の市区町村ごとに収集し，衆議院130選挙区単位に再集計して主成分分析を行い，第1主成分が選挙区の農村－都市の特性をあらわしていることを発見した[5]。

この小林の第1主成分得点とDS指数との相関を，1980年国調と同年実施された第36回総選挙について検出したのが，図3である。相関係数は0.6046で，DS指数で表現される得票の地域偏重は主成分得点で表現される農村型選挙区特性とほぼ対応していることになる。この図からは，DS＞0.4がいかに極端な高数値かが判読できよう。なお，右下に離れた点は奄美群島区である。

小林はまた同じデータを用いてクラスター分析を行い，大都市・停滞地域から農村・過疎地域まで7段階の選挙区分類を行っているが，そのクラスターごとのDS指数の平均値を算出してみると次のようになった（但し

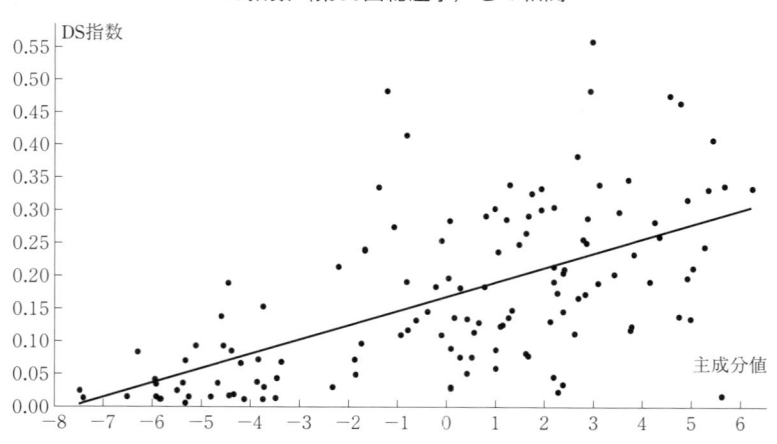

図3　小林良彰の130選挙区第1主成分値（昭和55国調）と
DS指数（第36回総選挙）との相関

5　小林良彰『計量政治学』成文堂，1984年。

東京1，奄美，沖縄全は単一クラスターなので除外した）。ここでも農村的特性と地域偏重型集票特性がほぼ対応しているのを確認することができる。

  A．大都市・停滞都市（14区） 0.0430
  B．大都市・近郊開発地域（18区） 0.0559
  C．中都市・商業地域（4区） 0.0748
  D．小都市・工業地域（16区） 0.1947
  E．小都市・周辺地域（26区） 0.1840
  F．半農村・工業化地域（32区） 0.1997
  G．農村・過疎地域（17区） 0.2973

(2) 保守安定選挙区の集票特性

 農村型の特性を示す選挙区では候補者得票の地域偏重が高いが，それは同時に保守系候補者の安定当選と密接に関連している。定数5以上で自民党の当選が4以上，定数4では当選3以上，定数3または2の選挙区で全議席独占を果たした選挙区を「自民圧勝区」と定義すると，94頁表14のように，各回選挙において「自民圧勝区」のDS指数平均値は全国レベルに比してかなり高い数値が検出される。

 ここでは第3期の第34回（1976年）から第38回（1986年）までの5回の総選挙を対象として保守安定選挙区を抽出し，その集票特性をとらえてみる。保守安定選挙区の基準は次の通りである。

 前の「自民圧勝区」の概念を保守系無所属・新自由クラブ公認の候補者まで加えて「保守圧勝区」におきかえ，第34回（1976年）〜第38回（1986年）の5回の総選挙でこの「保守圧勝」の選挙結果が5回連続している選挙区を「保守安定選挙区」とする。なお，この5回の総選挙において「保守圧勝」が1回だけ欠けた場合も「準保守安定選挙区」としてこの分析に加える。そうすると，「保守安定選挙区」は16区（青森1，岩手1，岩手2，宮城2，山形1，群馬3，千葉2，千葉3，石川2，岐阜2，三重2，広島2，山口1，佐賀全，長崎2，熊本2），「準保守安定選挙区」は6区（茨城1，新潟2，福井全，山梨全，愛知4，鹿児島3）で計22区となる。この基準を社会党の当選者が急増した第39回（1990年）にまで延ばして適用すると，岩手2・山梨全・鹿児島3が姿を消し，岩手1が準保守安定区

表14 自民党圧勝選挙区における DS 指数の推移

選挙回	28回	29回	30回	31回	32回	33回	34回	35回	36回	37回
選挙年	1958	1960	1963	1967	1969	1972	1976	1979	1980	1983
自民党圧勝区	34	36	32	30	34	28	16	19	31	21
DS 平均値	0.3949	0.3500	0.3590	0.3189	0.3118	0.2963	0.2712	0.2715	0.2793	0.2580
全選挙区	118	118	118	123	123	124	130	130	130	130
DS 平均値	0.3160	0.2911	0.2704	0.2383	0.2212	0.2025	0.1714	0.1734	0.1657	0.1584

自民党圧勝区＝定数2または3で議席独占，定数4で当選3以上，定数5以上で当選4以上の選挙区

へ移動する。

　図4は，これら22選挙区の第34回～38回の5回の総選挙におけるDS指数分布を示したものである。図中の＊印は，「準保守安定選挙区」を示している。ここでは，選挙区を次の3つのタイプに区別することができるであろう。

　第1は，佐賀全～岐阜2の5選挙区であり，DS指数がほぼ恒常的に0.4を超えている。当選保守系候補のすべてが地盤形成が強固で，しかも当選者の顔ぶれに殆ど変化がみられないか2世または秘書による完全な地盤継受となっている。候補者のRS指数もかなり高く，各選挙区とも1人だ

図4　保守安定・準保守安定選挙区におけるDS指数の分布

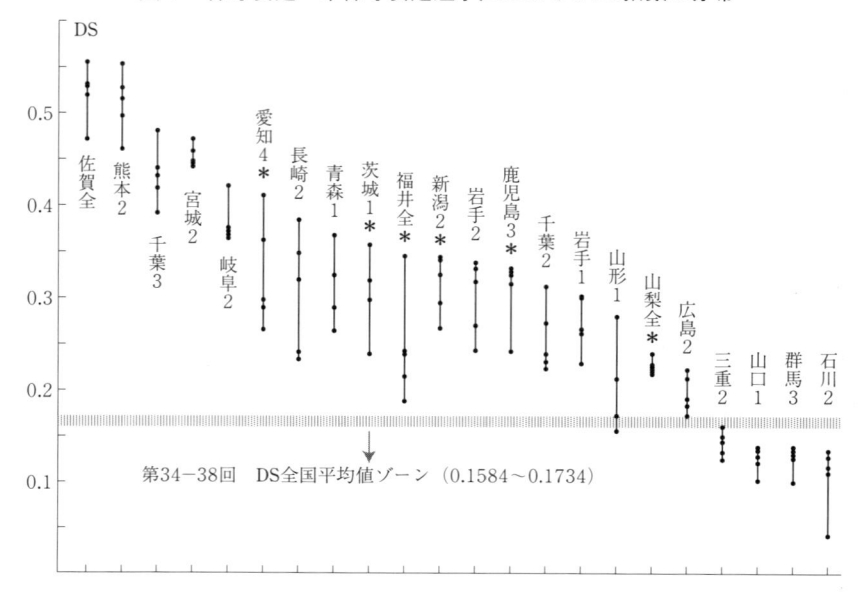

38回	39回	40回
1986	1990	1993
36	20	15
0.2485	0.2552	0.2496
130	130	129
0.1659	0.1503	0.1474

けが0.25～0.38, 他は殆んど0.40を超えている。

第2は, 愛知4～広島2の13選挙区であり, DS指数が平均値を上回り変動幅が大きい。選挙区によっては1人程度は高いRS指数を示す地域偏重型候補がみられるが, 他はやや高めの0.2～0.3程度となっている。候補者の移動が比較的激しく, 地盤形成はやや不安定で,「草刈り場」的地域が相対的に広い。「準保守安定選挙区」はすべてこのタイプに含まれる。

第3は, 三重2～石川2の4選挙区であり, DS指数が平均値を下回り変動幅が小さい。当選者の顔ぶれが全く変わらない無風選挙区といえよう。選挙区全体に広く支持基盤をもつベテラン議員で, 閣僚経験者, 派閥の領袖が多い。RS指数は大体0.1台で, 各選挙区に1人だけやや高めの候補者があるが, それも0.3を超えることはない。

第1, 第2のタイプの選挙区が, 22選挙区のうち18選挙区を占めており, DS指数はほぼ全国平均値を上回っている。こうした選挙区における独特の集票構造が, 自民党の長期政権の土台の一環をなしていたことは疑いのないところであろう。

表15　全選挙区のDS指数（第28回〜第40回）

28 (1958)		29 (1960)		30 (1963)	
熊本2区 0.6628	岡山2区 0.3189	熊本2区 0.5980	鳥取全県区 0.2884	岐阜2区 0.5878	愛知5区 0.2625
山形2区 0.5681	山梨全県区 0.3178	栃木2区 0.5832	埼玉4区 0.2791	熊本2区 0.5815	福島3区 0.2598
三重1区 0.5521	徳島全県区 0.3161	三重1区 0.5797	広島2区 0.2759	北海道5区 0.5699	宮崎2区 0.2540
栃木2区 0.5517	静岡2区 0.3096	北海道5区 0.5333	愛媛3区 0.2745	三重1区 0.5447	香川2区 0.2535
佐賀全県区 0.5445	和歌山2区 0.3064	山形2区 0.5149	宮城1区 0.2699	山形2区 0.5428	東京6区 0.2518
北海道5区 0.5368	埼玉2区 0.3044	京都2区 0.5136	青森2区 0.2644	広島3区 0.5259	広島2区 0.2498
奈良全県区 0.5089	兵庫4区 0.3017	岐阜2区 0.5013	東京6区 0.2636	佐賀全県区 0.4928	青森2区 0.2494
山形1区 0.5048	島根全県区 0.3005	北海道4区 0.4956	熊本1区 0.2612	栃木2区 0.4876	千葉1区 0.2471
広島3区 0.4997	埼玉3区 0.2947	福島2区 0.4922	宮崎1区 0.2604	福岡3区 0.4870	神奈川2区 0.2458
福島2区 0.4986	静岡3区 0.2934	広島3区 0.4865	岡山1区 0.2590	北海道4区 0.4652	大阪4区 0.2435
福島3区 0.4879	群馬3区 0.2899	佐賀全県区 0.4805	兵庫3区 0.2553	北海道4区 0.4615	兵庫3区 0.2423
福岡3区 0.4773	兵庫2区 0.2889	山形1区 0.4734	新潟1区 0.2548	福島2区 0.4564	兵庫3区 0.2423
宮城2区 0.4733	兵庫5区 0.2853	福島3区 0.4603	北海道1区 0.2532	宮城2区 0.4546	静岡3区 0.2384
鹿児島3区 0.4714	香川2区 0.2824	宮崎2区 0.4485	兵庫4区 0.2517	福井全県区 0.4494	静岡2区 0.2371
京都2区 0.4671	群馬2区 0.2809	秋田2区 0.4454	新潟3区 0.2496	秋田2区 0.4484	長崎1区 0.2361
宮崎2区 0.4634	福岡4区 0.2764	滋賀全県区 0.4426	千葉1区 0.2495	徳島全県区 0.4385	熊本1区 0.2326
秋田2区 0.4632	宮城1区 0.2737	茨城1区 0.4365	愛知3区 0.2492	茨城3区 0.4237	宮城1区 0.2309
福井全県区 0.4614	高知全県区 0.2704	千葉3区 0.4343	大阪4区 0.2484	長野3区 0.4203	新潟2区 0.2215
青森1区 0.4604	千葉1区 0.2692	静岡2区 0.4333	静岡3区 0.2466	富山1区 0.4198	長野2区 0.2190
愛媛3区 0.4579	奄美群島区 0.2689	徳島全県区 0.4269	北海道2区 0.2430	鹿児島3区 0.4156	福岡4区 0.2164
鹿児島1区 0.4559	富山2区 0.2594	宮城2区 0.4259	千葉2区 0.2361	茨城1区 0.4155	山口1区 0.2161
兵庫1区 0.4557	広島2区 0.2587	青森1区 0.4210	静岡2区 0.2357	滋賀全県区 0.4124	大阪3区 0.2155
北海道4区 0.4545	大阪2区 0.2543	福井全県区 0.4186	山口1区 0.2332	鹿児島2区 0.3967	群馬3区 0.2139
岐阜2区 0.4472	東京7区 0.2536	福島1区 0.4169	高知全県区 0.2315	青森1区 0.3936	大分2区 0.2043
千葉3区 0.4463	岡山1区 0.2470	栃木1区 0.4143	大阪3区 0.2224	京都2区 0.3888	北海道2区 0.2016
愛知4区 0.4398	埼玉1区 0.2429	鹿児島3区 0.4105	島根全県区 0.2208	石川2区 0.3887	埼玉1区 0.1981
千葉2区 0.4368	大阪4区 0.2418	奈良全県区 0.4086	福岡4区 0.2176	大分1区 0.3682	香川1区 0.1954
茨城3区 0.4313	大分2区 0.2409	茨城3区 0.4004	石川1区 0.2170	千葉3区 0.3669	群馬1区 0.1943
滋賀全県区 0.4189	新潟3区 0.2403	鹿児島2区 0.3950	大分2区 0.2133	静岡1区 0.3606	埼玉4区 0.1780
長野3区 0.4168	山口1区 0.2391	石川2区 0.3914	埼玉2区 0.2123	栃木1区 0.3602	富山2区 0.1742
秋田1区 0.4149	北海道2区 0.2242	兵庫1区 0.3894	三重2区 0.2083	岩手2区 0.3474	北海道3区 0.1705
愛知2区 0.4075	神奈川2区 0.2220	群馬1区 0.3878	東京7区 0.2065	愛媛2区 0.3466	宮崎1区 0.1585
大分1区 0.4058	愛知3区 0.2176	長野3区 0.3824	広島1区 0.2019	愛知4区 0.3455	茨城2区 0.1511
新潟2区 0.4051	広島1区 0.2156	愛知4区 0.3743	大分1区 0.1864	愛知2区 0.3447	千葉2区 0.1490
鳥取全県区 0.4038	茨城2区 0.2149	福岡2区 0.3671	香川1区 0.1857	福岡2区 0.3402	北海道1区 0.1463
長崎1区 0.3963	青森2区 0.2113	富山1区 0.3613	群馬3区 0.1819	福島1区 0.3393	埼玉2区 0.1444
茨城1区 0.3960	北海道3区 0.2111	福岡1区 0.3606	神奈川2区 0.1816	奈良全県区 0.3376	広島1区 0.1434
福岡1区 0.3892	北海道1区 0.1861	秋田1区 0.3593	山口2区 0.1679	岩手1区 0.3356	山口2区 0.1369
群馬2区 0.3868	長野2区 0.1819	千葉2区 0.3582	茨城2区 0.1638	群馬2区 0.3345	石川1区 0.1327
神奈川3区 0.3767	香川1区 0.1808	岩手2区 0.3521	北海道3区 0.1630	山形1区 0.3151	愛知3区 0.1297
福岡2区 0.3755	石川1区 0.1753	愛知2区 0.3517	大阪5区 0.1504	岐阜1区 0.3140	新潟4区 0.1289
宮崎1区 0.3702	長野4区 0.1641	大分1区 0.3515	埼玉1区 0.1458	兵庫5区 0.3136	大阪5区 0.1208
長崎2区 0.3693	大阪5区 0.1515	鹿児島1区 0.3499	長野4区 0.1104	福岡1区 0.3087	奄美群島区 0.1185
石川2区 0.3680	和歌山1区 0.1418	愛媛2区 0.3473	東京5区 0.1082	長崎2区 0.3081	東京5区 0.1006
栃木1区 0.3649	山口2区 0.1416	群馬2区 0.3444	奄美群島区 0.1061	兵庫2区 0.3080	長野4区 0.0982
新潟1区 0.3577	長野1区 0.1244	新潟2区 0.3442	長野1区 0.0838	神奈川3区 0.3076	愛知1区 0.0883

表15のつづき

28 (1958)		29 (1960)		30 (1963)	
富山1区 0.3547	東京5区 0.1205	福島3区 0.3386	新潟4区 0.0775	兵庫4区 0.2972	長野1区 0.0800
三重2区 0.3530	愛媛1区 0.1197	和歌山2区 0.3363	東京2区 0.0547	山梨全県区 0.2905	神奈川1区 0.0780
鹿児島2区 0.3526	東京2区 0.0994	神奈川3区 0.3360	和歌山1区 0.0541	島根全県区 0.2876	大阪5区 0.0771
愛媛2区 0.3482	東京1区 0.0901	長崎2区 0.3355	大阪2区 0.0533	三重2区 0.2866	和歌山1区 0.0704
熊本1区 0.3476	大阪2区 0.0862	岡山2区 0.3336	愛媛1区 0.0527	鳥取全県区 0.2860	東京2区 0.0570
福島1区 0.3441	新潟4区 0.0647	愛知5区 0.3315	愛知1区 0.0363	岡山2区 0.2811	東京1区 0.0537
埼玉4区 0.3376	愛知1区 0.0610	岐阜1区 0.3299	神奈川1区 0.0318	愛媛3区 0.2786	京都1区 0.0382
静岡1区 0.3374	神奈川1区 0.0570	香川2区 0.3287	京都1区 0.0313	高知全県区 0.2733	愛媛1区 0.0327
岩手2区 0.3349	東京3区 0.0521	兵庫5区 0.3261	大阪1区 0.0269	東京7区 0.2686	大阪1区 0.0318
岐阜1区 0.3346	大阪1区 0.0473	長崎1区 0.3117	東京4区 0.0228	和歌山2区 0.2683	大阪2区 0.0288
岩手1区 0.3299	京都1区 0.0449	岩手1区 0.3094	東京1区 0.0195	岡山1区 0.2633	東京4区 0.0232
愛知5区 0.3205	兵庫1区 0.0208	山梨全県区 0.3062	兵庫1区 0.0137	鹿児島1区 0.2631	兵庫1区 0.0132
東京6区 0.3197	東京4区 0.0198	香川2区 0.2918	東京3区 0.0011	新潟3区 0.2627	東京3区 0.0022

31 (1967)		32 (1969)		33 (1972)	
栃木2区 0.5485	鹿児島2区 0.2265	栃木2区 0.5623	香川2区 0.2213	熊本2区 0.6025	島根全県区 0.1791
北海道5区 0.5338	石川1区 0.2258	宮城2区 0.5069	熊本1区 0.2164	宮城2区 0.5144	和歌山2区 0.1790
熊本2区 0.5062	大阪4区 0.2238	広島3区 0.4874	神奈川3区 0.2143	佐賀全県区 0.4992	宮城1区 0.1781
広島3区 0.4988	山梨全県区 0.2237	千葉3区 0.4782	島根全県区 0.2127	北海道5区 0.4724	北海道2区 0.1751
宮城2区 0.4959	高知全県区 0.2226	熊本2区 0.4703	福島2区 0.2107	山形2区 0.4562	京都2区 0.1744
福島2区 0.4766	宮崎1区 0.2214	福島2区 0.4581	高知全県区 0.2062	熊本2区 0.4545	兵庫2区 0.1743
岐阜2区 0.4722	青森2区 0.2202	北海道5区 0.4578	福島3区 0.2007	栃木2区 0.4408	香川2区 0.1725
佐賀全県区 0.4583	福島3区 0.2167	岐阜2区 0.4557	大阪4区 0.1965	秋田2区 0.4338	山梨全県区 0.1718
山形2区 0.4569	島根全県区 0.2167	佐賀全県区 0.4536	岡山2区 0.1949	群馬2区 0.4303	大分2区 0.1706
北海道4区 0.4415	北海道3区 0.2159	山形2区 0.4509	三重2区 0.1941	青森1区 0.4126	青森2区 0.1653
青森1区 0.4380	岡山2区 0.2131	滋賀全県区 0.4216	京都2区 0.1913	広島3区 0.4039	山口2区 0.1624
三重1区 0.4341	香川2区 0.2092	青森1区 0.4149	兵庫4区 0.1886	長野3区 0.3941	兵庫4区 0.1612
秋田1区 0.4294	長野2区 0.2091	三重1区 0.4121	北海道3区 0.1833	岐阜2区 0.3932	山形1区 0.1609
茨城3区 0.4259	熊本1区 0.2064	鹿児島3区 0.4106	大分2区 0.1710	千葉3区 0.3769	千葉1区 0.1607
鹿児島3区 0.4198	群馬3区 0.2054	北海道4区 0.3929	茨城2区 0.1684	滋賀全県区 0.3680	三重2区 0.1547
長野3区 0.4110	埼玉1区 0.2041	群馬2区 0.3909	山梨全県区 0.1675	福岡3区 0.3586	石川2区 0.1512
滋賀全県区 0.4004	千葉1区 0.1995	秋田2区 0.3887	群馬1区 0.1646	鹿児島3区 0.3496	長野2区 0.1492
岩手2区 0.3959	福島1区 0.1904	長野3区 0.3853	千葉1区 0.1644	岩手2区 0.3417	岡山2区 0.1478
秋田1区 0.3929	石川2区 0.1799	大分1区 0.3700	山口1区 0.1619	新潟3区 0.3395	長崎1区 0.1471
福岡1区 0.3866	新潟3区 0.1749	新潟2区 0.3626	新潟3区 0.1504	愛媛2区 0.3170	山口1区 0.1466
大分1区 0.3865	山口1区 0.1742	岩手2区 0.3485	福岡4区 0.1438	愛知2区 0.3162	福岡4区 0.1462
茨城1区 0.3710	茨城2区 0.1660	長崎3区 0.3472	群馬3区 0.1433	北海道4区 0.3142	大阪4区 0.1401
新潟2区 0.3571	福岡4区 0.1637	静岡1区 0.3390	北海道1区 0.1374	秋田1区 0.3123	新潟4区 0.1331
京都2区 0.3570	香川1区 0.1613	徳島全県区 0.3348	長野2区 0.1370	福島1区 0.3116	京都1区 0.1294
静岡1区 0.3563	静岡3区 0.1596	茨城1区 0.3296	新潟4区 0.1345	富山1区 0.3096	高知全県区 0.1260
千葉3区 0.3562	埼玉1区 0.1466	長野3区 0.3216	山口1区 0.1343	茨城3区 0.3042	香川1区 0.1251
愛知2区 0.3423	北海道1区 0.1464	愛知2区 0.3212	香川1区 0.1285	埼玉3区 0.2969	群馬1区 0.1233
岩手1区 0.3354	山口2区 0.1444	富山1区 0.3178	愛媛3区 0.1275	静岡2区 0.2960	和歌山1区 0.1228
徳島全県区 0.3288	大阪3区 0.1396	福井全県区 0.3134	北海道2区 0.1253	大分2区 0.2932	茨城2区 0.1174
岐阜1区 0.3215	大分2区 0.1381	秋田1区 0.3131	和歌山1区 0.1226	福井全県区 0.2914	愛知2区 0.1174
富山1区 0.3212	東京10区 0.1268	新潟3区 0.3084	東京6区 0.1154	千葉2区 0.2912	北海道1区 0.1154
宮城1区 0.3194	東京8区 0.1244	埼玉3区 0.3070	静岡3区 0.1135	広島2区 0.2874	東京10区 0.1067

表15のつづき

31 (1967)		32 (1969)		33 (1972)	
福島1区 0.3193	兵庫3区 0.1221	愛知4区 0.2993	広島1区 0.1131	鳥取全県区 0.2866	奄美群島区 0.1011
広島2区 0.3177	北海道2区 0.1209	鳥取全県区 0.2993	東京10区 0.1114	愛知4区 0.2852	長野4区 0.0975
栃木1区 0.3145	新潟4区 0.1205	茨城3区 0.2926	愛知3区 0.1090	静岡1区 0.2761	大阪5区 0.0922
福岡2区 0.3093	愛知3区 0.1190	山形1区 0.2891	長野4区 0.0933	愛媛3区 0.2732	広島1区 0.0905
埼玉4区 0.3070	奄美群島区 0.1180	兵庫5区 0.2822	兵庫3区 0.0930	三重1区 0.2702	新潟3区 0.0893
愛知4区 0.3048	神奈川2区 0.1165	岩手1区 0.2795	埼玉1区 0.0876	鹿児島2区 0.2572	北海道3区 0.0884
鹿児島1区 0.3039	広島1区 0.1086	奈良全県区 0.2785	奄美群島区 0.0829	徳島全県区 0.2539	群馬3区 0.0838
愛媛2区 0.3024	長野4区 0.1071	広島2区 0.2733	大阪5区 0.0789	愛知5区 0.2482	東京8区 0.0777
愛知5区 0.2982	東京1区 0.1015	千葉1区 0.2726	大阪3区 0.0681	兵庫2区 0.2440	大阪3区 0.0722
千葉2区 0.2931	大阪5区 0.0952	和歌山2区 0.2668	東京7区 0.0651	兵庫5区 0.2367	埼玉1区 0.0657
福井全県区 0.2918	東京6区 0.0896	愛知5区 0.2658	大阪2区 0.0599	富山2区 0.2365	神奈川2区 0.0631
山形1区 0.2863	和歌山1区 0.0824	石川1区 0.2655	神奈川2区 0.0571	岩手1区 0.2277	静岡3区 0.0619
静岡2区 0.2833	大阪2区 0.0639	栃木1区 0.2625	新潟1区 0.0551	宮崎1区 0.2232	東京6区 0.0589
埼玉2区 0.2825	新潟1区 0.0632	愛媛2区 0.2624	神奈川1区 0.0525	茨城1区 0.2230	東京7区 0.0544
兵庫5区 0.2823	長野1区 0.0602	鹿児島2区 0.2610	長野1区 0.0455	沖縄全県区 0.2225	新潟1区 0.0506
和歌山2区 0.2716	神奈川1区 0.0542	福岡1区 0.2578	東京2区 0.0436	石川1区 0.2198	大阪2区 0.0499
奈良全県区 0.2708	東京2区 0.0482	鹿児島1区 0.2558	愛媛1区 0.0389	福岡1区 0.2182	神奈川1区 0.0450
兵庫4区 0.2688	愛知1区 0.0454	岐阜2区 0.2552	大阪6区 0.0368	岡山1区 0.2146	愛媛1区 0.0449
群馬2区 0.2615	東京9区 0.0405	宮城2区 0.2525	東京1区 0.0337	岐阜1区 0.2117	大阪6区 0.0411
長崎2区 0.2612	北海道6区 0.0384	青森1区 0.2473	大阪1区 0.0268	宮崎3区 0.2113	東京2区 0.0348
愛媛3区 0.2551	愛知2区 0.0353	宮崎1区 0.2462	東京8区 0.0234	宮崎2区 0.2113	長野1区 0.0304
鳥取全県区 0.2461	東京6区 0.0314	静岡2区 0.2453	愛知1区 0.0191	熊本1区 0.2112	東京1区 0.0268
兵庫2区 0.2456	大阪6区 0.0299	石川2区 0.2414	愛知6区 0.0180	栃木1区 0.2102	大阪3区 0.0230
岡山1区 0.2432	愛知6区 0.0236	埼玉4区 0.2372	兵庫1区 0.0135	埼玉4区 0.2055	東京4区 0.0211
宮崎2区 0.2395	京都1区 0.0226	長崎1区 0.2371	京都1区 0.0129	福岡2区 0.2031	愛知6区 0.0175
神奈川3区 0.2390	兵庫1区 0.0168	富山2区 0.2351	東京4区 0.0075	奈良全県区 0.1926	兵庫1区 0.0131
三重2区 0.2385	東京4区 0.0131	岡山1区 0.2343	東京5区 0.0046	鹿児島1区 0.1919	愛知1区 0.0119
富山2区 0.2383	東京3区 0.0090	兵庫2区 0.2340	東京9区 0.0031	福島3区 0.1866	東京5区 0.0057
長崎1区 0.2341	東京5区 0.0034	宮崎2区 0.2250	東京3区 0.0024	神奈川3区 0.1865	東京9区 0.0052
福岡1区 0.2323		埼玉2区 0.2219		埼玉2区 0.1844	東京3区 0.0007

34 (1976)		35 (1979)		36 (1980)	
熊本2区 0.5518	兵庫4区 0.1569	佐賀全県区 0.5292	大分2区 0.1482	佐賀全県区 0.5559	岡山2区 0.1359
佐賀全県区 0.5317	富山2区 0.1562	熊本2区 0.5154	岡山1区 0.1411	北海道5区 0.4806	北海道2区 0.1353
北海道5区 0.5070	山形1区 0.1556	宮城2区 0.4603	群馬3区 0.1370	千葉3区 0.4804	石川2区 0.1347
宮城2区 0.4465	群馬1区 0.1466	北海道5区 0.4520	兵庫4区 0.1363	宮城2区 0.4731	岐阜1区 0.1334
福島2区 0.4263	宮城1区 0.1430	千葉3区 0.4421	山口1区 0.1340	熊本2区 0.4620	兵庫3区 0.1322
長野3区 0.4241	山口1区 0.1373	長野3区 0.4414	三重2区 0.1327	愛知4区 0.4139	群馬3区 0.1308
千葉3区 0.4203	兵庫3区 0.1355	秋田3区 0.3930	群馬2区 0.1283	秋田2区 0.4064	山口1区 0.1279
青森1区 0.3726	東京10区 0.1338	岐阜2区 0.3783	長野2区 0.1283	岐阜2区 0.3808	茨城2区 0.1251
岐阜2区 0.3689	福島3区 0.1332	広島3区 0.3585	石川2区 0.1272	新潟2区 0.3449	宮崎1区 0.1225
栃木2区 0.3536	群馬3区 0.1329	長崎2区 0.3549	石川1区 0.1258	大分1区 0.3377	大分2区 0.1224
福井全県区 0.3506	大阪4区 0.1211	北海道4区 0.3495	奈良全県区 0.1211	長野3区 0.3372	奈良全県区 0.1173
群馬2区 0.3492	岡山2区 0.1174	新潟3区 0.3484	兵庫3区 0.1197	岩手2区 0.3365	長野2区 0.1164
秋田2区 0.3430	石川1区 0.1155	岩手2区 0.3419	福岡1区 0.1168	北海道4区 0.3346	岡山1区 0.1133
山形2区 0.3402	京都1区 0.1126	山形2区 0.3269	山口2区 0.1155	鹿児島3区 0.3322	群馬1区 0.1118
鹿児島3区 0.3293	高知全県区 0.1111	茨城1区 0.3239	東京10区 0.1122	福島3区 0.3316	山口2区 0.1096

第3章　得票の地域偏重よりみた選挙区特性

表15のつづき

34 (1976)		35 (1979)		36 (1980)	
新潟2区 0.3283	石川2区 0.1107	鹿児島3区 0.3194	高知全県区 0.1077	兵庫5区 0.3309	石川1区 0.1093
静岡1区 0.3272	福岡4区 0.1106	静岡2区 0.3117	青森2区 0.1059	長崎2区 0.3249	宮城1区 0.0971
岩手2区 0.3231	茨城2区 0.1098	埼玉3区 0.3100	東京11区 0.1054	山形2区 0.3143	東京6区 0.0932
北海道4区 0.3172	北海道2区 0.1087	大分1区 0.3084	大阪4区 0.1024	茨城1区 0.3039	千葉1区 0.0926
千葉2区 0.3151	大分2区 0.1086	福岡3区 0.3067	新潟1区 0.0985	広島3区 0.3018	新潟1区 0.0878
岩手1区 0.3061	長野2区 0.1075	岩手1区 0.3039	茨城2区 0.0977	秋田1区 0.3003	鹿児島1区 0.0877
秋田1区 0.2873	香川2区 0.1022	兵庫5区 0.3032	埼玉2区 0.0968	栃木2区 0.2955	東京11区 0.0847
茨城3区 0.2873	香川1区 0.0977	栃木2区 0.3019	福岡4区 0.0964	富山1区 0.2905	神奈川2区 0.0821
愛媛3区 0.2869	新潟3区 0.0934	愛知4区 0.3010	千葉1区 0.0960	青森1区 0.2903	高知全県区 0.0819
滋賀全県区 0.2813	長野4区 0.0925	富山2区 0.2977	長野4区 0.0930	富山2区 0.2870	愛知5区 0.0765
静岡2区 0.2745	北海道1区 0.0868	福島2区 0.2911	福岡3区 0.0922	滋賀全県区 0.2843	愛知3区 0.0757
愛知4区 0.2687	東京6区 0.0855	富山1区 0.2910	愛知3区 0.0908	静岡2区 0.2833	愛知3区 0.0754
広島3区 0.2636	千葉1区 0.0843	静岡1区 0.2900	鹿児島1区 0.0861	茨城3区 0.2808	埼玉2区 0.0726
三重1区 0.2615	埼玉2区 0.0780	秋田1区 0.2878	香川2区 0.0850	静岡2区 0.2735	千葉4区 0.0722
兵庫5区 0.2582	千葉4区 0.0741	千葉2区 0.2758	香川1区 0.0849	岩手1区 0.2641	北海道1区 0.0693
島根全県区 0.2568	青森2区 0.0691	青森1区 0.2680	愛知5区 0.0833	愛媛3区 0.2581	広島1区 0.0670
福岡3区 0.2567	愛知3区 0.0685	福島1区 0.2619	東京6区 0.0821	鳥取全県区 0.2538	福岡1区 0.0659
富山1区 0.2546	広島1区 0.0665	愛媛3区 0.2614	静岡3区 0.0803	三重1区 0.2535	静岡3区 0.0585
大分1区 0.2472	新潟1区 0.0641	茨城3区 0.2562	北海道1区 0.0760	山梨全県区 0.2490	北海道3区 0.0514
兵庫2区 0.2447	北海道3区 0.0625	鹿児島2区 0.2531	千葉4区 0.0715	福島1区 0.2471	福岡4区 0.0487
愛媛2区 0.2436	奄美群島区 0.0574	鳥取全県区 0.2508	広島1区 0.0672	福島2区 0.2437	長野4区 0.0445
茨城1区 0.2404	静岡3区 0.0542	愛知2区 0.2490	北海道3区 0.0671	愛媛2区 0.2401	大阪6区 0.0431
徳島全県区 0.2371	大阪2区 0.0491	島根全県区 0.2457	福岡1区 0.0501	京都2区 0.2368	大阪1区 0.0419
鳥取全県区 0.2354	和歌山1区 0.0467	三重1区 0.2416	大阪5区 0.0462	愛媛2区 0.2367	愛知6区 0.0385
山口2区 0.2347	大阪6区 0.0461	愛知2区 0.2371	大阪2区 0.0458	千葉2区 0.2314	愛知1区 0.0366
長崎2区 0.2342	愛知6区 0.0440	山梨全県区 0.2277	大阪6区 0.0442	福井全県区 0.2140	大阪2区 0.0366
福島1区 0.2301	大阪3区 0.0426	福岡2区 0.2253	東京8区 0.0435	福岡2区 0.2134	東京8区 0.0350
山梨全県区 0.2201	東京1区 0.0401	沖縄全県区 0.2233	大阪3区 0.0434	鹿児島2区 0.2122	東京7区 0.0341
鹿児島2区 0.2181	東京8区 0.0381	広島2区 0.2218	愛知1区 0.0430	徳島全県区 0.2098	香川2区 0.0332
新潟4区 0.2159	神奈川2区 0.0369	徳島全県区 0.2191	神奈川2区 0.0427	埼玉3区 0.2042	神奈川5区 0.0302
愛知2区 0.2139	愛媛1区 0.0368	滋賀全県区 0.2168	東京7区 0.0352	島根全県区 0.2011	大阪5区 0.0300
広島2区 0.2129	長野1区 0.0357	兵庫2区 0.2163	愛知6区 0.0350	沖縄全県区 0.1965	和歌山1区 0.0295
福岡1区 0.2117	大阪5区 0.0351	長崎1区 0.2105	大阪1区 0.0337	宮崎2区 0.1957	愛媛1区 0.0292
宮崎2区 0.1987	愛知5区 0.0313	福島3区 0.2068	神奈川5区 0.0324	埼玉4区 0.1912	大阪1区 0.0250
宮崎1区 0.1965	大阪1区 0.0221	和歌山2区 0.2047	愛媛1区 0.0308	鳥取全県区 0.1907	東京1区 0.0239
長崎1区 0.1963	埼玉5区 0.0209	宮城1区 0.2047	東京1区 0.0304	新潟4区 0.1900	長野1区 0.0232
埼玉4区 0.1897	東京4区 0.0191	埼玉4区 0.2017	長野1区 0.0278	兵庫2区 0.1892	神奈川3区 0.0187
沖縄全県区 0.1780	愛知1区 0.0186	群馬2区 0.1901	大阪7区 0.0253	新潟3区 0.1881	大阪7区 0.0170
奈良全県区 0.1766	大阪7区 0.0180	京都1区 0.1887	埼玉5区 0.0235	広島2区 0.1829	奄美群島区 0.0161
鹿児島1区 0.1731	神奈川1区 0.0169	福井全県区 0.1882	東京9区 0.0212	熊本1区 0.1823	東京3区 0.0158
東京11区 0.1717	神奈川5区 0.0169	宮崎2区 0.1871	神奈川1区 0.0201	長崎1区 0.1808	神奈川1区 0.0153
熊本1区 0.1710	兵庫1区 0.0162	熊本1区 0.1841	神奈川1区 0.0188	福島3区 0.1741	兵庫1区 0.0144
福岡2区 0.1707	神奈川3区 0.0150	京都1区 0.1819	東京5区 0.0174	山形2区 0.1723	神奈川4区 0.0142
京都2区 0.1690	東京7区 0.0129	新潟3区 0.1724	埼玉1区 0.0163	和歌山2区 0.1656	埼玉5区 0.0139
岐阜1区 0.1680	埼玉1区 0.0122	宮城1区 0.1679	東京2区 0.0163	京都1区 0.1525	東京4区 0.0133
栃木1区 0.1654	神奈川4区 0.0106	岐阜1区 0.1596	東京3区 0.0157	栃木1区 0.1470	東京5区 0.0121

表15のつづき

34 (1976)				35 (1979)				36 (1980)			
岡山1区	0.1617	東京2区	0.0101	新潟4区	0.1577	兵庫1区	0.0150	兵庫4区	0.1455	大阪4区	0.0114
三重2区	0.1610	東京9区	0.0073	山形1区	0.1563	東京4区	0.0138	三重2区	0.1449	埼玉1区	0.0112
埼玉3区	0.1582	東京5区	0.0061	岡山2区	0.1501	神奈川4区	0.0112	東京10区	0.1384	東京9区	0.0108
和歌山2区	0.1578	東京3区	0.0004	栃木1区	0.1490	奄美群島区	0.0055	青森2区	0.1382	東京2区	0.0056

37 (1983)				38 (1986)				39 (1990)			
熊本2区	0.4983	新潟4区	0.1379	熊本2区	0.5270	北海道2区	0.1393	北海道5区	0.5411	京都2区	0.1256
北海道5区	0.4862	京都1区	0.1364	北海道5区	0.5258	香川2区	0.1289	熊本2区	0.5126	群馬3区	0.1246
佐賀全県区	0.4726	山口1区	0.1204	佐賀全県区	0.5195	群馬3区	0.1266	佐賀全県区	0.4824	千葉1区	0.1233
宮城2区	0.4440	石川2区	0.1174	宮城2区	0.4514	鹿児島2区	0.1260	福島1区	0.4179	沖縄全県区	0.1207
千葉3区	0.4345	茨城2区	0.1166	秋田2区	0.4382	三重1区	0.1253	宮城2区	0.4033	埼玉4区	0.1205
秋田2区	0.3746	栃木1区	0.1070	岐阜2区	0.4236	青森2区	0.1206	秋田2区	0.3842	鹿児島2区	0.1184
岐阜2区	0.3736	青森2区	0.1049	富山2区	0.4127	東京10区	0.1192	岐阜2区	0.3825	三重2区	0.1138
茨城1区	0.3621	岡山1区	0.1047	長野3区	0.4014	山口1区	0.1145	群馬2区	0.3628	青森2区	0.1072
長野1区	0.3614	香川2区	0.1027	千葉3区	0.3961	福島3区	0.1104	福井全県区	0.3570	京都1区	0.1059
静岡1区	0.3567	群馬3区	0.1010	群馬2区	0.3919	宮崎1区	0.1052	千葉3区	0.3398	鹿児島1区	0.1017
北海道4区	0.3442	宮城1区	0.1001	長崎2区	0.3895	山口1区	0.1028	長野2区	0.3367	北海道3区	0.0956
鹿児島3区	0.3358	北海道1区	0.0987	愛知4区	0.3670	兵庫4区	0.1015	福島2区	0.3214	宮崎1区	0.0948
秋田1区	0.3261	兵庫4区	0.0985	静岡1区	0.3592	鹿児島1区	0.1012	長野3区	0.3204	香川2区	0.0944
兵庫5区	0.3171	東京10区	0.0981	北海道4区	0.3541	山口2区	0.0984	愛知4区	0.3192	兵庫4区	0.0888
福岡3区	0.2983	福島3区	0.0966	兵庫5区	0.3305	新潟3区	0.0936	北海道4区	0.3165	岡山1区	0.0850
新潟2区	0.2967	石川1区	0.0950	青森1区	0.3285	愛知5区	0.0891	栃木2区	0.3082	愛知5区	0.0827
青森1区	0.2924	山口2区	0.0921	福島2区	0.3271	宮城1区	0.0887	福島3区	0.3078	東京10区	0.0812
愛知4区	0.2924	鹿児島1区	0.0889	北海道1区	0.3135	北海道1区	0.0880	静岡1区	0.3076	大分2区	0.0792
富山1区	0.2848	大阪5区	0.0865	茨城1区	0.3027	新潟1区	0.0842	京都2区	0.3021	宮城1区	0.0746
茨城3区	0.2758	新潟1区	0.0858	福島1区	0.2980	埼玉2区	0.0840	新潟2区	0.2807	山口1区	0.0726
岩手1区	0.2685	長野2区	0.0839	山形2区	0.2934	香川1区	0.0838	秋田1区	0.2777	東京6区	0.0723
富山1区	0.2628	香川1区	0.0835	埼玉3区	0.2926	岡山2区	0.0835	山形1区	0.2708	岡山2区	0.0701
山形1区	0.2596	高知全県区	0.0827	福岡3区	0.2856	東京6区	0.0819	富山2区	0.2528	北海道1区	0.0696
愛媛2区	0.2579	東京6区	0.0803	富山1区	0.2852	石川1区	0.0818	山形2区	0.2490	群馬1区	0.0682
和歌山2区	0.2539	新潟3区	0.0797	栃木2区	0.2831	福岡4区	0.0787	埼玉3区	0.2441	高知全県区	0.0654
埼玉3区	0.2533	静岡3区	0.0793	山形1区	0.2824	茨城2区	0.0765	茨城1区	0.2420	石川1区	0.0642
栃木2区	0.2526	千葉1区	0.0785	岩手2区	0.2722	福岡1区	0.0739	愛媛3区	0.2389	福岡4区	0.0609
福島2区	0.2487	福岡4区	0.0775	新潟2区	0.2713	愛知3区	0.0683	茨城3区	0.2379	福岡1区	0.0578
愛媛3区	0.2465	愛知3区	0.0725	愛知2区	0.2710	高知全県区	0.0680	青森1区	0.2356	埼玉5区	0.0575
岩手2区	0.2443	長野4区	0.0711	滋賀全県区	0.2669	静岡3区	0.0652	新潟3区	0.2332	大阪2区	0.0568
福島1区	0.2433	福島1区	0.0663	新潟4区	0.2630	大分2区	0.0646	山口2区	0.2285	新潟5区	0.0559
長崎2区	0.2428	愛知5区	0.0661	三重1区	0.2455	大分2区	0.0622	兵庫5区	0.2224	神奈川2区	0.0530
千葉2区	0.2410	北海道3区	0.0575	鹿児島3区	0.2439	奄美群島区	0.0557	島根全県区	0.2143	愛知3区	0.0524
福井全県区	0.2397	大分2区	0.0573	福井全県区	0.2431	愛知1区	0.0546	和歌山2区	0.2134	茨城2区	0.0518
広島3区	0.2356	愛知2区	0.0527	広島3区	0.2430	和歌山1区	0.0524	滋賀全県区	0.2117	奄美群島区	0.0512
鳥取全県区	0.2332	埼玉2区	0.0524	岩手1区	0.2284	北海道3区	0.0512	三重1区	0.2115	静岡3区	0.0506
京都2区	0.2325	千葉4区	0.0498	山梨全県区	0.2245	長野4区	0.0507	山梨全県区	0.2024	愛知3区	0.0471
静岡2区	0.2323	神奈川2区	0.0467	兵庫3区	0.2245	石川1区	0.0457	新潟4区	0.2015	香川1区	0.0471
兵庫2区	0.2300	奄美群島区	0.0417	千葉2区	0.2244	大阪1区	0.0438	鹿児島3区	0.2013	長野4区	0.0466
三重1区	0.2208	埼玉5区	0.0400	茨城3区	0.2234	東京8区	0.0410	兵庫3区	0.1946	東京8区	0.0345
東京11区	0.2182	大阪6区	0.0399	群馬1区	0.2138	神奈川2区	0.0406	広島3区	0.1856	愛媛1区	0.0345

表15のつづき

37 (1983)

選挙区	値	選挙区	値
島根全県区	0.2175	大阪2区	0.0396
山梨全県区	0.2170	広島1区	0.0380
山形1区	0.2120	東京7区	0.0347
宮城2区	0.2114	東京4区	0.0337
群馬2区	0.2027	愛媛1区	0.0317
大分1区	0.2021	東京1区	0.0279
滋賀全県区	0.2007	大阪3区	0.0278
広島2区	0.1912	神奈川4区	0.0274
群馬1区	0.1905	愛知6区	0.0270
奈良全県区	0.1810	神奈川5区	0.0263
徳島全県区	0.1800	神奈川1区	0.0247
愛知2区	0.1770	東京8区	0.0246
宮崎1区	0.1735	長野1区	0.0223
沖縄全県区	0.1685	和歌山1区	0.0211
埼玉4区	0.1659	兵庫1区	0.0191
岐阜1区	0.1644	大阪1区	0.0176
福岡2区	0.1641	東京5区	0.0152
長崎1区	0.1599	大阪4区	0.0151
熊本1区	0.1545	東京2区	0.0150
三重2区	0.1508	大阪7区	0.0135
北海道2区	0.1480	神奈川3区	0.0133
鹿児島1区	0.1431	東京9区	0.0118
岡山1区	0.1385	埼玉1区	0.0115
兵庫3区	0.1382	東京3区	0.0061

38 (1986)

選挙区	値	選挙区	値
沖縄全県区	0.2108	東京4区	0.0405
熊本1区	0.2107	大阪2区	0.0362
東京11区	0.2061	愛媛1区	0.0349
大分1区	0.2039	愛知6区	0.0333
福岡2区	0.1992	神奈川5区	0.0325
愛媛3区	0.1975	大阪6区	0.0321
静岡2区	0.1968	大阪3区	0.0309
和歌山2区	0.1960	大阪5区	0.0285
宮崎2区	0.1958	広島1区	0.0272
島根全県区	0.1912	東京9区	0.0258
愛媛2区	0.1857	神奈川4区	0.0255
長野2区	0.1792	東京1区	0.0227
千葉1区	0.1771	神奈川3区	0.0224
埼玉4区	0.1757	神奈川1区	0.0222
京都2区	0.1750	東京7区	0.0204
広島2区	0.1727	埼玉5区	0.0192
兵庫2区	0.1645	長野1区	0.0188
愛媛1区	0.1644	東京7区	0.0158
徳島全県区	0.1587	兵庫3区	0.0156
岐阜1区	0.1554	大阪4区	0.0142
長崎1区	0.1547	埼玉1区	0.0126
奈良全県区	0.1440	東京2区	0.0101
京都1区	0.1409	東京3区	0.0083
栃木1区	0.1398	東京5区	0.0078

39 (1990)

選挙区	値	選挙区	値
富山1区	0.1852	大阪6区	0.0341
熊本1区	0.1852	和歌山1区	0.0338
長崎1区	0.1829	大阪1区	0.0331
愛知2区	0.1826	東京4区	0.0286
大分1区	0.1818	広島1区	0.0256
愛媛2区	0.1797	神奈川5区	0.0254
東京11区	0.1761	愛知6区	0.0243
千葉2区	0.1746	埼玉5区	0.0216
鳥取全県区	0.1717	兵庫1区	0.0209
静岡2区	0.1675	神奈川1区	0.0203
宮崎2区	0.1665	兵庫3区	0.0176
奈良全県区	0.1653	長野1区	0.0170
福岡3区	0.1605	神奈川4区	0.0167
福岡2区	0.1582	東京3区	0.0163
徳島全県区	0.1563	東京1区	0.0154
長野2区	0.1542	大阪5区	0.0134
山口1区	0.1520	東京7区	0.0120
広島2区	0.1511	神奈川3区	0.0116
栃木1区	0.1462	大阪4区	0.0105
北海道2区	0.1373	大阪7区	0.0089
兵庫2区	0.1349	埼玉1区	0.0087
千葉4区	0.1302	東京5区	0.0081
岐阜1区	0.1293	東京6区	0.0069
石川1区	0.1278	東京9区	0.0004

40 (1993)

選挙区	値	選挙区	値	選挙区	値	選挙区	値
宮城2区	0.4894	青森1区	0.2616	三重1区	0.1816	山口2区	0.1122
北海道5区	0.4847	千葉2区	0.2610	新潟3区	0.1695	長野2区	0.1064
佐賀全県区	0.4805	山梨全県区	0.2579	大分1区	0.1661	三重2区	0.1024
福島2区	0.4307	兵庫5区	0.2484	島根全県区	0.1628	青森1区	0.1019
熊本2区	0.3912	福井全県区	0.2405	福岡2区	0.1628	兵庫4区	0.1013
千葉3区	0.3831	山形1区	0.2384	愛知2区	0.1597	奈良全県区	0.1006
岐阜2区	0.3821	埼玉3区	0.2297	鹿児島2区	0.1575	宮城1区	0.0945
群馬2区	0.3751	新潟4区	0.2262	東京11区	0.1533	埼玉1区	0.0920
秋田2区	0.3478	徳島全県区	0.2209	福島2区	0.1514	和歌山2区	0.0919
愛媛3区	0.3478	岡山2区	0.2149	宮崎2区	0.1512	茨城2区	0.0903
鹿児島1区	0.3454	愛媛2区	0.2104	京都2区	0.1498	和歌山1区	0.0887
長野3区	0.3435	山形2区	0.2072	栃木1区	0.1460	千葉1区	0.0884
福島1区	0.3287	鹿児島3区	0.2037	北海道3区	0.1433	新潟1区	0.0879
富山2区	0.3125	広島3区	0.2017	群馬3区	0.1414	岡山2区	0.0861
秋田1区	0.2975	茨城3区	0.1982	滋賀全県区	0.1407	岐阜1区	0.0854
愛知4区	0.2958	岩手1区	0.1967	広島1区	0.1294	宮崎1区	0.0845
栃木2区	0.2911	岩手2区	0.1925	沖縄全県区	0.1241	東京6区	0.0817
長崎2区	0.2864	山口1区	0.1905	熊本1区	0.1185	神奈川2区	0.0755
静岡1区	0.2823	兵庫1区	0.1900	兵庫2区	0.1178	北海道1区	0.0748
新潟2区	0.2757	静岡2区	0.1888	北海道2区	0.1169	香川2区	0.0728
北海道4区	0.2699	長崎1区	0.1874	埼玉4区	0.1144	福岡4区	0.0722
茨城1区	0.2666	富山1区	0.1832	鳥取全県区	0.1137	群馬1区	0.0693
高知全県区	0.0684	愛媛1区	0.0291				
石川2区	0.0653	大阪7区	0.0285				
千葉4区	0.0643	大阪6区	0.0284				
愛知5区	0.0631	神奈川3区	0.0270				
石川1区	0.0624	東京8区	0.0250				
東京10区	0.0601	大阪2区	0.0249				
福岡1区	0.0522	大阪4区	0.0247				
埼玉5区	0.0484	東京7区	0.0236				
埼玉2区	0.0466	大阪5区	0.0219				
岡山1区	0.0465	大阪5区	0.0205				
香川1区	0.0457	神奈川4区	0.0192				
愛知3区	0.0446	大阪4区	0.0183				
愛知1区	0.0434	東京4区	0.0179				
広島1区	0.0434	長野1区	0.0166				
静岡3区	0.0424	東京5区	0.0113				
大分2区	0.0421	東京1区	0.0099				
兵庫1区	0.0400	東京9区	0.0097				
神奈川5区	0.0386	東京2区	0.0092				
神奈川1区	0.0372	東京3区	0.0081				
長野4区	0.0364						
京都1区	0.0330						
愛知6区	0.0314						

第4章

中選挙区制における「すみわけ」の規定要因

　前章までの分析で明らかなように，中選挙区制における得票の地域偏重度は，全体として見ればかなりの程度緩和されていた。しかし，一部の選挙区では，90年代に至るまで地域偏重的な集票が依然として持続していた。DS指数が0.4未満の選挙区でも，後に指摘するように選挙区の地域票を詳しく観察すれば，候補者間で地理的「すみわけ」が行われている場合も少なからずあり，55年体制下における選挙過程を選挙区レベルで分析する場合には，このことは軽視できない現象といえる。例えば小沢一郎や羽田孜といった実力者でさえ，第40回総選挙（1993年）で新党候補として立候補する以前は，自己の票の多くを地域的な得票に依存していた。

　得票の地域偏重現象を考察する場合，どの部分を観察するかによって解釈や評価が異なってくる可能性がある。観察対象を地縁・血縁や利益供与を媒介にした特定地域における候補者と有権者の関係に設定すれば，前近代的，非合理的な側面が強調されることになるだろう[1]。しかしながら，中選挙区単記投票制の特性を考慮に入れて，選挙区の候補者間で起こる集票領域をめぐる攻防に着目すれば，たとえ実際の集票活動のスタイルが前近代的，非合理的なものであっても，合理的，戦略的側面が浮かび上がってくるのではないだろうか。

　1　山田政治「選挙にあらわれた政治意識―島根県の場合―」日本政治学会編『政治意識の理論と調査』年報政治学，岩波書店，1965年。居安正「鳥取県の政治概況」『ソシオロジ』30巻1号，1985年。

本章の前半では，以上のような関心から，選挙区レベルの選挙過程を地理的，空間的に捉え，候補者得票が特定地域に偏るメカニズムを，特徴的な選挙区や候補者を比較しながら指摘したい。得票の地域偏重が顕著な選挙区や候補者に共通する特性を析出することが，ここでの課題である。なお，この部分の考察では，都市化と候補者数の変化などによる地域票の変動が沈静化した後の選挙，すなわち第34回総選挙（1976年）から第39回総選挙（1990年）までを対象として，議論を進めることにする。

本章の後半では，中選挙区制最後の選挙となった第40回総選挙（1993年）をとりあげ，新党の躍進と自社の敗北にともなう得票変動を分析する。新制度に移行する直前の地域票がどのような状態にあったかを確認し，次章以降の分析につなげたい。

1　選挙区特性

1度の総選挙において，選挙区の数だけ選挙が行われ，選挙戦の模様も選挙区ごとに異なっている。それらの選挙の所与の条件も，選挙区ごとに違いがあり，得票の地域偏重度はこの条件に強く規定されている。選挙区特性と得票の地域的偏りの間には，どのような関係があるのだろうか。

(1)　選挙制度

基本的な部分から考察を始めよう。一般的にいえば，得票に地域的偏りが起こるのは，同じ政党の候補者が競合する可能性の高い，選挙区定員が複数の中選挙区単記制においてである。候補者は得票順位が1位でなくても当選できるので，競合関係にある同じ政党の候補者がいる場合は，地域的に「すみわけ」を行った方が合理的で，安定的な当選が見込める[2]。奄美群島区は例外的な1人区であったが，同選挙区のDS指数はかなり低い（1990年の第39回総選挙で0.0512）。1人区においては得票順位が1位でない限り候補者は当選できないので，集票活動はおのずと選挙区全域に及ぶ

---

[2]　本書が主として着目するのは地域的な「すみわけ」であるが，政策的な「すみわけ」も中選挙区制の下における合理的な選挙戦略である。政策的な「すみわけ」に関する実証的研究として，建林正彦『議員行動の政治経済学　自民党支配の制度分析』有斐閣，2004年，がある。

と考えられる。

定数が複数であっても、同一政党から複数候補者が出ない場合もある。その場合も、DS指数は低い[3]。第34回総選挙（1976年）から第39回総選挙（1990年）にかけて、そのような選挙区は通算で99選挙区存在するが、その中でのDS指数の最高値は、第37回総選挙（1983年）の兵庫3区の0.1382であった。兵庫3区以外に、DS指数が0.1を超える選挙区はみられない。

(2) 「都市－農村」特性

中選挙区単記制のもとで同一政党からの複数候補が競合する状況にあっても、得票に地域的偏りが起こらない場合も多い。有権者が流動的な都市では、特定地域に限定して得票し当選することは困難であり、候補者は脱地域的な選挙戦略を取り入れていると考えられる。得票の地域偏重度と都市化の関係は、前章でも触れたとおりだが、ここで再度確認しておきたい。

前章でも紹介したように、小林良彰は衆議院130選挙区の地域特性を明らかにするために国勢調査のデータを用いて主成分分析を行い、第1主成分が「都市－農村」の特性を示すことを発見した[4]。この第1主成分得点とDS指数との相関を、1980年国勢調査と同年実施された第36回総選挙について検出してみると（相関係数は0.6046）、選挙区の農村的特性と得票の地域偏重度がほぼ対応していることが明らかになる（92頁図3参照）。

全体として「都市－農村」の規定力は抜群に大きい。しかし、「都市－農村」の規定から逸脱する選挙区もかなり存在している。前章図3からは、都市型選挙区でDS指数が一様に低いことは確認できるが、農村型選挙区ならば必ずDS指数が高くなるというわけではないことがわかる。同じ農村型の選挙区でも、なぜDS指数にバラツキが生じるのだろうか。

(3) 有権者分布

候補者の得票形態は、「都市－農村」特性の他に、有権者の地理的な分布

---

3 この場合のDS指数の低さは、それらの選挙区が多党化の進んだ都市型選挙区であることも反映している。
4 小林良彰『計量政治学』成文堂、1985年。

図1　有権者分布（岐阜2区・高知全県区）

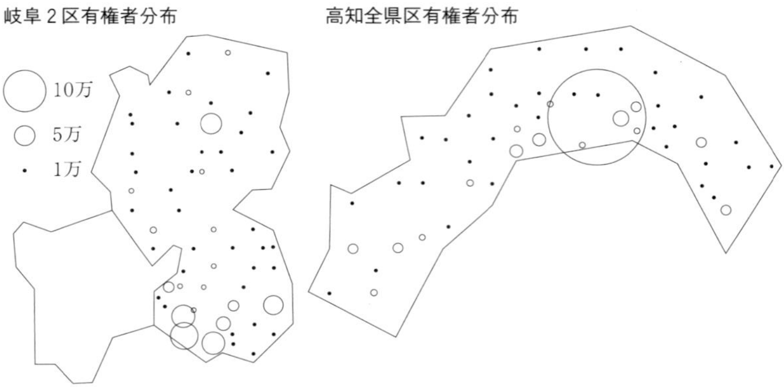

岐阜2区有権者分布　　　　高知全県区有権者分布

○ 10万
○ 5万
・ 1万

に強く規定されている。たとえば，次のような2つの選挙区があったとしたら，候補者はどのように集票活動をするだろうか。1つ目は，選挙区内の有権者の地理的分布が多極的な選挙区（多極分布型）であり，2つ目は，ある特定地域に一極集中している選挙区（一極集中型）である。もし候補者が，当選を目的とする「合理的候補者」ならば，有権者の多いところで集票活動をするだろうから，一極集中型の選挙区では，集票領域の地理的な「すみわけ」は起こらないだろう。反対に「すみわけ」が起こるとすれば，有権者は多極分布型のように分散していなければならない。

　ここで有権者分布が多極分布型の選挙区と一極集中型の選挙区とを実際に比較してみよう。顕著な例として岐阜2区と高知全県区をとりあげる。この2つの選挙区は，面積が大きく，人口の集中した一部の地域以外は山林や農村で，自民党の公認候補者も同数（3人）と類似点が多いが，有権者分布の形態という点では対照的である。図1にみられるように，有権者が多極的に分布している岐阜2区に対して，高知全県区では高知市に選挙区の約37％の有権者が集中している。

　岐阜2区と高知全県区の得票の地域偏重度の違いは，RS指数・DS指数に端的に現れている（表1）。ただこれらの指数は，選挙区内に有効投票構成比が極端に大きい地域を含む選挙区では低く算出される傾向があるので，ここでは得票の地域偏重度を測る手段として，三角グラフを併用し，自民党候補者3人の地域票のバラツキを視覚的に確認してみよう。グラフ中の

第4章 中選挙区制における「すみわけ」の規定要因　107

サークルは選挙区内の市町村を示しており，その大きさは有権者の規模に対応している。正三角形の頂点近くに市町村を示すサークルがプロットされるほど，その地域における投票は特定の候補者に偏っていることになる。

両選挙区の三角グラフを比較してほしい（図2）。岐阜2区の市町村をあらわすサークルは各頂点に引き寄せられており，自民党候補者の「すみわけ」が起こっていることがわかるが，高知全県区のサークルは，有権者集中地域（高知市）以外のサークルも含めて重心付近に集中している。つまり，高知全県区では候補者得票に地域的偏りは起こっていない。

以上のような観点から，選挙区の実際の有権者分布を調べてみると，DS

表1　第39回総選挙（1990年）における岐阜2区と高知全県区

岐阜2区（定数4）　DS＝0.3825

順位	候補者名	政党	相対得票率	絶対得票率	RS指数
1	金子一義	自民	19.8	16.1	0.3770
2	渡辺栄一	自民	19.3	15.7	0.3543
3	古屋圭司	自民	18.8	15.3	0.3721
4	山下八洲夫	社会	18.7	15.2	0.1973
5	竹ノ内信三	社会	17.2	14.0	0.2188
6	村井勝喜	無所属	3.2	2.6	0.3828
7	永江正道	共産	3.1	2.5	0.1555

高知全県区（定数5）　DS＝0.0653

順位	候補者名	政党	相対得票率	絶対得票率	RS指数
1	五島正規	社会	16.4	12.5	0.0487
2	中谷元	自民	13.7	10.5	0.1176
3	山本有二	自民	13.3	10.2	0.0608
4	石田祝稔	公明	11.7	9.0	0.0728
5	山原健二郎	共産	11.6	8.9	0.1036
6	山岡謙蔵	自民	10.6	8.2	0.1326
7	栗生茂也	無所属	8.0	6.1	0.1069
8	林迪	無所属	7.3	5.6	0.1339
9	田村公平	無所属	4.1	3.2	0.1937
10	所谷尚武	無所属	1.7	1.3	0.1570
11	伴正一	無所属	1.6	1.2	0.1831

図2　政党地域票（岐阜2区・高知全県区）

第39回　岐阜2区自民党地域票
A＝金子　一義
B＝渡辺　栄一
C＝古屋　圭司

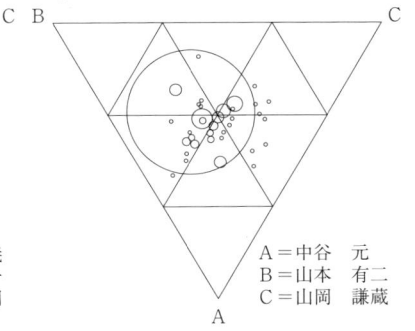

第39回　高知全県区自民党地域票
A＝中谷　元
B＝山本　有二
C＝山岡　謙蔵

図3　北海道5区有権者分布

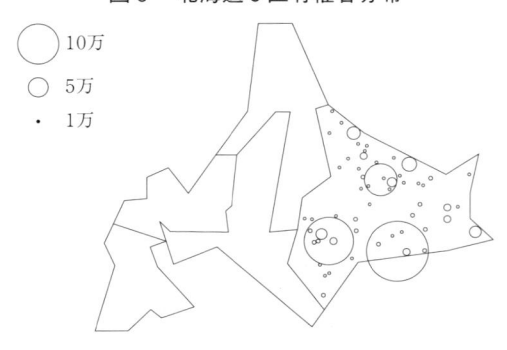

○ 10万
○ 5万
・ 1万

指数が高い選挙区では，有権者は，多極的とまではいかなくとも分散していることがわかった[5]。たとえば，第39回総選挙（1990年）で最も DS 指数が高かった北海道5区は多極分布型の典型例である（図3）。

(4) 生活圏

　有権者が分散していることが，候補者の集票領域の地理的な「すみわけ」が起こる条件であると指摘した。しかし，有権者が分散している農村型選挙区ならば必ず「すみわけ」が起こっているかというとそうではない。得票の地域偏重度が極端に高い選挙区には，有権者分布の他にも共通する特性がある。

　北海道5区は DS 指数が極端に高い選挙区の1つであるが，高畠通敏は同選挙区について次のような指摘をしている[6]。「広大な5区は，地理的区分によって，人口的にもほとんど同じ十勝（帯広）地方，釧路・根室地方，網走（北見）地方と三分される。これらはそれぞれ，畑作地域，石炭と漁業地域，稲作地域と大きく性格を異にし，おたがいに対抗意識も強い。」北海道5区では自民党の票も社会党の票も地理的に三分割されている。つまり選挙とは無関係に存在する地理的・社会経済的・心理的空間が選挙行動を規定している。このような地理的・社会経済的・心理的空間をここでは仮に「生活圏」と呼ぶことにする。

　「生活圏」と得票の地域的偏りとの関係はどのようなものだろうか。まず「生活圏」を技術的にどのように特定するかだが，地域区分は何を指標にするかに大きく左右されるもので，地理学的裏付けのない選挙研究者の恣意

5　ここでは視覚的な確認を行った。森は本研究と並行して，すべての選挙区について，パソコンのグラフィック機能を使って選挙区内の有権者分布や候補者の得票率の分布を描くプログラムを作成している。

6　高畠通敏『地方の王国』潮出版，1986年，97頁。

的な区分では説得力がない。そこで本研究においては日本地誌研究所が作成した各県の地域区分を借用し[7]，「生活圏」とする。この地域区分においては地理学の立場から諸要素を指標に総合的な判断が下されており，選挙と「生活圏」の関係を客観的に捉えることが可能になる。

DS指数の高い選挙区では，「生活圏」と選挙区における得票の地域的偏りは概ね一致している。興味深い例として，北海道5区（1990年の第39回総選挙）と熊本2区（1986年の第38回総選挙）を表2，図4に示した。北海道5区には「生活圏」が3つあり（北見地域，十勝地域，根釧地域），それに沿うように候補者の得票が地域的にまとまっている。同様に熊本2区には「生活圏」が4つあり（熊本地域の半分，天草地域，八代地域，人吉地域），候補者の得票もそれに沿って地域的にまとまっている。

「生活圏」の影響を考える上で次の2点は興味深い。第1に，熊本2区では保守系候補者が1つの「生活圏」の中で競合している。つまり候補者数イコール地域割り数ではなく，候補者は地理的に恣意的な形で地域偏重的な集票を行うわけではないことがわかる。第2に，北海道5区では異なる政党（自民党と社会党）が行う地域割りのあり方が一致している。政党が違えば地域割りが同じである必然性はな

表2　第39回総選挙（1990年）北海道5区と第38回総選挙（1986年）熊本2区

北海道5区（定数5）　DS＝0.5411

順位	候補者名	政党	相対得票率	絶対得票率	RS指数
1	中川昭一	自民	16.3	13.6	0.3742
2	武部勤	自民	14.7	12.4	0.5343
3	北村直人	自民	14.3	12.0	0.5411
4	岡田利春	社会	13.6	11.4	0.5614
5	鈴木宗男	自民	13.2	11.1	0.2293
6	永井哲男	無所属	12.1	10.2	0.5993
7	保格博夫	社会	12.0	10.1	0.6001
8	村口照美	共産	3.9	3.3	0.1214

熊本2区（定数5）　DS＝0.5270

順位	候補者名	政党	相対得票率	絶対得票率	RS指数
1	園田博之	無所属	17.0	13.4	0.4014
2	坂田道太	自民	14.9	11.7	0.4521
3	福島譲二	自民	13.8	10.9	0.3257
4	東家嘉幸	自民	13.7	10.7	0.5200
5	馬場昇	社会	13.3	10.4	0.1843
6	井上竜生	無所属	9.6	7.6	0.5246
7	福永浩介	無所属	7.4	5.8	0.5888
8	園田天光光	無所属	6.4	5.0	0.3706
9	江副水城	無所属	2.9	2.3	0.5733
10	久保山啓介	共産	1.1	0.9	0.2206

---

[7] 日本地誌研究所（青野壽郎・尾留川正平編）『日本地誌』全21巻，二宮書店，1967〜1980年。

図4 「生活圏」と得票率分布

北海道5区

(自民)
中川 昭一
0.3742

(社会)
保格 博夫
0.6001

宗谷
留萌
道央
北部
上川
北見
根釧
十勝
道央
南部
道南

(自民)
武部 勤
0.5343

(無所属)
永井 哲男
0.5993

○ 100%
○ 50%
· 10%

(自民)
鈴木 宗男
0.2293

(自民)
北村 直人
0.5411

(社会)
岡田 利春
0.5614

熊本2区

(無所属)
園田 博之
0.4014

(自民)
福島 譲二
0.3257

熊本
阿蘇
天草
八代
日吉

(自民)
坂田 道太
0.4521

(自民)
東家 嘉幸
0.5200

○ 100%
○ 50%
· 10%

(社会)
馬場 昇
0.1843

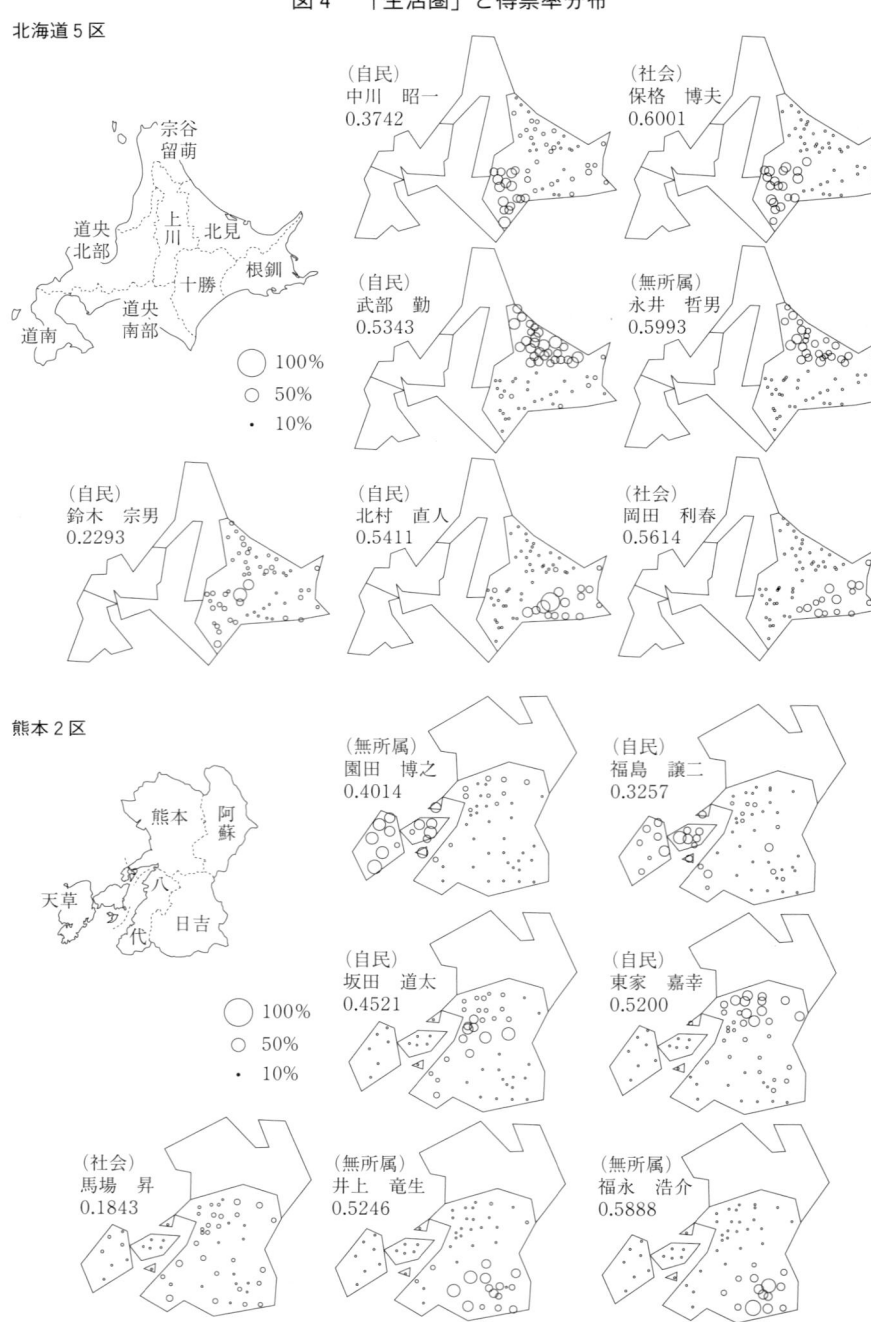

(無所属)
井上 竜生
0.5246

(無所属)
福永 浩介
0.5888

図中のサークルは，市町村の絶対得票率を示す。
候補者名の下の数字はRS指数。
北海道5区は『日本地誌』2,197頁，熊本2区は同書21,398頁より作成。

いはずであり，選挙行動が「生活圏」に規定されていることがよくわかる。

「生活圏」数と同一政党からの候補者数との関係は，「生活圏」数と候補者数が等しい場合，「生活圏」数の方が多い場合，候補者数の方が多い場合の3通りある。問題になるのは最後の場合で，候補者はライバルの候補者と「生活圏」の奪い合いを展開するか，あるいは脱地域的に集票活動をするかの選択をしなければならない。新人候補者の多くは前者である。自民党では，まず無所属で立候補し，「生活圏」をのっとり，その後の立候補で公認を獲得するパターンが少なくない。熊本2区の井上竜生は第38回総選挙（1986年）に人吉地域から無所属で立候補し，第39回（1990年）は自民党の公認を得ている。つまり福永浩介（1983年の第37回まで自民党公認，1986年の第38回は無所属，1990年の第39回は不出馬）のいる「生活圏」ののっとりに成功したのだ。北海道5区の北見地域の武部勤ものっとり型の典型である。以前北見地域を票田としていたのは安田貴六であった。脱地域的に集票活動を展開する新人は少ないが，北海道5区における第4の自民党候補である鈴木宗男は，その例として挙げてもよいだろう。第39回総選挙（1990年）において全選挙区で最もDS指数の高い北海道5区にあって，選挙区内の他の候補者と比べRS指数はかなり低い。

「生活圏」はこのように候補者の得票形態に大きな影響を与えている場合がある。しかし，常に「生活圏」が候補者の選挙行動を規定するわけではない。例えば有権者分布が「一極集中型」の選挙区では，たとえ「生活圏」があっても候補者は無視するだろう。「生活圏」に従って行動すれば，確かに強固な集票構造は地理的に形成できるだろうが，それが当選に可能な数の有権者を包含していない限り安定した当選は望めないからである。「生活圏」が候補者の選挙の利益に合致するとき，得票の地域偏重度は著しいものになるといえよう。

2　候補者特性

得票の地域偏重度は，選挙区特性をみることによってかなり予測できる。しかし，候補者の逸脱的な選挙行動によって，都市型選挙区においても偏重度が短期的に高くなることは少なくない。どのような候補者がいる場合，得票の偏重度が高くなるのか。この節では，得票の地域的偏りと候補者特

性の関係を分析しよう。

(1) 所属政党

　得票の地域的偏りは，同一政党から複数の候補者が立候補したときに生じやすい。各政党はその支持基盤を異にしており，各政党がそれぞれ1人しか候補者を出さなければ，各陣営の候補者は地域偏重的に選挙運動を展開する必要はない。高度成長以降の日本は多党化状況にあったが，第39回総選挙（1990年）において同一選挙区から複数の候補者を擁立している政党は，自民党（130選挙区中120選挙区），社会党（24選挙区），共産党（1選挙区）の3党だけである。得票の地域的偏りは自民党の候補者だけに限られた現象ではない。社会党と共産党の地域割りは，自民党のそれよりもより厳密で計画的である場合が多い。

　ところで，地域割りの境界線はどのように形成されるのだろうか。自民党の場合，各候補者個人の後援会主体の選挙運動の結果が境界線をつくると考えられる。つまり自由な競争の結果が境界線になって現れるのである。自民党の地域割りは候補者間の勢力均衡状態の上に成立しており，その時々の候補者の力関係によって地理的に変動することがある。社会・共産党の場合，地域割りは候補者の集票活動の結果つくられるというより，前もって計画されたものであることが多い。つまり，労働組合や党組織が境界線を決定し，候補者はそれに従って集票活動を展開するのである。党の利益が優先されるので，当選に不利な地域を割り当てられた候補者は落選する可能性が高くなっても，自己の票を増やすために同一政党の他の候補者の集票領域へ立ち入ることははばかられる。自民党の地域割りは「自由競争型」，社会・共産党の地域割りは「計画統制型」といえよう。以下，「自由競争型」と「計画統制型」の特性を具体的事例とともに指摘しよう。

　北海道5区は，得票の地域偏重度が極端に高い選挙区である。第36回総選挙（1980年）の北海道5区では自民党から3人，社会党から3人立候補している（表3）。自民，社会両党の票は，ともに十勝，北見，根釧に三分割されているが，どちらがより厳密だろうか。図5の三角グラフを比較してほしい。社会党の場合，地域割りによる人工的な票の配分が貫徹していることがわかるだろう。RS指数も社会党候補の方が断然高い。自民党候

第4章 中選挙区制における「すみわけ」の規定要因　113

補の集票活動は後援会が主体となるため，外部，特に党からの規制は弱く，自民党票は勢力の拡大を狙い，全域的な集票活動を展開している中川一郎に集中している。

有権者分布が「一極集中型」の選挙区でも，「自由競争型」

表3　第36回総選挙（1980年）

北海道5区（定数5）　DS＝0.4806

順位	候補者名	政党	相対得票率	絶対得票率	RS指数
1	中川一郎	自民	24.1	18.7	0.2087
2	安田貴六	自民	15.8	12.3	0.4648
3	岡田利春	社会	15.3	11.9	0.5538
4	北村義和	自民	13.9	10.8	0.3607
5	島田琢郎	社会	13.0	10.1	0.6069
6	新村源雄	社会	12.8	10.0	0.6429
7	芝田重郎太	共産	5.2	4.1	0.1238

図5　政党地域票（北海道5区）

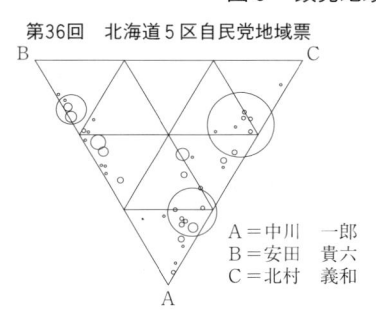

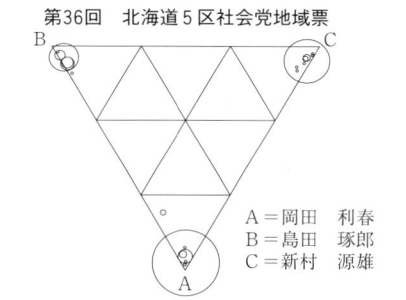

第36回　北海道5区自民党地域票
A＝中川　一郎
B＝安田　貴六
C＝北村　義和

第36回　北海道5区社会党地域票
A＝岡田　利春
B＝島田　琢郎
C＝新村　源雄

と「計画統制型」の違いが顕著に現れる。「一極集中型」の選挙区では候補者の地理的「すみわけ」は起こりにくいと述べたが，北海道2区の社会党の候補者2人は第36回総選挙（1980年）以降完全な地理的「すみわけ」を行っている（表4）。図6には自民，社会両党の地域票を図示した。社会党の候補者は2人なので，直線上に選挙区内市町村をあらわすサークルを表示してある。高得票率であるほどサークルは端に近くなる。

京都1区は都市型の特性を有する選挙区で，伝統的に共産党が強い選挙区である。第39回総選挙（1990年）においても共産党から2人が立候補し，両者のRS指数はともに

表4　第39回総選挙（1990年）

北海道2区（定数4）　DS＝0.1373

順位	候補者名	政党	相対得票率	絶対得票率	RS指数
1	佐々木秀典	社会	25.6	19.8	0.1697
2	五十嵐広三	社会	20.0	15.4	0.1940
3	今津寛	自民	18.7	14.5	0.0711
4	上草義輝	自民	17.0	13.1	0.1358
5	金田英行	自民	12.5	9.7	0.0748
6	沢田耕七郎	共産	6.3	4.8	0.1212

図6　政党地域票（北海道2区）

第39回　北海道2区自民党地域票

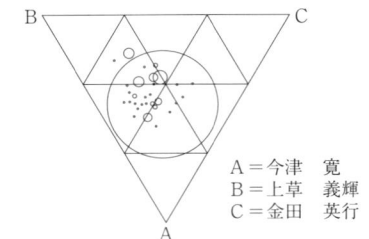

A＝今津　寛
B＝上草　義輝
C＝金田　英行

第39回　北海道2区社会党地域票

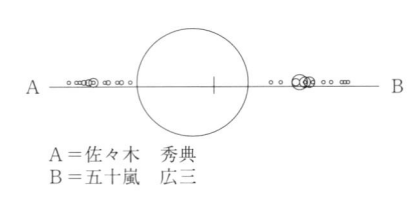

A＝佐々木　秀典
B＝五十嵐　広三

表5　第39回総選挙（1990年）

京都1区（定数5）　DS＝0.1059

順位	候補者名	政党	相対得票率	絶対得票率	RS指数
1	奥田幹生	自民	16.2	10.5	0.0539
2	永末英一	民社	15.7	10.2	0.0399
3	竹村幸雄	社会	15.3	10.0	0.0334
4	伊吹文明	自民	13.6	8.8	0.0763
5	竹内勝彦	公明	12.8	8.3	0.0898
6	梅田勝	共産	11.7	7.6	0.3502
7	藤原ひろ子	共産	10.1	6.6	0.3981
8	大湾宗則	無所属	4.5	3.0	0.1295

0.35を超えた（表5）。都市型選挙区の共産党の候補者は，一般に選挙区全体から広く得票するが，複数の候補者を擁立した場合は厳格な票割りを行うようだ。これは都市部における自民党の候補者の選挙行動と対照的である。同選挙区では自民党からも2人立候補しているが，共産党候補のように地域偏重的に得票していない（図7）。都市型の選挙区は有権者も流動的であり，そのことが自民党候補の選挙行動を脱地域的なものにしているのだろう。

図7　政党地域票（京都1区）

第39回　京都1区自民党地域票

A＝奥田　幹生　B＝伊吹　文明

第39回　京都1区共産党地域票

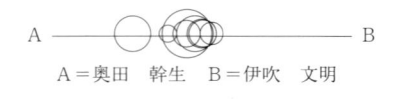

A＝梅田　勝　B＝藤原　ひろ子

(2)　候補者の選挙戦略

　特定地域からの得票への依存度は，特に自民党の場合，候補者によってかなり異なるものであるが，そこになんらかのパターンが存在しないわけ

ではない。ここで候補者の類型化を試みよう[8]。類型化の基準は2つである。第1に，得票形態が地域偏重的か，脱地域的か。第2に，その得票形態が候補者の積極的戦略に基づくものか，種々の要因から消極的（他律的）に受け入れているものか。試行的に数人の候補者を例として挙げながら，説明していくことにしよう。

①積極的・脱地域的集票型：ここに分類されるのは，選挙運動をする前から当選が確実とされているにもかかわらず，脱地域的な集票活動を精力的に展開する候補者である。この場合，集票活動や選挙運動の目的がもはや当選そのものではなく，例えば「中央政界で活躍するための政治資金の獲得」であったり，「選挙区の第一人者でありたいというプライド」が活動の大きな動機づけになっていると考えられる。当選は揺るぎないものであったにもかかわらず，脱地域的な利益誘導スタイルの活動を積極的に展開した新潟3区の田中角栄や，北海道5区の中川一郎が例として挙げられよう。

②消極的（他律的）・脱地域的集票型：見かけ上強固な地域偏重的集票構造をもつ候補者のほとんどが，その部分の得票に依存しているだけでは安定的に当選できない状況にある。地域的な得票だけで当選可能な得票数に届かないならば，多くのコストを費やして脱地域的な集票活動を展開しなければならない。この場合，選挙運動の目的はあくまで当選であり，「積極的・脱地域的集票型」とは大きな違いがある。一般にイメージされる自民党の候補者像はこれにあたる。

③消極的（他律的）・地域偏重的集票型：戦略的に非合理的で，当選も危ぶまれる状況にあるにもかかわらず，得票形態が地域偏重的な候補者がいる。選挙区内の他の候補者や選挙区特性の関係で勢力が拡大できない候補者である。典型的な例として，熊本2区から4回連続して立候補し，当選することなく衆院選出馬を断念した福永浩介を挙げよう。福永は常に人吉地域で圧倒的な得票を獲得していたが（図4），過疎地域の人吉からの得票だけでは当選が困難な状況にあった。しかし，「生活圏」と候補者の得票領

---

8 この類型作成にあたって，猪口孝『国際政治経済の構図』有斐閣，1982年，第2章の「安全保障政策の類型」から多くの示唆を得た。

域が融合している他地域に浸透することは難しく、結局福永は、人吉地域の得票のみに依存する状況を脱することができなかった。

④積極的・地域偏重的集票型：当選可能な数の有権者数を包含する特定地域を拠点として、戦略的に最小限のコストで安定的な当選を果たしている候補者がいる。例えば岐阜2区には、飛騨、東濃、中濃といった当選可能な有権者数を包含する「生活圏」が3つあり、それぞれの地域にそこを拠点とする自民党候補がいる（図2、表1）。しかも候補者間には基本的な「すみわけ」の合意が存在し、それは地元の新聞に載った各陣営の次のようなコメントからもうかがい知ることができる[9]。「一応、渡辺、古屋先生の地方にはごあいさつに行くが無用なひっかき回しはしない」（飛騨・金子陣営）。「他の先生のところに進出しても、大量得票にはつながらないのでは。それよりも地元の票を固めなければと思っている」（東濃・古屋陣営）。「相手方が地元に食い込んでくれば全力を挙げて闘うが、いまのところ浸透も聞かないようだし」（中濃・渡辺陣営）。各陣営とも候補者の世代交代を経験しているものの、選挙戦の構図は30年来基本的に変わっていない。第40回総選挙（1993年）では、岐阜2区に日本新党の候補者が参入し、選挙戦も波乱含みなものになったが、この「すみわけ」（選挙モンロー主義）の構図が壊れることはなかった。もし選挙制度が変わることがなければ、この「すみわけ」の構図は持続していったであろう。

3　第40回総選挙（1993年）における地域票の変動

1993年に行われた第40回総選挙は、中選挙区制度最後の選挙であり、この選挙後に非自民の連立政権が誕生したことから、歴史的選挙というべき選挙である。この選挙において、候補者の得票構造はどのように変動したのであろうか。

(1)　選挙の結果

第40回総選挙では、このとき初めて総選挙に候補者を出した日本新党、選挙直前に自民党を離脱した新生党と新党さきがけが大躍進を遂げ（3新

9　『岐阜日日新聞』1980年6月12日1面。

党合計で103議席)、自民党と社会党がその勢力を著しく後退させた。自民党は分裂後の勢力をほぼ維持したものの、獲得した議席数は過半数をかなり下回る223で、選挙後に無所属議員を追加公認しても単独では政権を形成できない状況に追い込まれた。社会党は、これまで最低であった第38回総選挙（1986年）の85議席をさらに下回る70議席となった。

この選挙の最大の特徴は、新党候補の躍進ということにつきるだろう。55年体制下において新党の誕生は必ずしも珍しい現象ではないが、第40回総選挙（1993年）の新党参入は、規模と実力の点でそれまでの新党参入現象とは異なっていた。第1章で触れたように、55年体制下における多党化現象は、都市化の進んだ太平洋ベルト地帯を中心に展開した。しかし、1993年の場合は、自前の集票組織を有する自民党離党者を多く含む新党候補が全国規模で擁立されたために[10]、自民党と社会党が議席を独占する原55年体制型の選挙区が一挙に消滅したのである（35頁表5参照）。

新党候補の躍進がどれほどのものであったかは、TK指数平均値（日本新党0.8039、さきがけ1.0134、新生党0.9493）、TK指数トップ50（第1章の表11、46頁以下参照）に端的にあらわれている。新党ブームの顔であった新党のリーダーたちのTK指数の順位は、羽田孜（1位）、細川護熙（3位）、武村正義（4位）、小沢一郎（9位）であった。

躍進著しい新党に対し、自民党と社会党は著しく議席を減らした。ただ、両党の敗北の構図には大きな相違があり、自民党の場合は離党者が抜けた穴を埋めることができなかったため、議席を減らしたという側面が強い。それは、自民党候補者のTK指数平均値（90年0.9092→93年0.8699）や当選者数を候補者数で除した当選率（90年81.4％→93年78.2％）が依然として高い水準にあったことからうかがえる。社会党の場合は、TK指数平均値（90年1.0368→93年0.6963）も当選率（90年91.3％→93年49.3％）も大きく低下しており、1990年に獲得した支持をこの選挙で完全に手放してしまったようである。

10　第40回総選挙（1993年）では、全129選挙区のうち、98選挙区で新党候補が擁立されている。3新党候補の擁立パターンについては、森裕城『日本社会党の研究　路線転換の政治過程』木鐸社、2001年、180頁参照。

(2) 連続立候補者の動向：TK 指数

表6は，第39回（1990年）と第40回（1993年）に同じ選挙区から連続して立候補した候補者を，第40回（1993年）における所属政党を基準にしてグループ分けを行い，そのTK指数とRS指数の平均値の変化をまとめたものである。同時にこの表では，第40回総選挙（1993年）の当該選挙区に新党候補がいたかどうかによって，それぞれの政党内の候補者を分別し，両指数の変化をまとめている。まずは，TK指数に着目し，この選挙における得票変動をまとめよう。

前回も同じ選挙区で立候補していた3新党候補者のTK指数平均値は大きく変化している。3新党の候補者は，著しくTK指数を上昇させており，彼らが新党候補を名乗ることによって，かつてない有権者の支持を集めたことがわかる。

自民党は，第40回（1993年）に285人の公認候補者を立てているが，その

表6 連続立候補者の TK 指数と RS 指数

93年所属政党		候補者数	TK指数 90年平均	TK指数 93年平均	TK指数 平均の変化	RS指数 90年平均	RS指数 93年平均	RS指数 平均の変化
自民党	全体	247	0.9106	0.9047	−0.0058	0.1950	0.1948	−0.0002
	新党あり	176	0.8995	0.8660	−0.0336	0.1932	0.1932	+0.0001
	新党なし	71	0.9379	1.0008	+0.0629	0.1994	0.1986	−0.0008
社会党	全体	123	1.0547	0.7128	−0.3419	0.1047	0.1180	+0.0133
	新党あり	98	1.0575	0.6934	−0.3641	0.1037	0.1157	+0.0121
	新党なし	25	1.0437	0.7890	−0.2547	0.1087	0.1267	+0.0181
公明党	全体	29	0.7880	0.8530	+0.0650	0.0670	0.0651	−0.0019
	新党あり	25	0.7896	0.8467	+0.0572	0.0658	0.0635	−0.0022
	新党なし	4	0.7782	0.8922	+0.1140	0.0751	0.0749	−0.0002
民社党	全体	21	0.7881	0.8452	+0.0570	0.1457	0.1471	+0.0014
	新党あり	17	0.7717	0.7706	−0.0010	0.1376	0.1489	+0.0114
	新党なし	4	0.8581	1.1619	+0.3038	0.1802	0.1392	−0.0410
共産党	全体	73	0.3982	0.4048	+0.0066	0.1138	0.1103	−0.0035
	新党あり	59	0.4123	0.4075	−0.0047	0.1135	0.1108	−0.0027
	新党なし	14	0.3390	0.3932	+0.0542	0.1151	0.1085	−0.0067
社民連	全体	4	0.9655	1.0070	+0.1115	0.1139	0.0846	−0.0293
	新党あり	2	0.9546	0.9008	−0.0538	0.0531	0.0507	−0.0024
	新党なし	2	0.9763	1.2532	+0.2769	0.1747	0.1186	−0.0561
3新党	日本新党	8	0.4189	0.9769	+0.5580	0.1923	0.1150	−0.0773
	さきがけ	10	0.8880	1.2131	+0.3251	0.1947	0.1699	−0.0248
	新生党	47	0.8423	1.0702	+0.2279	0.1982	0.1444	−0.0538

うち前回も同じ選挙区から立候補した候補者は247人いる。この247人のTK指数平均値の変化は，全体として見ると−0.0058となっている。この247人を新党の有無によって分別すると，新党なし（71人）の変化が＋0.0629，新党あり（176人）が−0.0336となっており，新党の有無によって候補者得票に影響があったことが推測される。TK指数平均値で見る限り，自民党の候補者は，新党がいない場合には第39回（1990年）よりも善戦していることになる。

社会党の場合は，新党なし（25人）が−0.2547，新党あり（98人）が，−0.3641となっており，自民党の場合よりも，新党候補の影響がはっきりと看取される。社会党の候補者は新党候補がいてもいなくても得票を減らしたことに変わりはないが，新党候補がいる場合に減票の程度が大きかったのである。

その他の既存野党を見ると，すべての政党が新党候補がいない場合の方が，相対的に成績がよく，平均値の差がプラスになっている。公明党は，新党がいる場合においても，平均値の差がプラスになっている。

以上，TK指数平均値の変化をまとめた。第40回総選挙（1993年）における得票変動は，このような平均値による分析だけからも，かなりの程度把握できると思われるが，新党候補，自民党候補，社会党候補については，さらに候補者単位で得票変動を確認しておきたい。120頁図8は，縦軸に第40回（1993年）のTK指数，横軸に第39回（1990年）のTK指数をとり，連続立候補者をプロットしたものである。対角線より上にプロットされた候補者は，前回の得票水準を維持していることになる。なお，自民党と社会党の場合は，当該候補の選挙区に新党候補が存在したかどうかで，プロットされる記号を変えている。

新党の場合は，候補者個人で見ても，TK指数は大きな伸びを示していることが確認できる。自民党の場合は，全体として対角線上に位置しており，大きな傾向をつかむことはできない。ただ新党ありとなしの相違は相対的に明白で，新党なしにおいては候補者の66％（47／71）が対角線よりも上にプロットされているのに対し，新党ありにおいては対角線よりも上にプロットされる候補者が45％（79／176）となっている。社会党は，新党が登場しなかった場合でも88％（22／25），新党が登場した場合は，96％

図8 連続立候補者のTK指数の変化

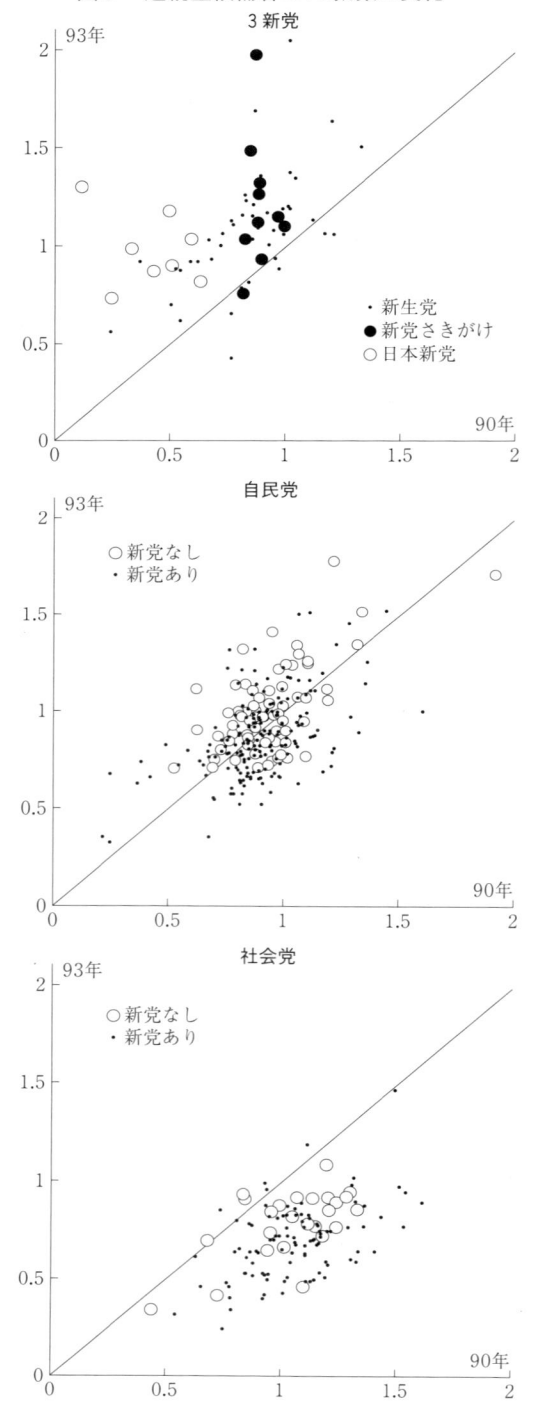

3新党
・新生党
● 新党さきがけ
○ 日本新党

自民党
○ 新党なし
・ 新党あり

社会党
○ 新党なし
・ 新党あり

(94/98) の候補者が，得票水準を前回よりも低下させている。

(3) 連続立候補者の動向：RS指数

次に，第40回総選挙 (1993年) において，候補者の集票領域にどのような変化があったかを分析しよう。TK指数の場合と同様に，表6からわかることを，3新党と自民党および社会党を中心に記述すると次の通りである。

3新党のRS指数は，いずれもみるべき低下を示している。これらの政党の候補者が新党を名乗ることにより，集票領域を従来より拡大した様子が看取される。

自民党候補のRS指数の平均値には，ほとんど変化がみられない。新党の有無別に見ても，大きな違いは発見できない。社会党は，RS平均値が微増という結果になっている。TK指数の分析と

総合して考えると，自民党にとどまった多くの候補者は従来の集票パターンを堅持しつつ健闘し，一方，社会党候補者は選挙区の全地域において新党の集票領域拡大に侵食されたということができよう。

図9は，TK指数の場合と同様，3新党候補と自民党候補についてRS指数の変化をまとめたものである。新党候補は全体として対角線よりも下にプロットされており，脱地域的に得票したことがわかる。一方，自民党の場合は，ほぼ対角線に沿った分布を示しており，第39回（1990年）と第40回（1993年）の選挙で，集票領域にそれほど大きな変化がなかったことがわかる。

以上で見たように，新党の候補者は脱地域的な得票パターンを示したが，これは55年体制下の選挙区レベルにおける候補者間の安定的な競争パターンを大きく変動させるものであった。これまで「消極的（他律的）・脱地域的集票型」の傾向を有していた候補者の多くが，新党から新たに立候補することで，他の候補者の集票領域に浸透し，得票の上乗せに成功したのである。その特徴的な事例として，新生党の小沢一郎（岩手2区），羽田孜（長

図9　連続立候補者のRS指数の変化

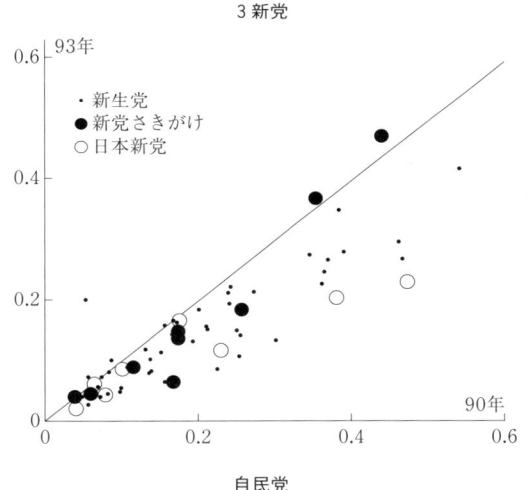

図10 相対得票率とRS指数

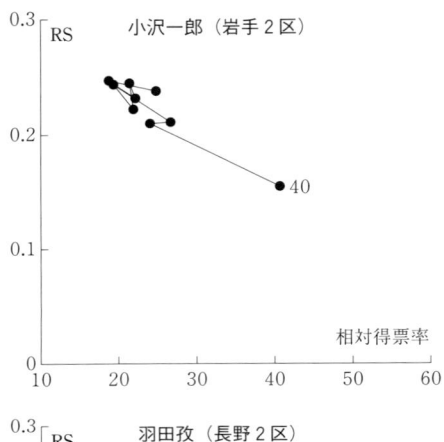

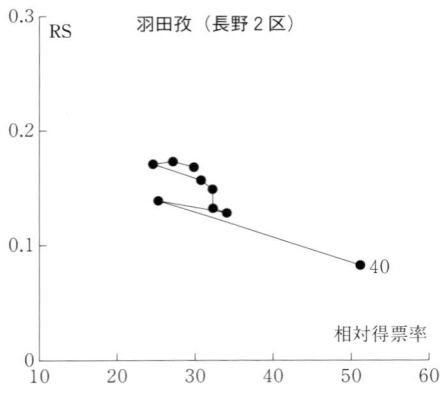

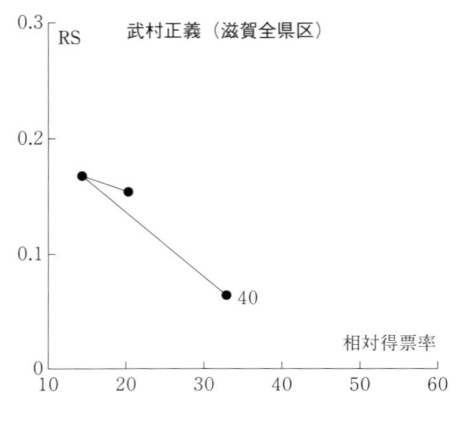

小沢一郎（岩手2区）

羽田孜（長野2区）

武村正義（滋賀全県区）

野2区），さきがけの武村正義（滋賀全県区）の場合を挙げてみよう。

図10は，横軸に相対得票率を，縦軸にRS指数をとって，各回選挙にプロットされる点を時系列的に結んだものである。前回に比べて集票領域を拡大すると，プロットは大きく右下に移動する（いわゆる「発展モデル」）。小沢，羽田の場合，従来の集票パターンは限られた領域で微動していたのが，第40回（1993年）では大きく右下がりを示している。武村の場合は立候補回数が少ないものの，やはり同様な傾向がみられる。

一般に新党出現の場合，新党の候補者が著しく脱地域的集票パターンを示すことは，前章までの分析からも明らかである。第31回総選挙（1967年）で公明党が初めて衆議院に進出したとき，DS指数の全国平均値は大きくポイントを下げ，同党候補者のRS指数平均値は群を抜いて低かった。また第34回総選挙（1976年）で新自由クラブが自民党から分離したときも，同様にDS平均値は大きく下がり，同党候補者のRS指数は自民党に

比べて低い値を示している。これは両党の都市型政党的性格にも規定されているが，新党ブームがより広い領域での集票力を発揮することは否定できない。

しかし，新党ブームは一過性のものにとどまることが多いのも事実である。第40回総選挙（1993年）後については，選挙制度が変更されてしまったために「中選挙区制度が続いていたならば」というありえない前提に立たなければならなくなったが，3新党のその後の推移をみる限り，第40回総選挙（1993年）での脱地域的得票は一過性のものであったと考えざるをえない。

1993年の総選挙における地域票を分析して言えることは，新党候補は脱地域的得票を示したが，自民党候補の地域偏重的集票構造は健在であったということである。この集票構造が，新しく導入された選挙制度，特に小選挙区部分において，どのように変化していったのかを，次章以降で分析しよう。

第5章
小選挙区比例代表並立制における
政党・候補者の得票動向

　衆議院の選挙制度として小選挙区比例代表並立制が導入されて以降，第41回（1996年），第42回（2000年），第43回（2003年），第44回（2005年）の4回の総選挙が行われている。本章では，第41回から第43回総選挙における政党・候補者の全般的な得票動向を分析したい。なお，中選挙区廃止・小選挙区導入にともなう地域票の動向については第6章で，小泉自民党が大勝した第44回総選挙については第7章で扱うことにする。

1　並立する2つの選挙における結果の乖離

　選挙制度が変更されて以降の3回の選挙を振り返って言えることは，1回の選挙でどの政党が勝利したかを一義的に決めることが難しくなっているという点である。

　まず，並立する2つの選挙制度における選挙結果の傾向が一致しないという問題がある。03年総選挙では，ついに小選挙区と比例代表で第1党が食い違うという現象が起こった。表1にあるように，03年総選挙の比例代表の第1党は民主党，小選挙区の第1党は自民党である。これでは，有権者がどちらの政党に政権を委ねようとしたかを判断できない。

　話を1つの政党に限っても，両制度間で異なった傾向の結果が出ることは珍しくない。たとえば03年総選挙の自民党は，両制度の結果をトータルで見ると，00年選挙よりも議席を増やしている（233→237）。しかし，比例代表と小選挙区を個別に見ると，比例代表では議席が増加（56→69）しているのに対し，小選挙区では減少（177→168）という結果になっている。こ

表1　主要政党の選挙結果（1996－2003）

比例代表		1996	2000	2003	小選挙区		1996	2000	2003
投票率		59.62	62.45	59.81	投票率		59.65	62.49	59.86
有効投票率		56.89	59.55	57.77	有効投票率		57.87	60.62	58.20
無効率(分母：有権者数)		2.73	2.90	2.04	無効率(分母：有権者数)		1.78	1.87	1.66
無効率(分母：投票者数)		4.58	4.64	3.42	無効率(分母：投票者数)		2.98	3.00	2.77
自民党	相対得票率	32.76	28.31	34.96	自民党	相対得票率	38.63	40.97	43.85
	絶対得票率	18.64	16.86	20.19		絶対得票率	22.35	24.84	25.52
	獲得議席	70	56	69		当選者数	169	177	168
						候補者数	288	271	277
民主党	相対得票率	16.10	25.18	37.39	民主党	相対得票率	10.62	27.61	36.66
	絶対得票率	9.16	14.99	21.60		絶対得票率	6.14	16.74	21.34
	獲得議席	35	47	72		当選者数	17	80	105
						候補者数	143	242	267
公明党	相対得票率		12.97	14.78	公明党	相対得票率		2.02	1.49
	絶対得票率		7.72	8.54		絶対得票率		1.23	0.87
	獲得議席		24	25		当選者数		7	9
						候補者数		18	10
社民党	相対得票率	6.38	9.36	5.12	社民党	相対得票率	2.19	3.80	2.87
	絶対得票率	3.63	5.58	2.96		絶対得票率	1.27	2.31	1.67
	獲得議席	11	15	5		当選者数	4	4	1
						候補者数	43	71	62
共産党	相対得票率	13.08	11.23	7.76	共産党	相対得票率	12.55	12.08	8.13
	絶対得票率	7.44	6.69	4.48		絶対得票率	7.27	7.32	4.73
	獲得議席	24	20	9		当選者数	2	0	0
						候補者数	299	300	300
保守党	相対得票率		0.41		保守党	相対得票率		2.02	1.33
	絶対得票率		0.25		2003：	絶対得票率		1.23	0.77
	獲得議席		0		保守新党	当選者数		7	4
						候補者数		16	11
自由党	相対得票率		11.01		自由党	相対得票率		3.37	
	絶対得票率		6.56			絶対得票率		2.04	
	獲得議席		18			当選者数		4	
						候補者数		61	
新進党	相対得票率	28.04			新進党	相対得票率	27.97		
	絶対得票率	15.95				絶対得票率	16.19		
	獲得議席	60				当選者数	96		
						候補者数	235		

※　比例の定数は，1996：200，2000・2003：180

れは，比例での苦戦を小選挙区での議席増で補填するという00年総選挙の構図と全く逆の展開であり，03年総選挙では小選挙区での不振が比例代表での復調によって補填された形になっている。

　ここで小選挙区と比例代表という2つの制度における選挙結果がどの程度乖離しているかを確認しておきたい。両制度間の選挙結果の乖離を扱う

にあたっては，各政党の比例代表11ブロックへの名簿提出状況，300小選挙区への候補者擁立状況に注意しなければならない。乖離の度合いを厳密に測るには，分析対象を「比例代表と小選挙区の両方で当該政党が候補者を出している地域」のみに限定するのが好ましいだろう。

表2 小選挙区票と比例票の乖離

	自民党	民主党	公明党	社民党	共産党	新進党
1996	1.24	1.07		1.48	0.98	1.21
2000	1.59	1.28	1.87	1.24	1.09	
2003	1.36	1.07	2.07	1.74	1.05	

※ 数値は，小選挙区票合計を比例票合計で除したもの。小選挙区と比例代表の両方で当該政党に投票できる条件があった地域を取り出して算出した。

表2は，有権者が当該政党に対して小選挙区と比例代表の両方で投票できる条件にあった地域を取り出して，「小選挙区候補者得票の合計／比例代表政党得票の合計」を計算したものである。数値が1を超える場合は，小選挙区得票が比例代表得票を上回っていることになる。この表からはさまざまなことが読み取れるが，ここでは96年の共産党を除いてすべての政党が1を超えている（すなわち小選挙区の得票が多い）ことと，その数値は連続する選挙でありながらかなりの程度変動していることを確認しておきたい。

この他の問題としては，選挙のたびに政党の離合集散，候補者の党籍離脱・鞍替えが発生し，過去の選挙結果との比較が難しいという点が挙げられる。同一政党であっても小選挙区の候補者擁立数が変動するなどの問題があり，単純な得票数・率の比較もできない。比例代表の定数削減（00年総選挙から定数が180になっている），小選挙区の区割変更（03年総選挙前に68選挙区で区割りの変更があった）もあり，こうした制度変更も分析を難しくしている。

このような問題に対処するためには，1回の総選挙における結果をいくつかの局面に分解し，それぞれの局面について，各種の選挙指標の変動を的確に測定していくことが重要となろう。以下では，我々が重要であると考える局面に関して，基礎的なデータを提示しつつ，小選挙区比例代表並立制における政党・候補者の得票動向を検討したい。

2　投票率の動向と選挙結果

(1) 浮動票効果仮説と逆効果仮説

ある1回の選挙の結果を分析する際，①選挙結果の空間的な分布にどのような特徴が見られるか[1]，②過去の選挙と比べて今回の結果にどのような変化（あるいは連続性）が見られるか，を確認することから始めるのが一般的であろう。①と②では，②の方がデータの扱いが難しいように思われる。過去の選挙と比較するといっても，その比較対象をどの選挙にするかで判断に迷うことがあるからである。少なくとも時間的な近さ，選挙制度の同一性，政治状況の連続性，投票率の高低を考慮した比較が必要となる。

本章が分析の対象とする3回の選挙は，時間的に近く，選挙制度もほぼ同一であり（比例代表における定数削減，小選挙区における区割の変更があったことには注意が必要），政治状況も自民党中心の連立政権下の選挙ということで大枠としては連続性がある。問題となるのは，投票率である。

投票率の変動は選挙結果に多大な影響を与える。そして，投票率の上昇（あるいは低下）が有利になる政党もあれば，不利になる政党もある[2]。80

---

1 選挙結果の空間的な分布に着目する研究には，距離的に近接した地域の選挙結果にどのような共通性があるかという観点からなされる研究と，属性的な側面で類似する地域の選挙結果にどのような共通性があるかという観点からなされる研究の2つが考えられる。前者については，中選挙区制における候補者得票の地域偏重現象を追跡している本書のような研究が1つの代表例といってよいだろう。後者については，「都市－農村特性」などの地域特性が選挙結果とどのように関係しているかを検証した小林良彰の研究（たとえば，小林『計量政治学』成文堂，1985年）が代表的である。これらの研究は，政治学の分野だけでなく，地理学の分野でも一定の評価を得ている。地理学におけるこれらの研究の位置づけについては，高木彰彦「選挙地理学の近年の動向－アングロサクソン諸国を中心として」『人文地理』38巻1号，1986年，参照。

2 この現象については，堀江湛の次のような議論がわかりやすい。堀江は，投票率の上下に影響を受けて得票数が大幅に増減する政党を「サーフィン型政党」と呼び，投票率の上下によって得票にあまり変化がなく，投票率が上がれば波間に没し，投票率が下がれば波間から頭を出す杭のように，むしろ低投票率が有利になる政党を「杭型政党」と呼んでいる。堀江湛「自社両党支持率の長期低下と政党支持離れの進行―わが国における政党

年代においては、投票率の上昇は自民党に有利に働く傾向があった（浮動票効果仮説）。しかし、90年代になると、それ以前とは逆に自民党に不利に働く（浮動票逆効果仮説）と指摘されるようになったのは周知の通りである。

水崎節文は、自民党が惨敗した89年参議院選挙を素材に、92年の論文で「浮動票逆効果モデル」を提示している[3]。投票率の上昇という条件のもとで、前回自民党に投票した人が今回もすべて自民党に投票し、新しく投票に参加した人がすべて自民党以外に投票したと仮定すると、有権者数が変わらなければ自民党の絶対得票率は同値となるが、相対得票率は低下する。この場合、横軸を前回選挙、縦軸を今回選挙とする2次元のグラフにおいて、細分化された地域票ごとに絶対得票率を○印で、相対得票率を●印でプロットすれば、○印は対角線上に点在し、●印は対角線より下方に点在することになる。これが「浮動票逆効果モデル」である。さらに、前回自民党に投票した人の中に今回は他党へと離反する傾向が出てくれば、○印も●印も対角線より下方にプロットされる。これを「離反・反逆モデル」と呼ぶ。89年参議院選挙では、都市型選挙区においては「浮動票逆効果モデル」の傾向が強く、自民党の農政に反発した農村型選挙区においては「離反・反逆モデル」が顕著であった。

こうしたモデルは、当時の消費税・リクルート事件・農産物自由化といういわゆる3点セットがたまたま自民党に不利に作用したという「一過性」のものだとの批判を受けたことがあったが[4]、自民党の支持層が次第に建設業・農業団体等の限られたセクターに凝集しつつある中で行われた98年参議院選挙で、過去最低の投票率であった95年参議院選挙との対比においてそれは鮮やかに再生された。130頁図1は、このときの比例代表における得票変動を図示したものだが、絶対得票率と相対得票率が上記の「浮動

 支持構造の計量分析」『選挙研究』1号、北樹出版、1986年。
3 詳しくは、水崎節文「一人区における自民党の完敗―89年参議院選挙集計データの解析から」『レヴァイアサン』10号、木鐸社、1992年（なお、この論文は本書「補論」に一部修正を加えて再録している）、参照。
4 福井治弘「『レヴァイアサン』総括―1〜10号主要論文篇―」木鐸社、1993年、28-29頁。

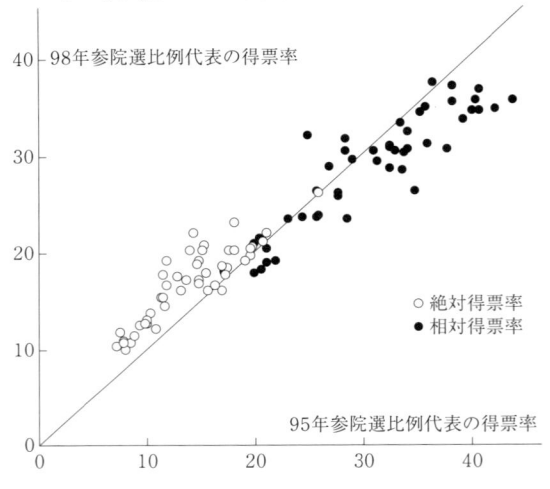

図1　自民党得票率の変化
（95年参院選と98年参院選：都道府県単位）

縦軸：98年参院選比例代表の得票率
横軸：95年参院選比例代表の得票率
○ 絶対得票率
● 相対得票率

票逆効果モデル」で想定された分布をとっているのがわかる。この傾向が継続する中で行われたのが00年総選挙であり，投票率の動向が森自民党の不振にどのようにつながったのかが注目された。

ところが，小泉政権誕生直後の01年参議院選挙では，投票率の上昇が自民党の大勝につながった[5]。このような傾向が継続するのかどうか，「小泉ブーム」が続いているのかどうかが注目されていた中で行われたのが03年総選挙であったといえよう。

(2) 2000年総選挙と2003年総選挙の相違

選挙結果を分析する際に，このような投票率変動の問題をどのように処理すればよいだろうか。得票集計データを分析する場合は，①最近の選挙の中で投票率が一番低い選挙を基準として，②その基準となる選挙と比べて当該選挙の投票率が上昇したかどうか，③上昇した場合はその増量分がどの政党に向かったかを確認するのが1つの方法であろう。特に，投票率増減の効果が見えにくい選挙を分析する場合は，直前の選挙だけを基準にしてしまうのは，避けなければならない。

図2は，80年代以降の有効投票率と自民党の得票率の動向を示したものである。ここで有効投票率を用いるのは，投票率そのものよりも，投票総数から無効票などを除いた有効投票数を基礎とした有効投票率を用いる方

5　森裕城「2001年参議院選挙の得票分析」『現代社会研究』（京都女子大学現代社会学部紀要），第4・5号，2003年。

が、現象を正確に把握できるからである。特に新制度導入以降、無効票数の規模が大きくなっているので、以下ではすべてこの数値を使用する。

まず、近年の総選挙で有効投票率が低かった選挙を探すと、新制度導入後初の選挙である96年がこれに当る。96年総選挙は、投票率が過去最低を記録した選挙であり、比較の基準としては最適であろう。

図2　有効投票率と自民党得票率の推移

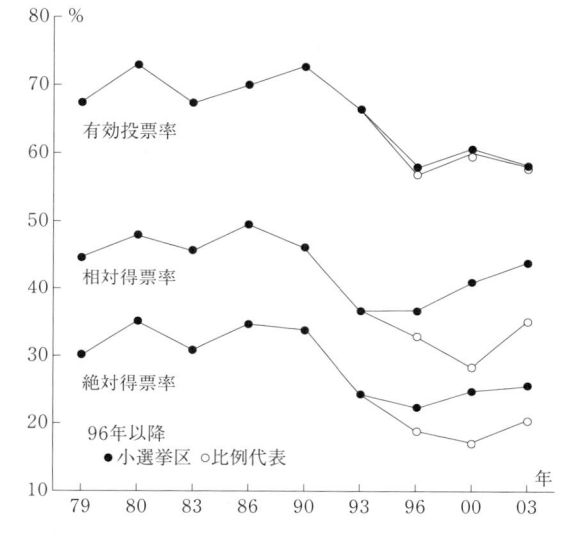

次に、並立制になってからの得票率の動向だが、図2を見てわかるように、小選挙区と比例代表では、まったく異なった軌跡を描いており、小選挙区の方では投票率の上下に関係なく自民党の得票率は上昇している。これは自民党の各候補者が各選挙区で支持を上昇させているということもあるが、むしろ、小選挙区における候補者数の減少、有力候補者への票の集中にともなう現象として見るべきであり、小選挙区の分析と題する後節で扱うことにする。

有効投票率の動向と選挙結果に明白な関係が見て取れるのは、比例代表の方である。96年総選挙の有効投票率を基準に00年選挙を見ると、投票率は2.7ポイント上昇している。そして、自民党の相対得票率は、−4.5ポイント変化している。しかし、絶対得票率の変化は−1.8ポイントにとどまっており、浮動票逆効果の傾向を示しているといえよう。

この数値の意味するところを視覚的にとらえるために、小選挙区300を単位として先述のグラフを作成してみたものが132頁図3である。絶対得票率の○印はほぼ対角線上および対角線の下方に点在し、相対得票率の●

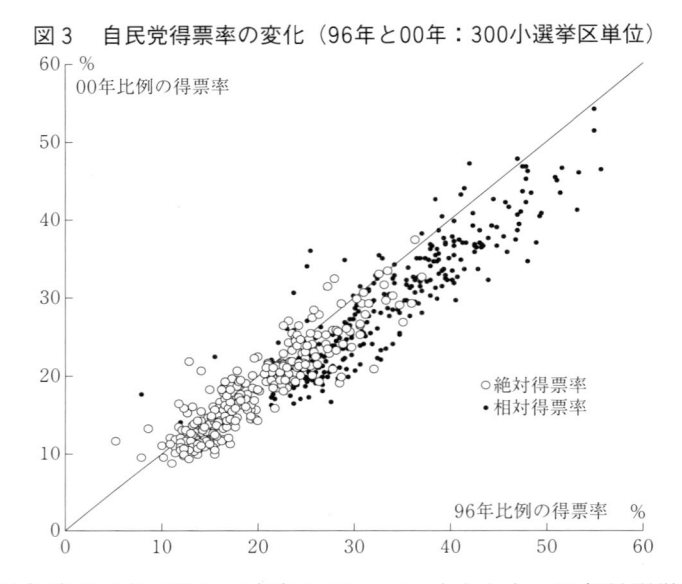

図3 自民党得票率の変化（96年と00年：300小選挙区単位）

○絶対得票率
・相対得票率

縦軸：00年比例の得票率（%）
横軸：96年比例の得票率（%）

印は対角線の下方に離れて点在している[6]。すなわち，00年総選挙の比例

---

6 図3からもわかるように，相対得票率が上昇した地域も少数ではあるが存在している。このような地域の得票変動を小選挙区単位で分析してみると，それらの地域ではほぼ共通して小選挙区選挙における候補者要因が比例代表の結果に作用していたことが明らかになった。全国300の小選挙区区域のなかで，比例代表自民党の相対得票率が96年を上回ったのは僅か27区であり，とりわけ3ポイント以上の増加は9区に過ぎない。石川1区の+10.4を筆頭に，長野3区（+9.6），宮城5区（+8.7），兵庫10区（+6.7），沖縄2区（+6.7），沖縄1区（+5.6），石川2区（+5.0），北海道13区（+3.9），熊本4区（+3.9）の順となる。これらの区域は，石川2区を除けば，すべて前回小選挙区選挙において新進党か民主党の強力候補が当選を果たしており，4つの選挙区で自民党は候補者を立てず，4つの選挙区で落選している。これらの選挙区における96年の比例代表得票は，小選挙区との連動効果が作用したために，自民党の得票としてはむしろ過少であったといえるのではないだろうか。00年小選挙区選挙では，新進党候補の自民党復帰，自民党の候補者擁立等により，自民党の比例票が上積みされたとみることができる。石川2区の自民党比例の増票（+5.0）は，明らかに同区の小選挙区候補・森喜朗の首相就任への祝儀票であり，それは上述の石川1区にも一定部分作用したとみるべきで，ここにも連動効果があらわれて

第5章　小選挙区比例代表並立制における政党・候補者の得票動向　133

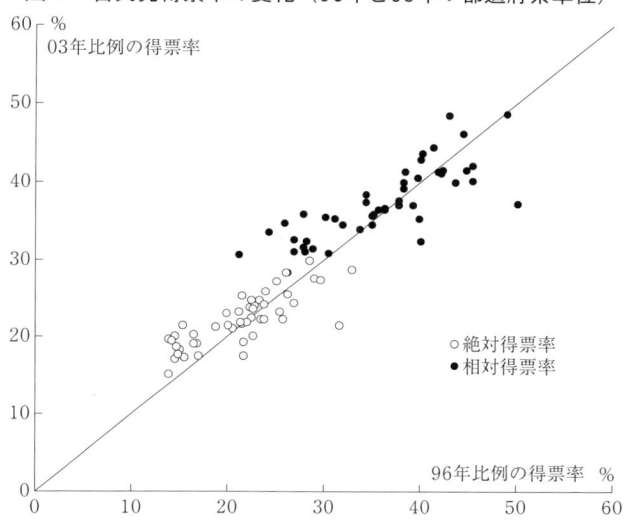

図4　自民党得票率の変化（96年と03年：都道府県単位）

○　絶対得票率
●　相対得票率

縦軸：03年比例の得票率
横軸：96年比例の得票率　%

代表における自民党の不振は，基礎票の減少によるものというよりは，増加した投票者が対抗政党に流れたためにもたらされたものといえよう[7]。

それでは，03年の総選挙はどうだろうか。まず全国集計の126頁表1，131頁図2を見ると，96年と比して，有効投票率の上昇が認められる。そして，自民党の相対，絶対得票率も上昇している。

図4は，都道府県単位で自民党得票率の変化を見たものである（96年と03年の比較）。図3のように，小選挙区単位での検討を試みたいところであるが，03年総選挙前に68選挙区で区割変更が行われているため，ここでは都道府県単位のデータを使用して図を作成した。00年総選挙の図3との比較で見ると，絶対得票率，相対得票率の両方で，全体として対角線の上

いるといえよう。その逆が岡山1～5区で見られた極端な自民比例票の減少である(すべて−10ポイント台)。これは橋本首相への祝儀票を含むと考えられる96年の岡山の自民党票が，同党の基礎票をはるかに超えていたことから起こった比較相対的現象といえよう。

[7]　00年総選挙についての総合的な分析は，次の論文を参照されたい。水崎節文・森裕城「小選挙区比例代表並立制における地域票の動向」『椙山女学園大学研究論集』第33号，2002年。

方にプロットされていることが確認できる。

例外地域もあるが、少なくとも00年総選挙に見られた浮動票逆効果現象とは異なったパターンが選挙結果に現れていることは間違いない。01年参議院選挙で見られた浮動票効果現象が、03年総選挙でも継続しているかどうかという点でいえば、それはかろうじて継続していたといえるだろう。

以上の論点を、さらに市区町村レベルにおける有権者規模との関連で分析してみたい。図5は、全国の市区町村を有権者規模によって6つに分割し、それぞれのグループにおける有効投票率、自民党得票率の平均値を算出した結果である。有権者規模は、1万人未満をⅠ、1万人以上3万人未満をⅡ、3万人以上5万人未満をⅢ、5万人以上10万人未満をⅣ、10万人以上30万人未満をⅤ、30万人以上をⅥとしている。なお、1つの市や区でありながら、選挙区の区割りにおいて分割された地域については、その分割地域の有権者数ではなく、分割地域が属する市区全体の有権者数によって分類を行っている。

図5 有権者規模と比例代表の有効投票率、自民党得票率

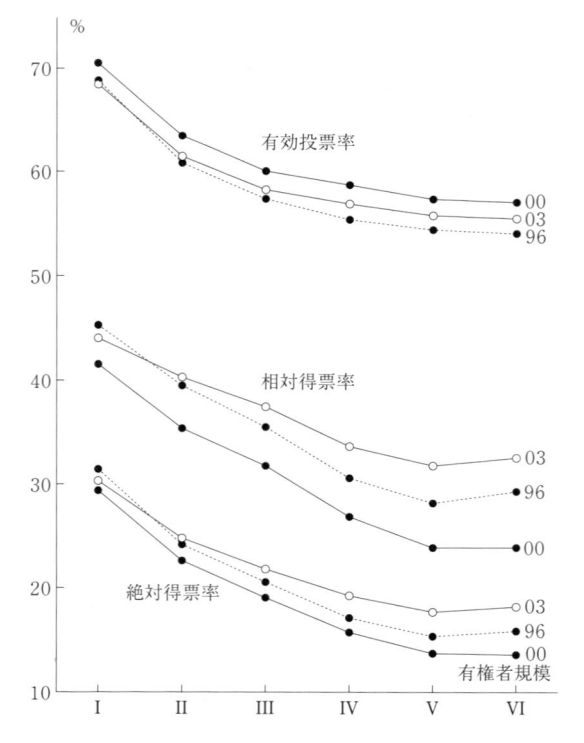

まず有効投票率を見ていくと、96年に比べて00年は全体に上昇しているが、有権者規模が大きな地域ではその程度がより大きくなっている。

03年の場合は，有権者規模が小さい地域では96年と同じ水準にあるが，有権者規模が大きい地域では投票率の上昇が見られる。全国集計のデータのみを見ていたのでは，このような相違は見過ごされてしまう局面であるといえよう[8]。

次に自民党の得票率の変化を見ると，96年から00年にかけての得票率低下は，絶対得票率よりも相対得票率の方が大きく，浮動票逆効果の傾向が明瞭にあらわれている。相対得票率の低下の程度が，有権者規模の大きな地域で相対的に大きいことも確認できる。

96年から03年の場合の変化は一様ではなく，有権者規模が小さい地域では得票率は停滞し，有権者規模が大きい地域では得票率が上昇している。都市部における投票率の上昇が，自民党に有利に働いたことを推測させる結果である[9]。

3　比例代表部分の分析

投票率の動向が選挙結果にどのような影響を与えるかという分析に続いて，以下では，小選挙区比例代表並立制という制度が，選挙行動や選挙結果にどのような影響を与えているかという観点から分析を行っていくことにしよう。

(1)　政党の基礎的集票力

8　03年の有効投票率変動の地域差は何によって生じているのだろうか。後節で触れるように，有権者規模が小さい地域が属する小選挙区の多くが圧勝型の選挙区であることを考えると，そのことが動員サイドの働きかけの低下・有権者の選挙に関する関心の低下をもたらしたという可能性を指摘することができる。市区町村ごとに接戦度（有効投票に占める1位と2位の票差の割合）を算出しその平均値を見ると，Ⅰ：29.41，Ⅱ：21.08，Ⅲ：19.61，Ⅳ：12.68，Ⅴ：11.11，Ⅵ：11.05，という結果であった。

9　農村部における自民党票の伸び悩みの原因については，①小泉改革によって打撃を受けることになる農村部で自民党支持が低下した，②選挙協力の関係で公明党に自民党票が流出したといった解釈（以上，蒲島郁夫『戦後政治の軌跡　自民党システムの形成と変容』岩波書店，2004年，第16章）の他に，前注と同じような可能性を考えて見る必要があるだろう。

旧制度の中選挙区制では、有権者は候補者に投票することになっており、政党の基礎的集票力を正確に把握することはできなかった。しかし一般的には、同じ政党に所属する候補者得票の集合体を政党得票とする擬制が行われてきた。選挙分析も、この擬制を前提に行われてきたが、候補者要因が投票行動を強く規定する日本においては、このような擬制には少なからず問題があった。

　96年の総選挙から導入された新制度の比例代表部分では、有権者は政党に票を投ずることになっている。つまり、このとき初めて衆議院総選挙における政党の基礎的集票力を知ることが可能となったわけである。そこで本節では、政党の基礎的集票力を把握するために、まず比例代表部分の選挙結果の分析を個別に行いたい[10]。

　各政党の基礎的集票力を把握する際は、投票率の増減に影響を受ける相対得票率ではなく、有権者を分母とした絶対得票率を使用するのがよいだろう。表3は、前節と同様に、全国の市区町村を有権者規模によって6つに分割し、それぞれのグループにおける各政党の絶対得票率の平均値を算出したものである。

　有権者規模と得票率との間に明確な傾向が見られるのが、自民党である。自民党は、有権者規模が小さいほど集票力が高くなり、他の政党を圧倒している。有権者規模ⅠとⅣ、Ⅴ、Ⅵとの差も著しい。その他の政党にも、一定の傾向はあるが自民党ほど強いものではない。

　過去3回の変化という点で注目されるのが、民主党の躍進である。民主党は、すでに00年の段階で有権者規模Ⅴ、Ⅵでの絶対得票率の平均値が第1位であったが、03年選挙ではⅣにおいても自民党を追い抜き、Ⅲでもほぼ互角の集票力を示している[11]。有権者規模と集票力との間に明確な傾向

---

[10] 主要政党は比例代表11ブロックのすべてに候補者名簿を提出しているので、本章では煩雑さを避けるために、比例の競争を1つの競争とみなして分析することにする。ただし、ブロックごとに第1党と第2党とが入れ替わることがあること、比例代表の集計単位がブロックと全国の場合では、当然のことながら、議席の配分に若干の差が生まれてくる点は留意しておきたい。得票集計単位の問題については、蒲島郁夫『戦後政治の軌跡　自民党システムの形成と変容』岩波書店、2004年、382－383頁参照。

表3 有権者規模別にみた主要政党の集票力（1996年総選挙）

自民党	比例全体	地域数	候補者有	地域数	候補者無	地域数	小選挙区	地域数
I	31.33	1840	31.68	1766	22.89	74	39.14	1766
II	24.14	839	24.31	806	19.95	33	31.12	806
III	20.44	221	20.56	209	18.44	12	26.54	209
IV	16.90	221	17.14	212	11.41	9	21.44	212
V	15.32	213	15.42	206	12.49	7	18.82	206
VI	15.85	51	15.92	49	14.93	2	19.17	49
新進党	比例全体	地域数	候補者有	地域数	候補者無	地域数	小選挙区	地域数
I	17.46	1840	19.83	1228	12.69	612	24.81	1228
II	16.88	839	18.89	564	12.77	275	26.37	564
III	16.42	221	17.82	164	12.37	57	22.23	164
IV	15.71	221	16.28	180	13.19	41	18.89	180
V	15.27	213	15.67	186	12.57	27	18.60	186
VI	15.39	51	16.15	40	12.63	11	18.98	40
民主党	比例全体	地域数	候補者有	地域数	候補者無	地域数	小選挙区	地域数
I	7.49	1840	12.78	517	5.42	1323	15.39	517
II	7.63	839	11.43	242	6.09	597	13.75	242
III	7.57	221	10.11	65	6.51	156	11.16	65
IV	8.95	221	11.22	93	7.31	128	11.88	93
V	10.28	213	11.93	134	7.48	79	12.95	134
VI	9.76	51	10.69	34	7.91	17	10.99	34
社民党	比例全体	地域数	候補者有	地域数	候補者無	地域数	小選挙区	地域数
I	4.23	1685	6.71	300	3.69	1385	10.66	300
II	4.08	801	7.00	123	3.55	378	10.71	123
III	4.01	214	7.51	31	3.41	183	11.89	31
IV	3.77	214	6.50	29	3.34	185	10.39	29
V	3.69	200	5.25	29	3.42	171	6.26	29
VI	3.65	51	6.54	6	3.27	45	12.34	6
共産党	比例全体	地域数	候補者有	地域数	候補者無	地域数	小選挙区	地域数
I	5.70	1840	5.68	1827	7.74	13	5.00	1827
II	6.08	839	6.06	835	10.32	4	5.86	835
III	6.58	221	6.53	219	11.82	2	6.40	219
IV	7.88	221	7.89	219	7.31	2	8.13	219
V	8.16	213	8.06	213	0.00	0	8.10	213
VI	7.82	51	7.82	51	0.00	0	7.59	51
さきがけ	比例全体	地域数	候補者有	地域数	候補者無	地域数	小選挙区	地域数
I	1.57	1060	8.95	108	0.74	952	22.59	117
II	1.21	475	6.03	43	0.73	432	19.60	43
III	1.47	138	9.00	13	0.69	125	18.46	13
IV	1.16	128	5.60	13	0.66	115	15.81	13
V	0.98	92	4.03	7	0.73	85	11.21	8
VI	0.63	25	0.00	0	0.63	25	9.82	1
新社会	比例全体	地域数	候補者有	地域数	候補者無	地域数	小選挙区	地域数
I	1.45	1840	3.79	203	1.16	1637	5.62	203
II	1.07	839	2.27	74	0.95	765	3.97	74
III	1.08	221	3.22	19	0.88	202	4.36	19
IV	0.95	221	1.80	31	0.81	190	3.04	31
V	0.94	213	1.64	32	0.82	181	2.93	32
VI	0.76	51	0.97	8	0.72	43	1.41	8

表3つづき　有権者規模別にみた主要政党の集票力（2000年総選挙）

自民党	比例全体	地域数	候補者有	地域数	候補者無	地域数	小選挙区	地域数
I	29.36	1821	29.57	1753	23.84	68	44.65	1753
II	22.55	834	22.90	787	16.67	47	35.25	787
III	19.12	225	19.37	207	16.29	18	30.78	208
IV	15.81	228	16.49	197	11.52	31	26.25	196
V	13.66	222	14.11	193	10.65	29	23.23	193
VI	13.57	53	13.91	47	10.91	6	22.91	47
民主党	比例全体	地域数	候補者有	地域数	候補者無	地域数	小選挙区	地域数
I	13.22	1821	15.30	1185	9.35	636	19.65	1185
II	13.89	834	15.22	628	9.86	206	19.57	628
III	13.60	225	14.93	154	10.72	71	18.30	155
IV	15.24	228	16.02	190	11.31	38	20.58	189
V	15.97	222	16.48	198	11.74	24	21.50	198
VI	15.08	53	15.81	45	11.01	8	19.87	45
公明党	比例全体	地域数	候補者有	地域数	候補者無	地域数	小選挙区	地域数
I	8.95	1821	7.50	8	8.95	1813	44.04	8
II	7.53	834	8.33	9	7.53	825	22.27	9
III	7.36	225	9.33	2	7.34	223	28.88	2
IV	7.61	228	10.25	16	7.42	212	19.59	16
V	7.61	222	9.83	22	7.36	200	18.42	22
VI	8.14	53	10.51	6	7.83	47	17.48	6
社民党	比例全体	地域数	候補者有	地域数	候補者無	地域数	小選挙区	地域数
I	5.89	1821	9.13	445	4.84	1376	11.78	445
II	5.83	834	9.01	191	4.89	643	12.00	191
III	6.18	225	10.18	53	4.95	172	14.87	53
IV	5.41	228	8.37	34	4.89	194	11.29	34
V	5.42	222	7.30	49	4.89	173	7.92	49
VI	5.30	53	6.89	17	4.55	36	8.70	17
共産党	比例全体	地域数	候補者有	地域数	候補者無	地域数	小選挙区	地域数
I	5.12	1821	5.12	1821	0.00	0	4.99	1821
II	5.42	834	5.42	384	0.00	0	5.57	384
III	5.89	225	5.89	225	0.00	0	6.30	226
IV	7.06	228	7.06	228	0.00	0	8.10	227
V	7.30	222	7.30	222	0.00	0	8.23	222
VI	7.03	53	7.03	53	0.00	0	7.58	53
自由党	比例全体	地域数	候補者有	地域数	候補者無	地域数	小選挙区	地域数
I	6.84	1821	10.51	298	6.12	1523	11.82	298
II	7.12	834	12.37	147	5.99	687	13.19	147
III	6.87	225	10.38	54	5.76	171	11.13	54
IV	6.40	228	9.11	47	5.70	181	11.15	47
V	6.24	222	7.95	51	5.73	171	7.24	51
VI	6.30	53	8.50	11	5.73	42	8.57	11
保守党	比例全体	地域数	候補者有	地域数	候補者無	地域数	小選挙区	地域数
I	1.15	314	7.56	35	0.35	279	42.19	49
II	1.05	188	4.74	26	0.46	162	18.68	35
III	1.06	55	4.77	8	0.43	47	28.89	12
IV	0.65	105	2.59	13	0.38	92	21.89	14
V	0.53	90	1.61	14	0.33	76	16.48	16
VI	0.49	28	1.62	2	0.40	26	21.15	3

表3つづき　有権者規模別にみた主要政党の集票力（2003年総選挙）

自民党	比例全体	地域数	候補者有	地域数	候補者無	地域数	小選挙区	地域数
I	30.25	1777	30.19	1687	31.38	90	42.35	1687
II	24.70	820	24.78	774	23.41	46	33.62	774
III	21.77	227	21.82	214	20.97	13	30.25	215
IV	19.22	235	19.50	210	16.92	25	26.46	209
V	17.76	236	17.86	215	16.74	21	23.99	215
VI	18.04	50	18.35	46	14.48	4	25.21	46
民主党	比例全体	地域数	候補者有	地域数	候補者無	地域数	小選挙区	地域数
I	20.10	1777	21.23	1351	16.51	426	21.38	1351
II	20.79	820	21.73	667	16.70	153	22.82	667
III	20.54	227	21.41	184	16.81	43	22.82	185
IV	22.04	235	22.28	223	17.61	12	24.19	222
V	22.24	236	22.51	224	17.25	12	24.51	224
VI	21.40	50	21.63	46	18.68	4	23.17	46
公明党	比例全体	地域数	候補者有	地域数	候補者無	地域数	小選挙区	地域数
I	10.40	1777	15.71	7	10.38	1770	31.58	7
II	8.64	820	9.03	2	8.64	818	27.34	2
III	8.33	227	0.00	0	8.33	227	0.00	0
IV	8.33	235	11.99	10	8.17	225	24.84	10
V	8.30	236	11.66	13	8.11	223	23.88	13
VI	8.82	50	13.32	3	8.53	47	25.88	3
社民党	比例全体	地域数	候補者有	地域数	候補者無	地域数	小選挙区	地域数
I	3.86	1777	6.57	445	2.95	1332	11.37	445
II	3.45	820	6.10	176	2.73	344	11.45	176
III	3.48	227	6.05	58	2.60	169	12.19	58
IV	2.73	235	4.83	38	2.32	197	8.81	38
V	2.69	236	3.84	45	2.42	191	6.05	45
VI	2.58	50	3.58	9	2.36	41	6.31	9
共産党	比例全体	地域数	候補者有	地域数	候補者無	地域数	小選挙区	地域数
I	3.99	1777	3.99	1777	0.00	0	3.98	1777
II	3.90	820	3.90	820	0.00	0	4.01	820
III	4.05	227	4.05	227	0.00	0	4.19	228
IV	4.64	235	4.64	235	0.00	0	4.98	234
V	4.77	236	4.77	236	0.00	0	5.05	236
VI	4.55	50	4.55	50	0.00	0	5.01	50

※　有権者規模は次の通り。
　　I：1万人未満　　　　　II：1万人以上3万人未満　　III：3万人以上5万人未満
　　IV：5万人以上10万人未満　V：10万人以上30万人未満　VI：30万人以上
※　1996年総選挙における地域数は3385（3370市区町村＋分割地域15）。1つの市や区でありながら選挙区の区割において分割されている地域は，分割された地域が属する市区の有権者数を基準にして計算処理を行った。
※　1996年比例代表の名簿提出状況は次のとおり。
　　自民11，新進11，民主11，社民10，共産11，さきがけ5，民改連1，自連合7，新社会11
※　2000年総選挙における地域数は3383（3368市区町村＋分割地域15）。1つの市や区でありながら選挙区の区割において分割されている地域は，分割された地域が属する市区の有権者数を基準にして計算処理を行った。
※　2000年比例代表で保守党が名簿を提出したのは3ブロックのみ。残りの政党は，全ブロックで提出している。
※　2003年総選挙における地域数は3345（3329市区町村＋16分割地域）。1つの市や区でありながら選挙区の区割において分割されている地域は，分割された地域が属する市区の有権者数を基準にして計算処理を行った。
※　2003年の比例代表では全政党が11ブロックで名簿を提出している。

がない点は，3回の選挙で共通している。

　残りの政党については，明暗がはっきりしている。集票力を維持している公明党に対し，社民党，共産党は大幅低下となっている。自民，民主を中心とする二大政党化の流れの中で，この2つの政党が埋没しつつあることがわかる。

(2)　連動効果

　以上で一応明らかにされた政党の集票構造は，実は，純粋な意味での政党の基礎集票力を示しているわけではない。比例代表における政党への投票と，小選挙区での候補者への投票が同時に行われる並立制においては，比例代表部分の選挙結果に小選挙区部分の動向が何らかの影響を与えている可能性があるからである。

　例えば，小選挙区部分に政党が候補者を立てるかどうかで，その地域における比例代表の政党得票の伸びには大きな差が生じることが予想される。前出の表3には，小選挙区に当該政党の候補者がいるかどうかを基準に比例代表の政党得票を振り分け，有権者規模別に絶対得票率平均値を算出した結果も掲載してある。表の見方を03年総選挙における民主党の有権者規模Ⅰの場合を例にとって説明しておく。有権者規模Ⅰに分類される地域のうち，民主党が候補者を立てた選挙区に含まれる地域は1351地域，候補者が存在しなかった選挙区に含まれる地域は426地域であった。それぞれの絶対得票率平均値を算出すると，「候補者あり」が21.23，「候補者なし」が16.51となり，両者の間に約4.7ポイントの差があることがわかる。

　全体として，候補者がいる場合といない場合とでは，当該地域における比例代表の政党得票率に大きな差が生じていることがわかる。小選挙区でその政党の候補者がいる場合は，いない場合よりも軒並み得票率が高くなっている。

　このように比例代表の選挙結果が，小選挙区の動向に左右される並立制

11　03年総選挙では民主党と自由党の合併が選挙結果にどのような影響を与えるかが注目されたが，試しに00年の民主党票と自由党票を足して同じ計算をしてみると，03年の民主党の値に近似する結果となる。旧自由党票の多くが民主党に流れたことが推測される。

では，小選挙区で候補者を多く擁立できる政党が有利になることはいうまでもない。300の小選挙区すべてに候補者を擁立することは，選挙区数約130の中選挙区に慣れ親しんできた日本の政党にとってはかなり高いハードルといえよう。中選挙区制最後の93年総選挙における候補者数は，自民党285，社会党142，公明党54，民社党28，共産党129，日本新党57，さきがけ16，新生党69であった。55年体制下においても，300以上の候補者を擁立し得たのは自民党だけであった。

96年，00年の選挙では，「連動効果」によって新進党，民主党は不利な戦いを展開してきたといえよう。そして，いかに300小選挙区で候補者を揃えるかが，自民党のライバル政党の課題となっていた。03年に関していえば，自民党と民主党の候補者擁立数は接近しており，「連動効果」による不利益を民主党はかなりの程度回避し，自民党とほぼ対等の条件で選挙戦を展開できたといえる。03年の比例代表において民主党が第1党になった理由を考える上で，重要な論点である。

ところで，このような「連動効果」については，「当該政党の候補者がいない地域は，当該政党の支持が弱い地域なのではないか。そうであれば，その地域の比例代表における当該政党の得票率が低いのは，当然の現象である」という疑問が生じる。この点に関しては，すでにスティーブン・R・リードが「前回候補者がいなかった選挙区に今回候補者が出た場合，その地域の比例代表得票は伸びるか」という分析を00年総選挙に関して行っている。そして，「候補者が出馬すれば比例代表の得票が伸び，撤退すれば比例代表の得票は減る」という分析結果を報告しており[12]，小選挙区における候補者の有無が比例代表の結果に影響を与えていることは疑いのないものとなっている。

ここで我々もリードと同じ観点から，「連動効果」の「動態分析」を試みよう。142頁図6は，前回から今回にかけての小選挙区の候補者の変化が，当該政党の比例代表にどのような変化を与えたかを視覚的に示したものである。なお，03年については，68選挙区で区割り変更があったので，区割

---

12 スティーブン・R・リード「並立制における小選挙区候補者の比例代表得票率への影響」『選挙研究』18号，木鐸社，2003年。

図6 連動効果の動態分析：比例代表の絶対得票率
（小選挙区単位）

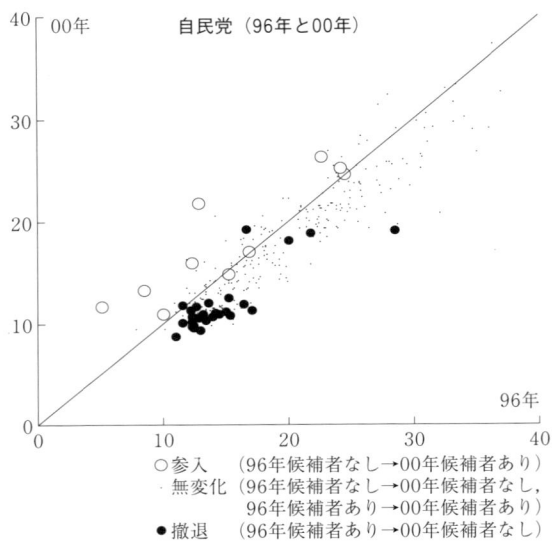

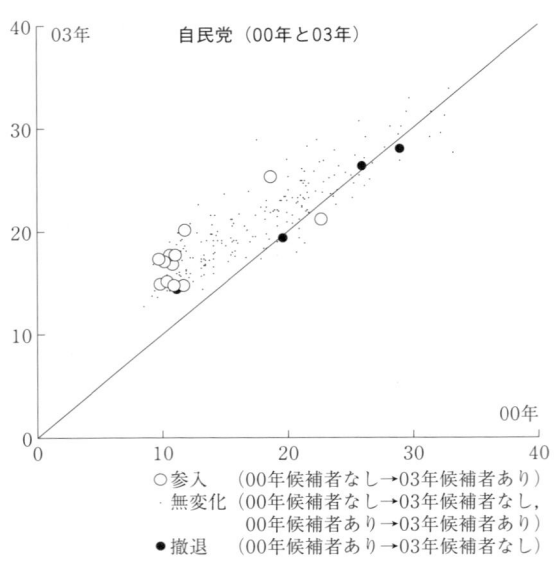

自民党（96年と00年）
○ 参入　（96年候補者なし→00年候補者あり）
・ 無変化（96年候補者なし→00年候補者なし，
　　　　　96年候補者あり→00年候補者あり）
● 撤退　（96年候補者あり→00年候補者なし）

自民党（00年と03年）
○ 参入　（00年候補者なし→03年候補者あり）
・ 無変化（00年候補者なし→03年候補者なし，
　　　　　00年候補者あり→03年候補者あり）
● 撤退　（00年候補者あり→03年候補者なし）

り変更のなかった232選挙区の当該候補者のみを対象としている。記号は，○が参入（前回候補者なし→今回候補者あり），・が無変化（前回候補者なし→今回候補者なし，前回候補者あり→今回候補者あり），●が撤退（前回候補者あり→今回候補者なし）である。図6には，自民党，民主党，社民党の結果を掲載したが，ほぼ仮説どおりの結果となっている。すなわち，小選挙区で候補者が参入すれば，比例代表の政党得票は増加し，小選挙区で候補者が撤退すれば，比例代表の政党得票は減少する[13]。

(3) 無効票の動向

「連動効果」の存在は，有権者が小選挙区を重視し比例代表を軽視した投票行動をとっているのではないかという

第 5 章 小選挙区比例代表並立制における政党・候補者の得票動向　143

点を示唆するものである。このような意識が有権者の中にあることは，両制度における無効票の分布からもうかがい知ることができる[14]。

表 1 にあるように，小選挙区と比例代表を比較した場合，比例代表の方で無効票が多いという点は興味深いことである。これは有権者の中に，小選挙区だけに票を投ずればよいという発想を持った人々がいることを示している。145頁 図 7 は，有権者規模別に無効票率（当該地域の有権者全体の中での無効票の割合）の平均値を算出してみたものであるが，比例代表において有意な差が見られる。比例代表では，有権者規模

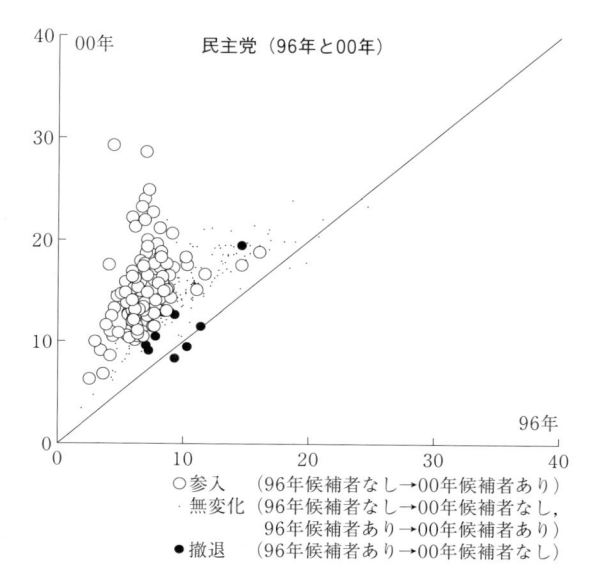

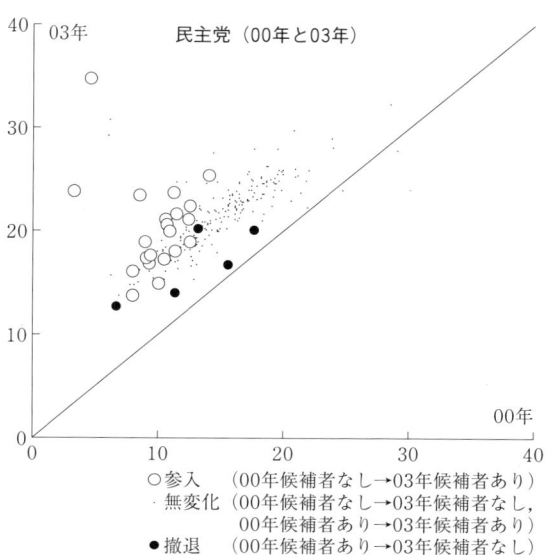

民主党（96年と00年）

○ 参入　　（96年候補者なし→00年候補者あり）
・ 無変化　（96年候補者なし→00年候補者なし，
　　　　　 96年候補者あり→00年候補者あり）
● 撤退　　（96年候補者あり→00年候補者なし）

民主党（00年と03年）

○ 参入　　（00年候補者なし→03年候補者あり）
・ 無変化　（00年候補者なし→03年候補者なし，
　　　　　 00年候補者あり→03年候補者あり）
● 撤退　　（00年候補者あり→03年候補者なし）

13　なぜこのような「連動効果」が発生するかについては，リードも述べるように，有権者中心の説明（小選挙区の候補者が政党の顔となることで政

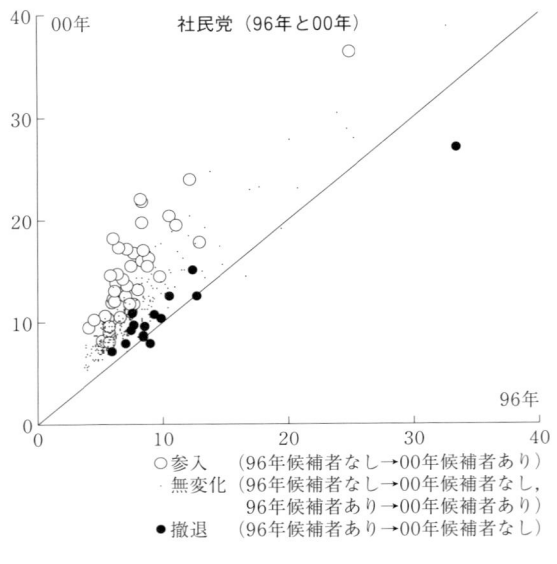

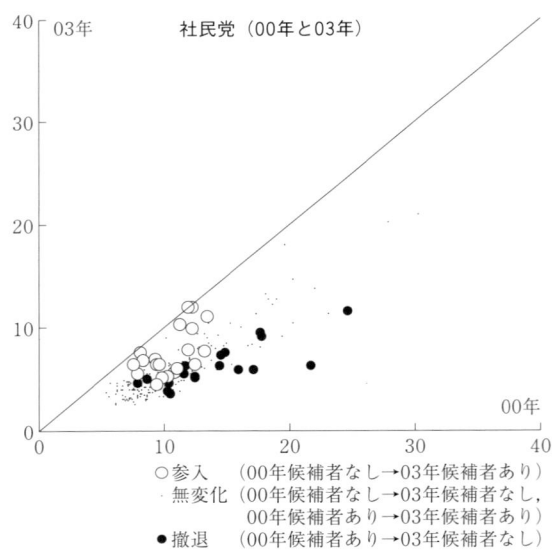

が小さい地域において無効票を投じる人が多いのである。有権者規模が小さい地域は，小選挙区で特定の候補者が圧勝している地域と重なる。これらの地域で小選挙区のために動員された人々が，比例では無効票を投じているという可能性がある。

4 小選挙区部分の分析

比例代表部分の分析によって，新制度下の選挙における勝敗の鍵は，小選挙区部分の動向にあることが明らかになった。そこで次に，小選挙区部分における候補者得票の分析に入っていくことにする。

(1) 有権者規模別にみた集票力

党のイメージが明確になりそのことが有権者の投票行動に影響を与える）と組織的要因からの説明（小選挙区候補者のための選挙運動が比例区キャ

第5章　小選挙区比例代表並立制における政党・候補者の得票動向　145

137-9頁表3には，同一政党に公認された候補者の得票を合計したものを政党得票とみなして比例代表と同様な形で各政党の絶対得票率平均値を有権者規模別に算出した結果も掲載している。

比例代表との比較で最も注目される点は，小選挙区では自民党の強さが継続しているという点である。これは，自民党ブランドに対する評価に陰りが見えて

図7　有権者規模別にみた無効票率の平均値

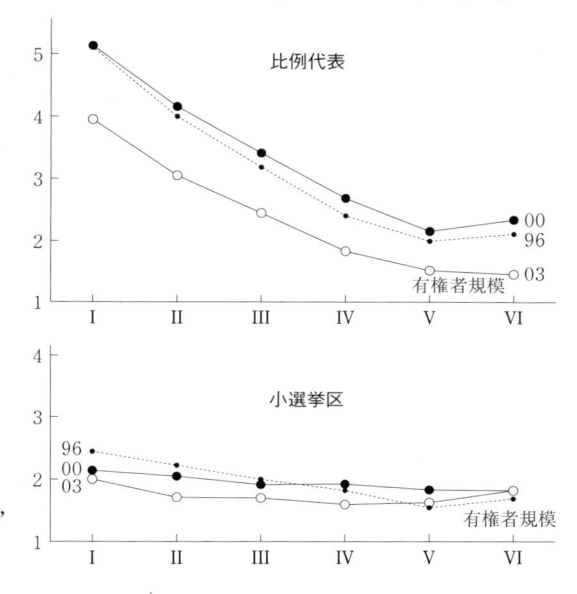

ンペーンにつながる）の2つが考えられる。この他にも，投票所での投票方法が，小選挙区に投票してから比例代表に投票するという順番になっているため，「人間の行動は先に起こした行動に規定される」といった要因を考えてみる必要があるかもしれない。なお，小選挙区と比例の連動に関する論点としては，小選挙区の候補者が比例代表に重複立候補することが当該地域の比例票にどのような影響を与えるか，というものもあるが，この点に関しては明確な傾向を発見できなかった。96年総選挙については，水崎節文・森裕城「得票データからみた並立制のメカニズム」『選挙研究』13号，木鐸社，1998年，00年総選挙については，水崎・森前掲論文「小選挙区比例代表並立制における地域票の動向」に若干の分析と考察が掲載してある。

14　ここでは，有効票にカウントされない全ての票（狭義の無効票と持ち帰り・不受理等を足し合わせた数）を無効票として扱っている。ところで，表1からもわかるように，03年総選挙は新制度導入後，最も無効票の少ない選挙であった（少ないといっても実数は比例代表で209万人，小選挙区169万人にもなる）。このような無効票の減少は，新制度の定着を示していると考えてよいだろう。ちなみに，中選挙区時代の有権者に占める無効票

いる比例代表とは対照的な結果である。

　民主党は，全体として得票水準が向上している。00年までの民主党は，有権者規模Ⅰ～Ⅵのすべてで自民党に負けていたが，03年はⅤにおいて1位になっている。比例代表ほどではないが，小選挙区においても，民主党が集票力を向上させつつあることがわかる。96年に見られたような有権者規模と集票力の高低にあった関係性が，00年，03年では見られなくなっていることが興味深い。これは民主党の候補者構成が，00年総選挙以降大きく変わったことと関係している[15]。

(2) 接戦度の分析

　小選挙区部分では，どのような選挙戦が展開されているのだろうか。分

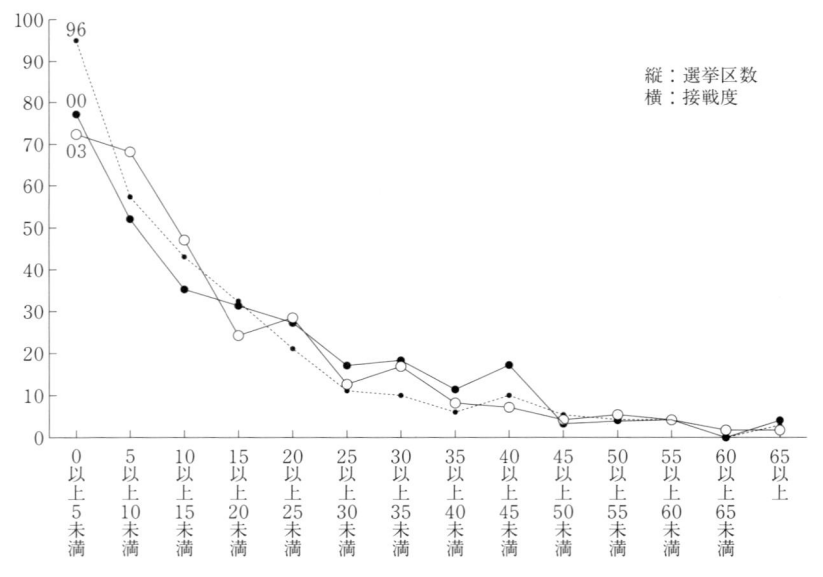

図8　小選挙区300の接戦度（1996，2000，2003年総選挙）

縦：選挙区数
横：接戦度

　の割合は，93年0.79％，90年0.57％，86年1.46％であった。
15　00年総選挙の小選挙区における民主党候補者242人中44人は，96年総選挙で同一選挙区から非民主党候補として立候補していた。内訳は，新進党36，社民党1人，さきがけ1人，民改2人，無所属4人である。

析の単位を候補者個人に戻して，選挙結果の分析を続けよう。図8は，3回の総選挙について，当選者と次点者の票差が選挙区有効投票に占める割合（相対得票率の差でもある。以下では接戦度と呼ぶことにする）を算出した結果である。この図から，接戦度の分布はかなり広いことがわかる。つまり，小選挙区部分の選挙戦の模様（接戦の度合）は，選挙区によって大きく異なっているのである。300ある小選挙区のうち，次点者に圧倒的な差をつけて当選者が決定した無風選挙区が，かなり存在することは注目されよう。

自民党，民主党，新進党（96年）の選挙実績と接戦度の関係を見ていこう。表4は，接戦度を便宜的にaからeの5段階に分けて選挙結果（各政党の候補者数，当選者数，次点者数，当該接戦度からの当選者の輩出率）を整理したものである。aは接戦度が5％未満，bは5％以上10％未満，cは10％以上20％未満，dは20％以上30％未満，eは30％以上，となっている。

これを見ると，自民党では圧勝して当選を勝ち取る候補者が多いことがわかる[16]。民主

表4　接戦度別にみた3政党の成績

接戦度		2003 自民	2003 民主	2000 自民	2000 民主	1996 自民	1996 新進	1996 民主
a 5未満	当選	26	34	26	35	49	36	8
	次点	35	28	41	23	37	37	9
	候補	63	68	70	69	93	86	59
	率	15.5	32.4	14.7	43.8	29.0	37.5	47.1
b 5以上 10未満	当選	35	28	22	19	29	24	3
	次点	29	34	23	18	19	25	5
	候補	65	64	46	42	54	52	31
	率	20.8	26.7	12.4	23.8	17.2	25.0	17.6
c 10以上 20未満	当選	37	27	42	17	38	26	3
	次点	30	36	16	32	30	26	10
	候補	67	66	58	55	74	57	34
	率	22.0	25.7	23.7	21.3	22.5	27.1	17.6
d 20以上 30未満	当選	29	10	34	7	18	8	2
	次点	8	27	7	27	11	12	4
	候補	37	37	41	39	30	21	14
	率	17.3	9.5	19.2	8.8	10.7	8.3	11.8
e 30以上	当選	41	6	53	2	35	2	1
	次点	4	25	2	33	0	17	4
	候補	45	32	56	37	37	19	5
	率	24.4	5.7	29.9	2.5	20.7	2.1	5.9

※　接戦度＝（当選者得票－次点者得票）／選挙区有効票×100
※　率＝当該接戦度における当選者数／政党の全当選者×100

16　かつて猪口孝は「多元的な競争関係の契機と予測可能性をもつ安定化の契機が共存していることが自民党組織を説明する」と指摘していたが（猪口孝「自民党研究の複合的視点」『レヴァイアサン』9号，1991年秋，木鐸社，14頁），中選挙区廃止・並立制の採用とともに，このような自民党

党の場合は，接戦の末に当選を勝ち取るパターンが多数派となっている。ただ，03年では，接戦度 c, d, e での当選者も増えており，今後の動向が注目されるところであった。

(3) 連続立候補者の動向

次に，同一選挙区から連続して立候補した候補者に着目することで，小選挙区における選挙変動を把握したい。なお00年と03年の比較に関しては，68選挙区で区割りの変更があったため，これをどう処理するかが問題となる[17]。最も単純な方法は，区割りの変更がなかった232選挙区だけを分析対象にするという方法であり，本章ではその方法を採用してみた。

まず，前回当選者の再選率を計算すると，次のとおりであった。00年自民党82％，03年自民党84％，00年民主党94％，03年民主党83％，00年社民党100％，03年社民党0％，03年公明党100％。現職の再選率は全般的に高いが，落選者もかなり存在することがわかる。現職落選という場合では，自民党と民主党の間で議席変動が起こるケースが多い。

図9は，横軸に前回の絶対得票率，縦軸に今回の絶対得票率をとり，全連続立候補者をプロットしたものである。前回と今回の絶対得票率が同じであれば，候補者は対角線上にプロットされることになる。図中の記号だが，「連続当選」＝○，「前回当選→今回落選」＝●，「前回落選→今回当選」＝△，「連続落選」＝・，という意味をそれぞれ表わしている。

この図で興味深いのは，絶対得票率を低下させながら当選する候補者もいれば，絶対得票率を伸ばしても落選してしまう候補者がいるという点である。特に前回当選しながら今回落選した候補者（●印）のかなりの部分は，得票水準を維持しているか，得票水準を向上させていることが注目される。これは，選挙区における候補者数の減少[18]や有力候補者への票の集

組織の特性は大きく変化したように見える。たとえば，自民党の党勢全体の「停滞」が指摘されながら，それへの対応が党内で活性化しなかったのは，候補者個人レベルの「安泰」が存在したからであろう。

17 今回の区割り変更は，大掛かりかつ複雑なものであった。区割り変更の詳細については，総務省が詳細な情報をインターネット上で提供しているので参照されたい。http://www.soumu.go.jp/senkyo/senkyoku.html

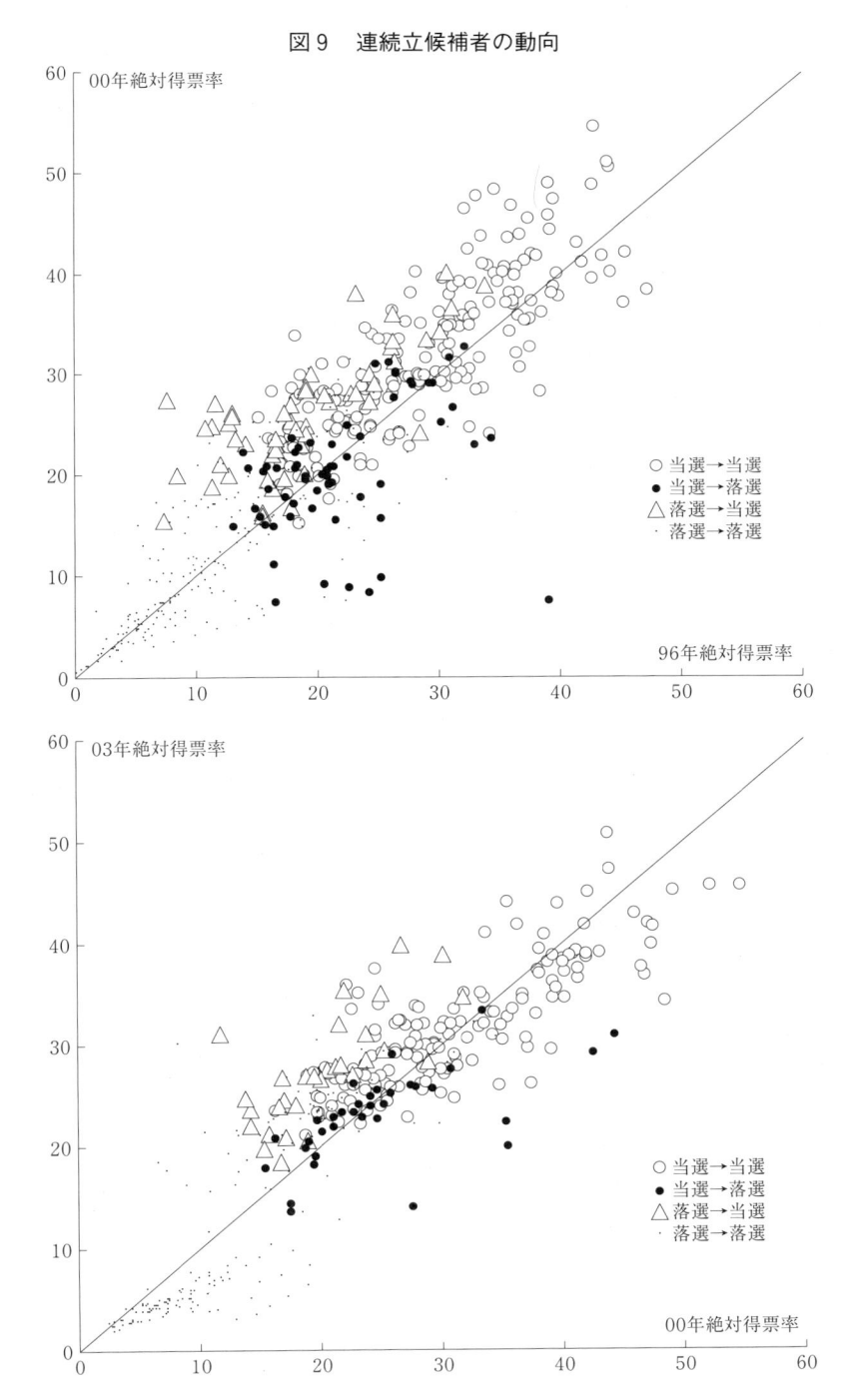

第5章　小選挙区比例代表並立制における政党・候補者の得票動向　149

図9　連続立候補者の動向

00年絶対得票率／96年絶対得票率

○ 当選→当選
● 当選→落選
△ 落選→当選
・ 落選→落選

03年絶対得票率／00年絶対得票率

○ 当選→当選
● 当選→落選
△ 落選→当選
・ 落選→落選

中などにより，当選のための敷居が高くなっている選挙区で起こる現象といえよう。現職の落選と聞くと，得票減による落選をイメージしがちだが，そのようなわかりやすい落選は本章が扱う期間の選挙では稀なケースであることを指摘しておきたい。

ところで，前回当選今回落選の候補者には何か共通点があるのだろうか。1つ挙げるとすれば，前回の勝利が接戦の末の勝利であった候補者が今回落選しているという点がある。図10は，前回当選→今回落選という結果であった候補者の当該選挙区における前回の接戦度（有効票に占める当選と次点の票差）を見たものであるが，大半の選挙区で接戦度が10ポイント以内におさまっている。

前回圧勝しながら今回敗北した候補者もいるが，それは特異な事例というべきである。そのような事例には，保守陣営が分裂したケースや候補者のスキャンダルなどで選挙区内の支持が激減したケースが見られる。

03年総選挙では，接戦度10％未満という選挙区は140あった。それ以前の2回の経験を当てはめれば，次回の選挙で議席変動が起こるとすれば，これらの選挙区で起こる可能性が最も高いといえよう。

5 　選挙協力と選挙結果

00年総選挙以降，小選挙区における多くの自民党候補が公明党の推薦を受けるようになり，選挙結果の解釈は一層難しくなった。自民党候補の勝利は公明党の選挙協力による見かけ上のものでないかという議論がなされるようになったからである。本節では，自公選挙協力に関する先行研究を紹介しつつ，その効果を検討したい。

(1) 小選挙区における自民党と公明党の選挙協力

選挙協力の効果を測定する際によく利用されるのが，比例代表における政党票を当該政党の基礎票とみなし，それを基準に小選挙区における選挙協力の効果を推定するという方法である。

18 　300の小選挙区全体の候補者数は，1261人（96年），1199人（00年），1026人（03年）となっている。

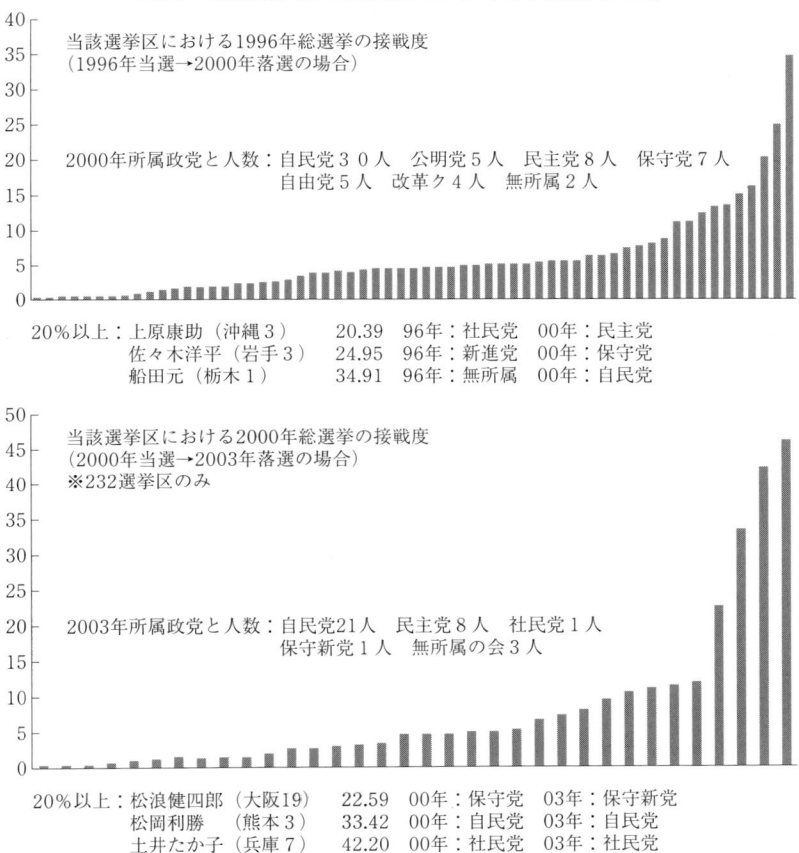

第5章　小選挙区比例代表並立制における政党・候補者の得票動向　151

図10　現職落選者の前回選挙における次点者との差

当該選挙区における1996年総選挙の接戦度
（1996年当選→2000年落選の場合）

2000年所属政党と人数：自民党30人　公明党5人　民主党8人　保守党7人
　　　　　　　　　　　自由党5人　改革ク4人　無所属2人

20％以上：上原康助（沖縄3）	20.39	96年：社民党	00年：民主党
佐々木洋平（岩手3）	24.95	96年：新進党	00年：保守党
船田元（栃木1）	34.91	96年：無所属	00年：自民党

当該選挙区における2000年総選挙の接戦度
（2000年当選→2003年落選の場合）
※232選挙区のみ

2003年所属政党と人数：自民党21人　民主党8人　社民党1人
　　　　　　　　　　　保守新党1人　無所属の会3人

20％以上：松浪健四郎（大阪19）	22.59	00年：保守党	03年：保守新党
松岡利勝（熊本3）	33.42	00年：自民党	03年：自民党
土井たか子（兵庫7）	42.20	00年：社民党	03年：社民党
村岡兼造（秋田3）	46.13	00年：自民党	03年：自民党

　たとえば蒲島郁夫は，このような方法による分析結果をもとに，公明党の選挙協力効果の大きさを強調している。具体的には，「公明党が比例区で獲得したうちのどれくらいを動かせば，その自民党候補が落選するか」を計算し，「2000年の選挙について同様の分析を行った際は，比例区で公明党に投票した有権者のうちの6割が自民党候補に投票したという仮定で34人が落選を免れていた。今回，この数は53人に増えている。同様に公明党票の8割が自民党に投票したという仮定では，前回は44人だったのが今回

は77人に膨れ上がっている。自民党小選挙区当選者のうちの半数近くが公明党の票に頼るようになってきているのである」と報告している[19]。

　他党との選挙協力なしでは小選挙区で当選者を出せないというのは，実は，公明党の側にも当てはまる。この点を指摘するのが，西平重喜である。西平も，比例代表の政党票を当該政党の基礎票と捉え，03年総選挙について次のような解釈を示している。「公明党が当選した9選挙区の次点候補の得票は，いずれもその小選挙区の公明党の比例票より多かった。したがって，公明党の当選者は自民党との共闘なしには当選できなかった。逆に自民党の168人の当選者のうち，半分以上の88人はその小選挙区の自民党の比例票だけで次点をオーバーしていたから，公明党の支援は必要なかった。しかし自民党が当選した80選挙区の比例票は次点候補に劣るものであった。そのうち2人は公明党の比例票を加えてもなお次点候補に追いつかなかったから，この2人は野党候補者のおかげも受けたのである。残る78候補は比例選挙で公明党とした人たちの協力により当選したことになる。すなわち自公のバランスシートを見れば，公明党は自給率が低く，自民党の支援がなければ1人も当選できなかったはずである。しかし自民党の方は自給率の平均が約7割であるから，おそらく公明党の支援が絶対に必要だったものは20人前後にすぎなかったろう。したがって公明党にとっては自民党との共闘は欠かせなかったが，自民党にとっての共闘の成果は，自公候補の並立による共倒れを防いだという，消極的なものであった。しかし自公の共闘なしには小泉首相の冒頭の宣言（「与党が過半数を占めたから，国民の信任を得た」－引用者注）は出来なかったろう[20]。」

　同じような計算処理をしていても，蒲島と西平の解釈に大きな相違があるのは興味深いところであるが，以上は「自民党と公明党が互いの選挙協力を得られない場合どうなるか」という観点からの分析であった。言うまでもないが，この分析では「選挙協力が不調に終わった場合，相手政党の票がどの政党に流れるか」を考慮しないものである。しかし，政党政治の

19　蒲島前掲書『戦後政治の軌跡』岩波書店，2004年，第16章。
20　西平重喜「並立制の欠陥が浮き彫りに」（市場調査　NO.258）2004年1月号，9頁。

展開次第では,相手政党の票が特定政党に流れるという可能性も十分あり得る。さらに仮定の議論を進めて,「相手政党が他党と選挙協力を結んだらどうなるか」という状況を考えてみることも意味があるだろう。

自民,公明,民主,社民,共産という政党配置において,自民党が社民党,共産党と選挙協力を結ぶという可能性は低い。あり得るのは,公明党が民主党の側につくというケースだろう[21]。こうしたケースを想定して,公明党比例票を小選挙区の民主党候補の得票に足すという計算を03年総選挙について行うと,自民党の当選168という結果は,当選68,落選77,計算不能23(小選挙区に民主党候補がいない)という結果に変わり,自民党の敗北は必至となる。

(2) 公明党推薦の有無と自民党候補の成績

公明党の選挙協力効果を測定する方法には,公明党がどの自民党候補に「推薦」を出したかを調べ,「推薦あり」の自民党候補者と「推薦なし」の自民党候補者の選挙結果を比較するという方法もある。

表5は,03年総選挙について,公明党の推薦の有無と自民党候補の選挙結果をまとめたものである。推薦を受けた候補の当選率67%(133/198)と,推薦を受けなかった候補の当選率44%(35/79)の間にはかなりの開きがある。この事実から,公明党の選挙協力効果の大きさを強調する報道もあったが,公明党が「当選の可

表5 公明党推薦の有無と自民党候補の選挙結果

公明党推薦の有無と自民党候補者の当落

	推薦あり	推薦なし
	198人	79人
小選挙区当選	133人	35人
小選挙区落選	65人	44人
比例復活当選	27人	10人
完全落選	38人	34人

前職,元職,新人別に見た場合

		前職	元職	新人	全体
自民全体	候補者	189人	33人	55人	277人
	当選者	141人	11人	16人	168人
	当選率	74.6%	33.3%	29.1%	60.6%
推薦あり	候補者	150人	18人	30人	198人
	当選者	114人	5人	14人	133人
	当選率	76.0%	27.8%	46.7%	67.2%
推薦なし	候補者	39人	15人	25人	79人
	当選者	27人	6人	2人	35人
	当選率	69.2%	40.0%	8.0%	44.3%

---

21 蒲島が重視するのは,この点である。蒲島の論調が自民党に対して悲観的であるのは,公明党の戦略的優位性を重視するからに他ならない。

能性が高い前職を中心に推薦を出した」という経緯があったという点も事実であり[22]，たとえば，前職か元職か新人かを区別して表を作ると，かなり違った印象になる。自民党前職だけを取り出して当選率を算出すれば，推薦ありは76％，推薦なしが69％となる。

　公明党の推薦効果は，間違いなく存在すると考えられるが，その程度については，各種の要因をコントロールした上で，その効果を慎重に見積もる必要がある。この点に関しては，すでに川人貞史が，自民党候補者の選挙区得票率を従属変数とし，自民比例得票率，公明比例得票率，公明推薦，自民前職，民主前職，投票率を独立変数とする回帰分析を行い，「公明党の推薦を受けた自民党候補はそうでない候補よりも得票率が2.6％あるいは2.8％多くな」ることや（2.6が00年総選挙，2.8が03年総選挙の場合），「公明党比例得票率が１％増加すると，小選挙区の自民党候補得票率が増加する程度が，前回よりも今回の方がいっそう多い」という結果を得たことを報告している[23]。

　実際のところ，自民党の各候補者は，公明党から推薦を受けることで，どの程度の票の上積みに成功しているのだろうか。連続する２回の選挙に同じ選挙区から立候補した自民党候補者をとりあげ，この問題を検討してみよう。図11は，連続立候補者の絶対得票率の変化を示したものである（03年総選挙については232選挙区のみ分析対象とした）。

　00年総選挙に関しては，公明党推薦あり候補者（112人）は平均して絶対得票率を＋3.85ポイント上昇させているのに対し，推薦なし候補者（80人）は平均＋2.46ポイントの上昇にとどまっている。得票増の傾向は両グルー

---

[22] 小選挙区の候補者推薦の決定は，「公明党の都道府県本部に対する各党の地方組織からの推薦依頼を基に，党本部が地元の意見を聞きながら検討」（『デイリーニュース』2003年10月17日付）した上で，党本部の常任役員会で行われる。03年総選挙では５回に分けて推薦候補が決定・発表された。第１次98人（前職73人，元職14人，新人11人），第２次73人（前職57人，元職３人，新人13人），第３次22人（前職17人，元職１人，新人４人），第４次３人（前職２人，新人１人），第５次２人（前職１人，新人１人）である。

[23] 川人貞史『選挙制度と政党システム』木鐸社，2004年，第10章「2003年総選挙における政党と有権者」。

第5章 小選挙区比例代表並立制における政党・候補者の得票動向　155

図11　公明党の推薦の有無と自民党連続立候補者の得票変動

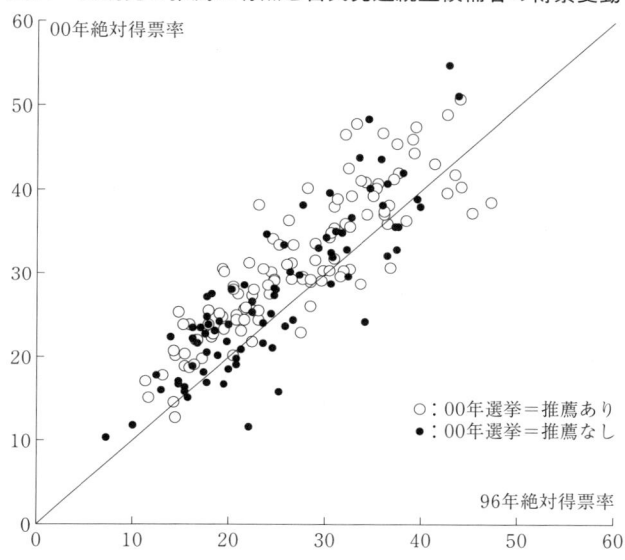

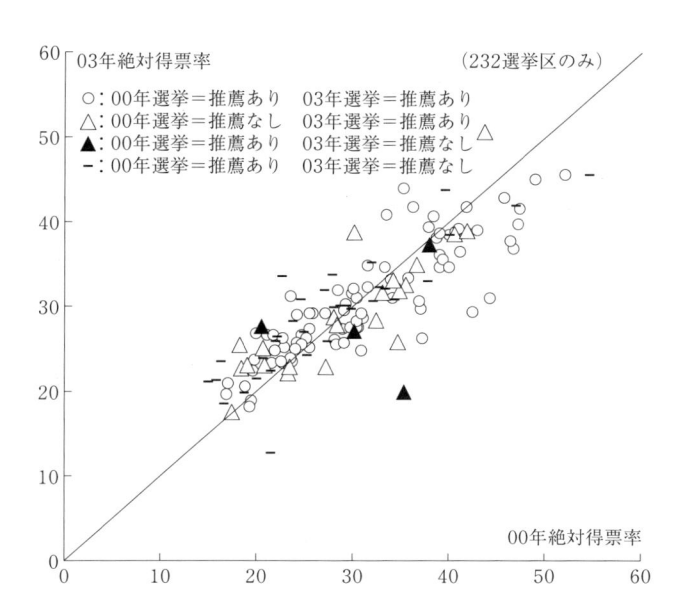

○：00年選挙＝推薦あり
●：00年選挙＝推薦なし

00年絶対得票率
96年絶対得票率

○：00年選挙＝推薦あり　03年選挙＝推薦あり
△：00年選挙＝推薦なし　03年選挙＝推薦あり
▲：00年選挙＝推薦あり　03年選挙＝推薦なし
－：00年選挙＝推薦あり　03年選挙＝推薦なし

03年絶対得票率　　　　　　　　（232選挙区のみ）
00年絶対得票率

プに共通しているが，推薦あり候補者の方はその程度が大きい。03年総選挙に関しては，推薦あり→推薦ありの候補者（83人）は平均−0.82ポイント，推薦あり→推薦なしの候補者（4人）の平均は−3.06ポイント，推薦なし→推薦ありの候補者（22人）の平均は＋0.13ポイント，推薦なし→推薦なしの候補者（34人）の平均は＋1.13ポイントとなっており，公明党の推薦効果は判然としない。図を見てもわかるように候補者間のバラツキは大きく，公明党の推薦さえ受ければ得票が一律に増加するというわけではなさそうである[24]。

公明党の選挙協力については，それが小選挙区での「当選者の数」だけではなく，「当選者の顔ぶれ」を変える影響力を持っている点にも注意する必要があるだろう。具体的に言えば，「小選挙区で落選した場合，比例代表で重複立候補している候補者が復活当選できるかどうか」という点でも影響を与えているのである。153頁表5にあるように，推薦ありの方では27人が小選挙区では落選しながら，重複立候補をした比例代表で当選を果たしている。彼らは，公明党の推薦がなければ，落選する可能性が一番高かった人々であり，最も公明党のありがたさを感じた人々ではないだろうか。

6　小括

小選挙区比例代表並立制においては，1回の選挙で実際には311（小選挙区300＋比例代表11ブロック）の競争が行われている。総選挙の全国集計の結果は，その別個に行われた競争の結果を単純に足し合わせたものに過ぎない。それゆえ，全国集計の結果のみで有権者がどの政党を支持したのかを議論すると，思いもよらない間違いを犯すことがある。

しかしその一方で，311の競争が別個に行われているからといって，それをそのまま記述するだけでは，選挙研究は研究として成立しない。1回の総選挙における結果の複雑さを，どの程度まで単純化して把握することが

24　公明党が党として推薦しなくても，公明党支持者の多くは自民党に投票していると蒲島郁夫は指摘している（蒲島前掲書，377頁）。03年総選挙における公明党の推薦効果が見えにくくなっているのは，自民党と公明党の連立が定着したことにより，推薦の有無に関係なく公明党支持者は自民党に投票するようになったからかもしれない。

許されるのか。この点に対する解答（あるいは感触）を得るには，今しばらくは，選挙結果をいくつかの局面に分解し，それぞれの局面でどのような変動があったのかを確認する作業を続けていく必要があろう。

　以上のような関心から本章では，①投票率の動向，②比例代表における「連動効果」，③小選挙区における接戦度の相違，④公明党の選挙協力効果に関して，基礎的なデータを提示しつつ，小選挙区比例代表並立制における選挙変動を分析した。次章では引き続き，新制度の小選挙区部分における地域票の動向を検討したい。

第6章

小選挙区における地域票の動向

　小選挙区制の導入によって，候補者の旧来の集票領域はどのように再編されたのだろうか。小選挙区における自民党候補者の強さについては，公明党の選挙協力の問題を含め，さまざまな観点から検討されるべきであろうが，長らく地域票の動向を追跡してきた我々としては，中選挙区時代から継続する強固な得票構造の存在を指摘したい。

　本章の前半では，中選挙区制廃止・小選挙区制導入にともなう地盤継受の問題を検討する。そして，①旧制度である中選挙区制下で培われた選挙地盤が小選挙区においても効果的に再編されており，自民党の連続立候補者に有利に働いたこと，②旧来の地盤が1つの選挙区で競合することになった自民党候補者間では，小選挙区・比例代表交互立候補方式（いわゆるコスタリカ方式）が用いられ，地盤をめぐる決定的な対立が回避されたケースが少なからずあることを明らかにする。

　本章の後半では，小選挙区制導入から2度の選挙を経て行われた選挙区制変更の問題について検討を加える。ここでは，小選挙区に対応して地域偏重型候補者がほとんどいなくなっていたこともあって，中選挙区時代であれば大問題になったと思われる区制変更が，大きな混乱もなく受け容れられていった事実を明らかにする。この他，現在進行中の市町村合併の問題も取り上げておきたい。小選挙区制の導入により，国民が代表者を選ぶ選挙区の領域は極端に小さくなったわけが，いわゆる「平成の大合併」により，国民の生活の基盤である市町村はその領域を拡大している。その結果，複数の選挙区にまたがる自治体が多数登場しつつあり，このことが今

後想定される区割変更において,無視できない問題になることを指摘する。

1　小選挙区制導入にともなう集票領域の連続と変化

本節では,中選挙区制廃止・小選挙区制導入にともなう選挙地盤の移行問題を検証しよう。

(1)　選挙区形成のパターン

これまで本書の中で明らかにしてきたとおり,中選挙区時代の自民党候補は,選挙区内の特定地域に強固な集票領域(地盤)を形成する傾向があった。小選挙区への移行に際して,その領域が極端に分断されることがなければ,中選挙区で培養された地盤は効果的に活かされるであろう。自民党が新しい小選挙区において多くの圧勝選挙区を抱えているということから,旧来の中選挙区における地盤が,選挙区割の再編においても自民党候補に有利に継受されたのではないかと予想される。

まずは新しい選挙区がどのように形成されたかを確認しよう。新選挙区の地域的構成は,旧選挙区との関係において次の4類型に分けられる。

A＝旧選挙区の全地域がそのまま新しい単一選挙区を形成(8選挙区)
B＝旧選挙区の全地域に他の選挙区の一部を加えて単一選挙区を形成(2選挙区)

表1　93年・96年連続立候補者政党別・選挙区類型別一覧

93年＼96年	自民	社会	公明	民社	共産	社連	日本	さきがけ	新生	諸派	無属	計	当選	(率)
自　民	168			3			1				9	181	137	(75.7)
新　進	22	1	23	13			24	2	48		8	141	71	(50.4)
民　主	1	38		1		1	10	5		1	5	62	13	(21.0)
社　民		18									1	19	4	(21.1)
共　産					61							61	2	(3.3)
さきがけ							2	8				10	2	(20.0)
民　改		1									1	2	1	(50.0)
自　連				1			2				3	6	0	
新　社		1									1	2	0	
諸　派										1	2	3	0	
無　属	6	5					1			2	2	6	22	5	(22.7)
計	197	64	23	18	61	1	40	15	50	4	36	509	235	(46.2)

C区＝新選挙区が旧選挙区の一部のみで構成
D区＝新選挙区が旧選挙区の一部と他の選挙区の一部とで構成 }C・D区は旧選挙区が分割編入された新

C＝旧選挙区の一部地域だけで新しい単一選挙区を形成（249選挙区）
D＝複数の旧選挙区内の一部地域を合わせて新しい単一選挙区を形成（41選挙区）

この4類型のうちA・Bは，これまで人口が極端に少なかった選挙区で，新選挙区に移行しても地域の構成に大きな変化はなく，たとえば96年総選挙では，計10選挙区の当選者がすべて93年からの連続当選で，しかも自民5人を含む7人は93年も1位当選であった。新選挙区への地盤の継受の状況をみるには，旧選挙区内の地盤が何らかの形で分割再編されたC・Dが

表2　96年C・D類型区で93年RS≧0.3の候補者（自民党）

氏名(RS順)	旧	RS	新	類型	当○	(A)%	(B)%
武部　勤	北海道5	0.51	北海道12	C	○	27.7	2.6
斉藤文昭	福島2	0.51	福島4	C		23.7	1.0
保利耕輔	佐賀全	0.50	佐賀3	C	○	30.3	5.4
小川　元	長野3	0.47	長野4	D	○	40.1	4.7
菊池福治郎	宮城2	0.47	宮城6	C		21.6	5.8
近岡理一郎	山形2	0.43	山形3	D	○	31.2	4.3
荒井広幸	福島2	0.42	福島3	C		14.3	2.6
古屋圭司	岐阜2	0.42	岐阜5	C	○	24.8	3.4
杉浦正健	愛知4	0.41	愛知12	C	○	18.1	4.3
坂井隆憲	佐賀全	0.40	佐賀1	C		15.4	4.4
谷津義男	群馬2	0.39	群馬3	C	○	23.6	8.4
根本　匠	福島1	0.37	福島2	C		19.2	3.2
久野統一郎	愛知2	0.37	愛知8	C		10.4	4.7
宮下創平	長野3	0.36	長野5	C		23.4	7.2
山本公一	愛媛3	0.36	愛媛4	C		25.1	16.3
額賀福志郎	茨城1	0.35	茨城2	C		24.2	6.1
津島雄二	青森1	0.35	青森1	D		22.2	6.5
中川昭一	北海道5	0.35	北海道11	C	○	27.8	6.4
渡瀬憲明	熊本2	0.35	熊本5	C		20.3	5.6
佐藤剛男	福島1	0.34	福島1	D		12.9	4.5
林　幹雄	千葉2	0.34	千葉10	C		14.5	4.7
久間章生	長崎1	0.33	長崎2	C		17.1	6.5
浦野烋興	愛知4	0.33	愛知11	C		25.5	6.1
虎島和夫	長崎2	0.33	長崎3	D	○	22.3	6.1
石川要三	東京11	0.33	東京25	C		18.8	4.0
藤井孝男	岐阜2	0.33	岐阜4	C	○	21.8	10.0
栗原博久	新潟2	0.33	新潟4	D		33.8	13.9
相沢英之	鳥取全	0.32	鳥取2	C		17.2	4.5
戸塚進也	静岡1	0.32	静岡1	C		4.5	9.8
森　英介	千葉3	0.32	千葉11	C	○	16.7	8.0
河村建夫	山口1	0.32	山口3	C		18.4	5.0
亀井久興	島根全	0.31	島根	C	○	18.0	5.2
横内正明	山梨全	0.31	山梨3	C		19.9	6.0
堀内光雄	山梨全	0.31	山梨2	C	○	29.0	8.0
加藤卓二	埼玉3	0.30	埼玉11	C	○	21.0	4.2

C・D区でRS≧0.3	当選（率）
35	30 (85.7)
7	3 (42.9)
5	1 (20.0)
1	0
0	0
1	1 (100.0)
0	0
0	0
0	0
2	1 (50.0)
51	36 (70.6)

選挙区を指す

表3　93年・00年連続立候補者　政党別・選挙区類型別一覧

93年＼00年	自民	社会	公明	民社	共産	社連	日本	さきがけ	新生	諸派	無属	計	当選（率）
自民	140						4	4	8		9	165	127 (77.0)
民主	7	25		9		1	19	5	10	1	5	82	43 (52.4)
公明			16								1	17	7 (41.2)
社民		9									1	10	2 (20.0)
共産					31							31	0
保守	2	1					1		6			10	5 (50.0)
自由	2		3	3			2		11		1	22	2 (9.1)
自連		1					2			1	3	7	1 (14.3)
改ク	1							1				2	0
無会	1								2			3	2 (66.7)
諸派										1		1	0
無属	5						1	1		1	5	13	4 (30.8)
計	158	36	19	12	31	1	28	11	38	3	26	363	193 (53.2)

検討の対象となる。

(2)　選挙区再編と地盤の継続

　地盤継受を実際の得票データからとらえるために，93年－96年総選挙の連続立候補者にスポットを当ててみよう。表1に見られるように，連続立候補者は509人であるが，その当選率は46.2％ときわめて高い（全候補者の当選率は23.8％）。これを政党別に見ると，自民党の連続立候補者の当選率は群を抜いて高く75.7％となる。

　次に，これらの自民党連続立候補者のうち，93年総選挙でRS指数が0.3以上の地域偏重型候補者をC・D類型の選挙区から拾い出してみると，その当選率はさらに85.7％と跳ね上がる。RS指数は，候補者の得票が選挙区内の特定地域に偏っている度合いを示す数値であるが，93年総選挙での全候補者の平均値は0.1461，自民全候補者の平均値は0.1974であり，指数0.3以上の候補者はかなり特定地域重点型候補とみてよい。つまりこれらの候補者は，93年までの選挙において，中選挙区内の一部に強固な集票領域を形成していたのだが，新選挙区においてもその地盤は極めて効果的に受け継がれたものと考えられる。

　そこでこの条件に該当する35人の自民党候補者について連続する2つの選挙における地域票の継受関係を示したのが前頁表2である。（A）欄は，旧選挙区内で新選挙区に編入された地域での93年総選挙における当該候補

C・D区で RS≧0.3	当選（率）
37	32 (86.5)
5	3 (60.0)
—	—
—	—
—	—
—	—
—	—
—	—
1	—
43	35 (81.4)

者の絶対得票率を示し，（B）欄は，編入されなかった地域での絶対得票率を示している。掲載したほとんどの候補者について，2つの領域での得票率の差は破格的である。ここでは便宜的にRS指数0.3以上を示したが，それを0.25まで下げたとしてもほぼ同様な傾向が看取される。

　00年総選挙に関しても，同様の分析をした結果が表3と次頁表4である。この選挙でC・D類型の小選挙区から立候補した自民党候補者で，中選挙区制最後の選挙であった93年総選挙でRS指数0.3以上の候補者を抽出すると，その数は37人になる（96年総選挙で比例から立候補した候補者や非自民で立候補していた候補者が存在するので顔ぶれには若干の違いがある）。この37人のうち，32人が当選を果たしており，当選率は86.5％となる。これらの数値を見る限り，中選挙区時代に地域偏重的得票構造を持っていた候補者は，00年総選挙でも有利な選挙戦を展開したといえる。

　集計データから示されるこうした実態をゲリマンダーとして政治的に批判するのは，皮相的な見方だろう。本書の中ですでに明らかにしたように，中選挙区時代の候補者の地盤は，伝統的に形成された生活圏に沿って固められていた。新選挙区の区画はおそらく地域の生活圏を尊重して行われたであろうから，結果として特定候補の地盤が温存されることになったというのが真相ではなかろうか。小選挙区導入における区割策定において，誰の，どのような意図が働いたかを検証することは，重要な研究課題であるが，本書の課題を超えるものである。ここでは，中選挙区制における自民党の多数派制覇の一要因であった地域偏重的集票メカニズムが，選挙区再編の中で特定地域では効果的に作動し，小選挙区における自民勝利を支えたという事実を指摘するにとどめたい[1]。

1　ここで付記しなければならないことは，この分析はRS指数が高い候補者についての検証であって，指数が平均値以下の主として都市型選挙区の自民党候補者は，当然のことながら（A）欄と（B）欄との得票率は接近しており，選挙区再編にかかわらず健闘しているケースが多いということ

表4　00年 C・D 類型区で93年 RS ≧0.3の候補者（自民党）37人

候補者 (RS順)	93年 選挙区	RS	当落	96年 選挙区	当落	00年 選挙区	類型	当落	(A) %	(B) %
武部勤	北海道5区	0.51	○	北海道12区	○	北海道12区	C	○	27.7	2.6
保利耕輔	佐賀全県区	0.50	○	佐賀3区	○	佐賀3区	C	○	30.3	5.4
遠藤武彦	山形1区	0.49	×	山形2区	○無属	山形2区	C	○	24.7	2.8
小川元	長野3区	0.48	○	長野4区	○	長野4区	D	×	40.1	4.7
穂積良行	福島2区	0.47	○	比例(東北)	○	福島3区	C	×	16.2	2.0
園田博之	熊本2区	0.47	○さき	熊本4区	○さき	熊本4区	C	○	26.8	6.4
土井喜美夫	宮城2区	0.45	×無属	宮城5区	×新進	宮城5区	D	×	18.3	2.4
近岡理一郎	山形2区	0.43	○	山形3区	○	山形3区	D	○	31.2	4.3
古屋圭司	岐阜2区	0.42	○	岐阜5区	○	岐阜5区	C	○	24.8	3.4
北村直人	北海道5区	0.41	○新生	北海道13区	○新進	北海道13区	C	○	28.2	5.0
金子一義	岐阜2区	0.41	○	比例(東海)	○	岐阜4区	C	○	23.2	6.4
杉浦正健	愛知4区	0.41	×	愛知12区	○	愛知12区	C	○	18.1	4.3
坂井隆憲	佐賀全県区	0.40	○	佐賀1区	×	佐賀1区	C	○	15.4	4.4
谷津義男	群馬2区	0.39	○	群馬3区	○	群馬3区	C	○	23.6	8.4
根本匠	福島1区	0.37	○	福島2区	○	福島2区	D	○	19.2	3.2
笹川堯	群馬2区	0.37	○無属	群馬2区	○新進	群馬2区	D	○	38.4	15.1
宮下創平	長野3区	0.36	○	長野5区	○	長野5区	C	○	23.4	7.2
山本公一	愛媛3区	0.36	○	愛媛4区	○	愛媛4区	C	○	25.1	16.3
額賀福志郎	茨城1区	0.35	○	茨城2区	○	茨城2区	C	○	24.2	6.1
津島雄二	青森1区	0.35	○	青森1区	○	青森1区	D	○	22.2	6.5
中川昭一	北海道5区	0.35	○	北海道11区	○	北海道11区	C	○	27.8	6.4
佐藤剛男	福島1区	0.34	○	福島1区	○	福島1区	D	○	12.9	4.5
林幹雄	千葉2区	0.34	○	千葉10区	○	千葉10区	C	○	14.5	4.7
中村正三郎	千葉3区	0.33	○	比例(南関東)	○	千葉12区	C	○	16.7	3.7
久間章生	長崎2区	0.33	○	長崎2区	○	長崎2区	C	○	17.1	5.5
栗原博久	新潟2区	0.33	○無属	新潟4区	○	新潟4区	D	○	33.8	13.9
虎島和夫	長崎2区	0.33	○	長崎3区	○	長崎3区	D	○	22.3	6.1
石川要三	東京11区	0.33	×	東京25区	○	東京25区	C	○	18.8	4.0
相沢英之	鳥取全県区	0.32	○	鳥取2区	○	鳥取2区	C	○	17.2	4.5
戸塚進也	静岡1区	0.32	×	静岡1区	×	静岡1区	C	×	4.5	9.8
森英介	千葉2区	0.32	○	千葉11区	○	千葉11区	C	○	16.7	8.1
河村建夫	山口1区	0.32	○	山口3区	○	山口3区	C	○	18.4	5.0
亀井久興	島根全県区	0.31	×	島根3区	○	島根3区	C	○	18.0	5.2
宮路和明	鹿児島1区	0.31	○	比例(九州)	○	鹿児島3区	D	○	23.5	7.3
横内正明	山梨全県区	0.31	○無属	山梨3区	○	山梨3区	C	○	19.9	6.0
堀内光雄	山梨全県区	0.31	○	山梨2区	○	山梨2区	C	○	29.0	8.0
加藤卓二	埼玉3区	0.30	○	埼玉11区	○	埼玉11区	C	×	21.0	4.2

2　地盤の競合と自民党の対応

(1)　自民党が直面した問題

　旧来の地盤の新選挙区への移行が，すべて自民党にとって有利に展開し

である。

うる仕組みになっていたのかというと，必ずしもそうではなかった。小選挙区制は自民党に有利だといわれてきたが，深刻なアキレス腱になりかねない側面も持っていた。第1に非自民勢力による対抗馬の一本化，第2に有力候補者の地盤の分断，第3に新選挙区内での自民党候補者の立候補をめぐる競合である。第1の問題は非自民各党間の不調和と並立制の採用によってほぼ回避され，第2は主として一部都市型地域に限られていたので，ここでは第3の問題に焦点を当ててみよう。この第3の問題は，自民党執行部が対応を誤れば，地方組織を巻き込んだ自民党の新たな分裂を生む可能性のある問題であった。

　旧来の中選挙区において例えば3人の自民党候補者がそれぞれ「すみわけ」によって地盤を形成しているにもかかわらず，それが2選挙区に分割されると候補者調整は深刻となる。このようなケースは少なからずあったが，ここでは旧福島2区と旧岐阜2区の事例をとりあげてみることにする。両選挙区ともC類型に属し，選挙区単位の地域偏重的集票の度合いを示すDS指数は93年総選挙でそれぞれ0.4307，0.3821で，全国129選挙区中4位，7位にランクされ，またそれぞれ3人計6人の自民党候補者のRS指数は0.3以上，うち5人は0.4以上という超地域偏重型選挙区であった。

　旧福島2区は，郡山市部分を除いては新3区と4区に分割されたが，斉藤文昭の地盤である県西部の会津若松市，喜多市，北会津郡，耶麻郡，河沼郡，大沼郡は新4区に編入された。一方新3区は穂積良行の地盤・白河市，須賀川市，西白河郡，東白川郡，石川郡と，荒井広幸の地盤・田村郡，そして2人の競合領域の岩瀬郡で構成された。新4区では斉藤文昭が問題なく公認候補となるが，新3区では，候補者調整の結果荒井広幸が公認を受け，穂積良行は比例代表ブロックに単独1位でランクされ，以後両者の間で小選挙区・比例代表交互立候補方式（いわゆるコスタリカ方式）が確認された。161頁表2に示したように，新4区の斉藤文昭は旧2区で絶対得票率23.7％の領域を選挙区に引き継ぎ，他選挙区に移動した領域の得票率は1.0％に過ぎない。同様に，新3区の荒井広幸は引き継いだ領域の得票率は14.3％，移動した領域は2.6％である。また次回に新3区で交代立候補を予定される穂積良行についていえば，16.2％と2.0％となる[2]。

　旧岐阜2区は，全領域が新4区と5区に分割されたが，古屋圭司の強力

な地盤・瑞浪市，恵耶市，土岐市，土岐郡，恵耶郡，そして他候補と競合する領域の多治見市，中津川市がそっくり新5区を形成した。一方新4区は，藤井孝男の地盤・美濃加茂市，可児市，郡上郡，加茂郡，可児郡と，金子一義の地盤・高山市，益田郡，大野郡で構成された。新5区では古屋圭司が問題なく公認を受けたが，新4区の候補者調整は両者が譲らず難航し，最終的にはコスタリカ方式で決着し，藤井孝男が公認を受け，金子一義は比例代表東海ブロックに単独1位でランクされた。161頁表2に示したように，新5区の古屋圭司が旧2区から引き継いだ領域では絶対得票率24.8％，他の領域では3.4％である。藤井孝男は3人の候補の中では集票領域がやや広いが，それでも引き継いだ領域では21.8％，他の領域では10.0％である。藤井に代わる次回候補予定の金子一義は23.2％と6.4％となる。

　この2つの事例は，中選挙区から小選挙区に移行する際に，一方では旧来の地盤を最大限に活用しながらも，地盤の競合による候補者間の対立が顕在化した場合は，並立制の比例代表部分を利用することによってそれを回避するという自民党の巧みな選挙戦略が示されている。

(2) コスタリカ方式

　福島3区と岐阜4区で見られたようなコスタリカ方式は，それ以外の選挙区でも採用されている。表5は，毎日新聞が特定した96年総選挙のコスタリカ方式13件（うち1件は民主党）を整理したものである。これらの候補者の前回93年総選挙でのRS指数は，ほとんどが自民党候補者の平均値を大きく上回っており，これらの候補者間では深刻な地盤競合が起こっていたことが読み取れる。

　結果的には，参議院立候補とコスタリカ方式を組んだ1件を除けば，いずれも競合する一方が比例代表名簿に高位でランクされ，小選挙区，比例

2　福島4区には，本文記述の地域のほかに新進党の強力候補・渡部恒三の地盤・南会津郡が編入されており，さらに渡部氏の地盤を越えた広域的な集票力もあって，選挙結果では斉藤は苦杯をなめている。また，新3区の岩瀬郡は民主党・玄葉光一郎と渡部の強力な地盤で，これに穂積・荒井の自民2候補が迫っていた地域である。

表5　コスタリカ方式の選挙結果

当落			93年選挙区 RS		当落	順位			93年選挙区 RS
(自民党)									
○秋　田3	村岡兼造	(秋　田2 0.3253)	←→	○東　北	2位	御法川英文	(秋　田2 0.4470)
○福　島3	荒井広幸	(福　島2 0.4205)	←→	○東　北	1位	穂積　良行	(福　島2 0.4698)
○茨　城3	中山利生	(茨　城1 0.2387)	←→	○北関東	2位	葉梨　信行	(茨　城1 0.1910)
○群　馬1	尾身幸次	(群　馬1 0.1497)	←→	○北関東	4位	佐田玄一郎	(群　馬1 0.0963)
○群　馬3	谷津義男	(群　馬2 0.3901)	←→	○北関東	5位	中島洋次郎	(群　馬2 0.3428)
○千　葉6	渡辺博道		←→	○南関東	3位	井奥　貞雄	(千　葉4 0.1019)
○千　葉11	森　英介	(千　葉3 0.3178)	←→	○南関東	1位	石橋　一弥	(千　葉3 0.4536)
○千　葉12	浜田靖一	(千　葉3 0.2812)	←→	○南関東	2位	中村正三郎	(千　葉3 0.3324)
○新　潟6	高鳥　修	(新　潟4 0.2217)	←→	○北陸信越	1位	白川　勝彦	(新　潟4 0.2383)
○岐　阜4	藤井孝男	(岐　阜2 0.3236)	←→	○東　海	1位	金子　一義	(岐　阜2 0.4134)
○愛　媛1	関谷勝嗣	(愛　媛1 0.0664)	←→	参　院		塩崎　恭久	(愛　媛1 0.0310)
○鹿児島3	松下忠洋	(鹿児島2 0.2239)	←→	○九　州	6位	宮路　和明	(鹿児島1 0.3107)
(民主党)									
○宮　城5	安住　淳	(宮　城2 0.3588)	←→	○東　北	1位	日野　市朗	(宮　城2 0.1913)

※　コスタリカ方式を採用した候補者の特定については，『毎日新聞』1996年10月21日号による。

代表すべての候補者が当選を果たしていることが注目される。こうした戦略によって，自民党地方組織の対立は回避されたのであった。並立制は，中選挙区制とは原理的に異なった選挙制度ではあるが，このような地盤継受の状況からみると，長年培われてきた55年体制下の自民党勝利の構図は，自民党の巧みな戦略によって引き継がれたと言ってよいだろう。

　上記のコスタリカ方式をとった候補者たちが，00年総選挙でどのようになったかを簡単に記しておく。当初の予定どおり小選挙区と比例代表の候補者が入れ替わったというケースが8件（福島3区，茨城3区，群馬1区，千葉6区，千葉12区，新潟6区，岐阜4区，鹿児島3区），入れ替えを行わずに双方がそのまま小選挙区と比例代表で立候補したというケースが1件（秋田3区），前回96年に比例代表で当選した候補が立候補せず，小選挙区の当選者がそのまま立候補したというケースが2件（群馬3区，千葉11区），双方の当選者が立候補しなかったというケースが2件（愛媛1区，宮城5区）であった。

3　小選挙区制導入後の区割変更

　小選挙区制が導入されてから今日までの間に，すでに大掛かりな区割の変更が行われている。本節では，この区割変更が候補者にどのようなイン

パクトを与えたかを考察したい。

(1) 2002年の区割変更

公職選挙法の末尾に記載されている別表（各選挙区への市区町村配分）には、10年ごとに行われる国勢調査の結果によって更正するのを例とする旨の規定がおかれている。周知のように、小選挙区のもとでは選挙区人口の最大区と最小区の格差が2倍を超えると理論上違憲性の推定が可能となる。ある程度の人口差はやむを得ないとしても、1人に2人以上の権利は与えないという素朴な権利意識から、諸外国を含めて理論上も判例上も広く認められている考え方である。

中選挙区や大選挙区のような複数定員選挙区なら、選挙区割を変更するのではなく、選挙区定数を変更したり選挙区を増設することによって、1票の格差問題に対応することができた[3]。しかし、定数1の小選挙区では、そういう小手先の操作で問題を処理することはできない。しかも、選挙区面積が小さくなっているために、中選挙区時代よりも人口変動による1票の格差問題が生じやすくなっているのである。

現行の小選挙区制の最初の区割りに際して制定された「衆議院選挙区画定設置法」も、格差は「2倍を超えないこと」を基本とする旨を謳っていたが、実際に制定された1994年の区割においてすでに2.14倍の格差が生じていた（最大区は北海道8区の545,542人、最小区は島根3区の255,273人＝国調）。そして、1996年の最初の小選挙区選挙が行われた時点で、有権者数からみて最大区は神奈川14区の446,970人、最小区は島根3区の192,999人と2.32倍に拡大していた。さらに次の2000年総選挙では、最大区が神奈川14区の471,445人、最小区が島根3区の191,241人と2.47倍にまで拡大の一途をたどっていく。そこで行われたのが2002年7月の公職選挙法の改正であり、2000年の国勢調査に基づいて20都道府県68選挙区に及ぶ大掛かりな区割変更が実施された。

---

3 中選挙区時代の一票の格差問題、定数是正については、森脇俊雅『小選挙区制と区割』芦書房、1998年、田中善一郎『日本の総選挙 1946−2003』東京大学出版会、2003年、参照。

区割変更が行われた小選挙区が存在する都道府県は，北海道，秋田県，山形県，新潟県，埼玉県，千葉県，東京都，神奈川県，静岡県，愛知県，三重県，滋賀県，大阪府，徳島県，高知県，島根県，大分県，佐賀県，熊本県，沖縄県である。このうち，選挙区数が増加したのが埼玉県（14→15），千葉県（12→13），神奈川県（17→18），滋賀県（3→4），沖縄県（3→4），減少したのが北海道（13→12），山形県（4→3），静岡県（9→8），島根県（3→2），大分県（4→3）で，残りは選挙区数同数のままの区割変更であった。この結果，03年総選挙では最大区が千葉4区の459,501人，最小区が徳島1区の213,689人と格差2.15倍にまで縮小した[4]。

(2) 小選挙区における得票の地域偏重度

このような大掛かりな区割変更が，比較的抵抗なく実現したのはなぜだろうか。1つ指摘しておきたいのは，選挙区定数が複数の中選挙区制から定数1の小選挙区制に制度変更されることによって，選挙区内における得票の地域偏重度が，区割変更の前の時点で著しく緩和していたという事実である。

ここで小選挙区におけるDS指数，RS指数の算出結果を見ておこう。なお選挙区内の地域数が1という選挙区では，これらの指数は意味をもたないので，以下ではそのような選挙区とその選挙区に属する候補者を除いて計算処理を行ったことを予めお断りしておく。

表6は，DS指数・RS指数に関する基礎的データをまとめたものである。両指数とも，中選挙区制時代に比べると著しく低下しており[5]，それは新制度初の選挙であった96年総選挙の時点で明瞭に現れている。ちなみに，中選挙区制最後の選挙であった93年総選挙におけるDS指数の平均値は0.1474，RS指数の平均値は0.1461であった。

選挙区内における得票の地域偏重現象は，やはり中選挙区制に付随した

---

4 ちなみに2005年9月の総選挙の時点では，03年総選挙から1年10カ月しか経過していないこともあり，有権者数最大区は東京6区の465,181人，最小区は徳島1区の214,235人で，格差は2.17倍にとどまっている。

5 当選の見込みがない候補者に若干高めの値が算出されることはあるが，有力候補のRS指数は軒並み低い値になっている

表6　DS・RS指数に関する基礎データ（1996－2003年）

	1996年総選挙		2000年総選挙		2003年総選挙	
<DS指数>						
算出可能選挙区数	271		271		272	
指数の平均	0.0273		0.0256		0.0177	
指数の分布						
0.00≦DS＜0.05	229		241		250	
0.05≦DS＜0.10	32		22		17	
0.10≦DS＜0.15	7		4		5	
0.15≦DS＜0.20	3		2		0	
0.20≦DS＜0.25	0		1		0	
0.25≦DS＜0.30	0		0		0	
0.30≦DS＜0.35	0		1		0	
<RS指数>						
算出可能候補者数	1122		1074		926	
指数の平均（全候補）	0.0753		0.0745		0.0636	
指数の平均（自民党）	0.0574		0.0531		0.0428	
指数の分布	全候補	自民党	全候補	自民党	全候補	自民党
0.00≦RS＜0.05	480	140	445	131	469	173
0.05≦RS＜0.10	344	86	359	97	276	61
0.10≦RS＜0.15	172	23	169	9	119	16
0.15≦RS＜0.20	77	8	59	5	41	1
0.20≦RS＜0.25	30	3	19	3	16	0
0.25≦RS＜0.30	11	1	11	0	1	0
0.30≦RS＜0.35	3	0	5	0	1	0
0.35≦RS＜0.40	3	0	2	0	1	0
0.40≦RS＜0.45	2	0	4	0	2	0
0.45≦RS＜0.50	0	0	1	0	0	0

ものであり，中選挙区制の廃止・小選挙区制の導入によりそれはほぼ消滅したと判断してよいだろう。小選挙区制導入後も，特定候補者が相対的に強い地域というのは存在するが，中選挙区制時代と比較すれば，その程度は極めて軽いものとなっている。

　得票の地域偏重現象がないような状況下での区割り変更であれば，それほど大きな混乱は起こらないだろう。表7は，区割変更の対象となった68選挙区のDS指数（00年総選挙における値）を一覧にしたものである。DS指数は最高値でも0.1台である（0.1を超えるのは静岡7区と沖縄3区のみ）。区割変更の対象となった選挙区でも，得票の地域偏重はほとんどなかったことがデータから読み取れよう。

第6章 小選挙区における地域票の動向

表7 区割変更の対象となった68選挙区の00年総選挙における DS 指数

選挙区	地域数	DS	選挙区	地域数	DS	選挙区	地域数	DS	選挙区	地域数	DS
北海道6	1	—	千葉7	4	0.0331	静岡7	19	0.1627	徳島2	24	0.0463
北海道7	42	0.0350	千葉8	3	0.0050	静岡8	1	—	徳島3	23	0.0226
北海道10	27	0.0216	千葉9	10	0.0221	静岡9	13	0.0123	高知1	1	—
北海道12	26	0.0145	東京12	2	0.0184	愛知4	3	0.0119	高知2	29	0.0231
秋田1	12	0.0364	東京13	1	—	愛知5	3	0.0039	高知3	24	0.0394
秋田2	18	0.0421	東京18	3	0.0008	愛知6	9	0.0051	佐賀1	13	0.0735
山形1	4	0.0195	東京22	4	0.0052	愛知10	7	0.0450	佐賀2	21	0.0215
山形2	12	0.0212	神奈川7	4	0.0056	三重2	5	0.0038	佐賀3	15	0.0100
山形3	14	0.0250	神奈川8	2	0.0084	三重3	13	0.0082	熊本1	1	—
山形4	14	0.0112	神奈川9	3	0.0211	滋賀2	30	0.0214	熊本2	11	0.0116
埼玉1	2	0.0075	神奈川14	1	—	滋賀3	12	0.0445	大分1	1	—
埼玉4	5	0.0049	神奈川16	8	0.0089	大阪16	1	—	大分2	25	0.0264
埼玉5	2	0.0002	新潟1	1	—	大阪17	1	—	大分3	13	0.0193
埼玉13	7	0.0044	新潟2	33	0.0611	島根1	17	0.0313	大分4	20	0.0255
千葉3	3	0.0222	静岡4	4	0.0023	島根2	19	0.0151	沖縄1	10	0.0355
千葉5	2	0.0037	静岡5	3	0.0033	島根3	23	0.0147	沖縄2	21	0.0262
千葉6	3	0.0020	静岡6	6	0.0043	徳島1	3	0.0050	沖縄3	22	0.1196

※ 地域数1の場合は，DS指数は算出できない。

4　市町村合併と小選挙区の区割

　「平成の大合併」と言われた「合併特例法」（市町村合併の特例に関する法律－1999年改正）に基づく市町村合併も，06年度末の3月31日で一段落となった。この合併事業は，国の財政政策，地方公共団体の基本的位置づけと地方財政，住民福祉を中心とする国民生活の方向性など，さまざまな課題を提起してきたが，国民世論のなかで案外問題にされていないのが，合併と区割との関係である。

(1)　選挙区の領域と市区町村の領域

　都道府県そのものかその内部に選挙区があり，選挙区そのものかその内部に複数の地方公共団体（市区町村）が存在する。おそらく，これが私たちの長い間の常識であったといってよいだろう。ところが，こうした常識は小選挙区300の導入とその後の大規模な市町村合併の中で，次第にくずれつつある。小選挙区の導入により選挙区の領域は極端に小さくなった反面，平成の大合併により市町村の面積が拡大しているからである。

1票の格差が2倍未満になるように300選挙区の区割りを作成することは，実は，容易な作業ではない。人々の生活圏を単位として選挙区を形成しようとするならば，1つの選挙区を1つもしくは隣接する複数の自治体で構成することが求められる。小選挙区選挙がスタートした頃は，市町村も3200以上あり，何とか自治体を分断しないで選挙区を作ることができた。小選挙区制が実施された時点で，すでに複数の選挙区に足を乗せた自治体も存在していたが，それは例外的なものであった。具体的には，東京都の特別区（政令指定都市の区ではない）の大田区，世田谷区，練馬区，足立区，江戸川区，千葉県の市川市と松戸市，静岡県の浜松市，三重県の四日市市，大阪府の堺市，そして県庁所在地の岡山市，高知市，熊本市，大分市，鹿児島市の15地域である。これらの地域は人口の多さからいって，当初から分区はやむを得ない自治体であり，いずれも1つの小選挙区として包摂できない過剰人口部分を切り取って隣接する他の区域にくっつけたものであった。

(2)　平成の大合併が引き起こした問題

　1999年に改正された「市町村の合併の特例に関する法律」に基づいて，06年度末までに，膨大な数の市町村合併が実現した。06年度末の特例債適用終了時には，市町村数は1,822にまで減少し，この結果，単一自治体の領域が既存の選挙区の境界を越えてしまう地域が数多く生まれることになった。

　合併によって領域を拡大した市町村が衆議院選挙の選挙区で複数の選挙区にまたがった事例は，03年総選挙の時点では，わずか2件であった[6]。ところが，04年以降市町村合併が急速に進行したことによって，03年総選挙の時点では17にすぎなかった複数選挙区を包含する市区は，06年度末の時

　6　その1つは，03年4月に静岡市（1区）が4区の清水市と合併したため，静岡市は1区と4区とを抱え込むことになったこと。もう1つは，山口県で旧来の徳山市，新南陽市，鹿野町（いずれも1区）と熊毛町（2区）が合併し，新しく周南市が誕生したため，この新市は1区と2区とを包含することになったことである。選挙の執行は同一市の中に区ごとに2つの選挙管理委員会を設置して行われた。

点では実に76市区町（5区65市6町）に及んでいる。

極端な例としては，県内6選挙区のうち4選挙区にまたがってしまった新潟市がある。新潟市は平成の市町村合併を機に政令指定市への昇格を目指していた。政令指定都市になるための人口要件としては，80万人以上で将来的には100万人程度が期待できる都市とされてきたが，その後国の「市町村合併支援プラン」では05年度末までに大規模な合併が実現した場合には70万人にまで緩和するとされた。新潟市は同時期までに編入合併が予定されていた13市町村の推定人口を加えると，04年の時点で77.9万人と予測されており，実際には05年10月10日の最後の合併（西蒲原郡巻町）の時点では80万人を突破していた。

こうした情勢の中での政令指定都市への進行は，当然のことながら事実上の新潟市生活圏とみられる周辺市町村を包摂していかざるを得ない。そこには10年ほど前に政治的に確定された小選挙区の領域を考慮する余地などはなかったのであろう。むしろ現実の，そして当面の地域的課題の合理的選択が先行するのは当然のなりゆきだったといってよいだろう。

新潟県は6選挙区あるが，これまでは1区は旧新潟市だけで形成されていた。05年の総選挙当日で新潟県全体の有権者数が1,984,391人，旧新潟市のそれが421,223人であるので，選挙区平均人口としてはやや過剰気味であった。しかし今後事実上の新潟市の生活圏に包含されるであろう市町村は，2区，3区，4区の選挙区内の地域としてすでに地理的にも経済的にも隣接していたのである[7]。

新潟市が新たに包摂した地域の人口規模を05年9月11日の総選挙当日の有権者数で推定してみると，2区で新・新潟市となった西蒲原郡7町村（岩室村，西川町，味方村，潟東村，月潟村，中之口村，巻町）で59,183人，3区で新潟市となった旧・豊栄市で39,990人，4区で新潟市になった旧・新津市，白根市，中蒲原郡3町（小須戸町，横越町，亀田町）で131,821人，合計230,994人となり，これは旧・新潟市の有権者数の55%となる。要する

7　ちなみに，旧新潟市（1区）の外側南西の日本海沿岸に沿って2区が位置し，同市南部の内陸地に4区が位置し，さらに同市東北部に広く山形県・福島県に接する3区が位置している。

表8　特例法合併終了時点（2006.3.31）における複数選挙区包含市区町村一覧

都道府県	市区町村名	包含する選挙区	事由	都道府県	市区町村名	包含する選挙区	事由
青森県	青森市	1区・4区	◎	静岡県	静岡市	1区・4区	◎＊
岩手県	盛岡市	1区・2区	○		御前崎市	2区・3区	◎
宮城県	大崎市	4区・5区・6区	○		伊豆の国市	5区・6区	◎
茨城県	常陸大宮市	1区・4区	◎		浜松市	3区・7区・8区	◇◎
	水戸市	1区・2区	◎	愛知県	一宮市	9区・10区	◎
	下妻市	1区・7区	○		豊田市	11区・14区	◎
	笠間市	1区・2区	○	三重県	四日市市	2区・3区	◇
	小美玉市	2区・6区	○		津市	1区・4区	◎
栃木県	下野市	1区・4区	○	滋賀県	東近江市	2区・4区	◎
群馬県	太田市	2区・3区	◎	大阪府	堺市	15区・16区・17区	◇◎
	桐生市	1区・2区	◎	兵庫県	姫路市	11区・12区	○
	高崎市	4区・5区	◎	奈良県	奈良市	1区・2区	◎
	渋川市	1区・5区	○	島根県	雲南市	1区・2区	○
	みどり市	1区・2区	○		出雲市	1区・2区	○
埼玉県	春日部市	13区・14区	◎	岡山県	岡山市	1区・2区	○
	鴻巣市	6区・12区	○		吉備中央町	1区・5区	◎
	ふじみ野市	7区・8区	◎		真庭市	3区・5区	○
千葉県	市川市	5区・6区	◇		倉敷市	4区・5区	○
	松戸市	6区・7区	◇	広島県	江田島市	2区・6区	◎
	柏市	8区・13区	◎		東広島市	4区・5区	◎
	横芝光町	10区・11区	○		三原市	4区・5区・6区	◎
神奈川県	相模原市	14区・16区	△		尾道市	5区・6区	○
東京都	大田区	3区・4区	◇	山口県	周南市	1区・2区	◎＊
	世田谷区	5区・6区	◇	徳島県	美馬市	2区・3区	◎
	練馬区	9区・10区	◇	香川県	丸亀市	2区・3区	◎
	足立区	12区・13区	◇		高松市	1区・3区	◎
	江戸川区	16区・17区	◇	愛媛県	松山市	1区・3区	◎
山梨県	身延町	2区・3区	◎		内子町	2区・4区	◎
	笛吹市	1区・2区	◎	高知県	高知市	1区・2区	◇
	中央市	2区・3区	◎		いの町	2区・3区	○
	甲府市	1区・2区	○	佐賀県	佐賀市	1区・2区	◎
新潟県	新潟市	1区・2区・3区・4区	◎		武雄市	2区・3区	○
	長岡市	2区・4区・5区	◎		神埼市	1区・2区	○
富山県	富山市	1区・2区	◎	長崎県	長崎市	1区・2区	○
福井県	越前市	2区・3区	◎	熊本県	熊本市	1区・2区	◇
	福井市	1区・3区	○		山都町	3区・4区	◎
長野県	長野市	1区・2区	◎	大分県	大分市	1区・2区	○
岐阜県	岐阜市	1区・3区	○	鹿児島県	鹿児島市	1区・2区・3区	◇◎

（事由）
◇：小選挙区制実施当初から複数選挙区を包含
△：2000年の人口バランス補整の選挙是正で地域の一部が別の選挙区に移行
○：合併が05年9月12日以降なので，複数区包含の選挙はまだ実施されていない
◎：合併により複数区を包含し，すでに選挙が実施された
＊：複数区包含の選挙が，03年にすでに行われ，05年選挙で2回目の地域

（注）本表は各都道府県選管のホームページ，および中日新聞サンデー版「新日本地図—平成の大合併」（05.4.10）のデータを用いて作成した。

に新潟市は合併によりその人口を旧来の5割以上拡大させ，県内人口の3分の1を擁する巨大都市になったということである。

　以上，新潟市が県内6選挙区のうち4選挙区に足をおいているという事実に注目してみたが，これほど極端ではないにしても，こうした事例は他にも多くみられる（表8）。今回の大合併から取り残された自治体も多数にのぼり，それらの将来における更なる合併が想定される。表8を一瞥すればわかるように，自治体領域と選挙区領域との交錯は例外事例として済まされるものではなくなっている。

　国会議員は地域代表ではなく，国会は全国民を代表する選挙された議員で組織されるべきことが，憲法上の建前ではある（憲法43条）。しかし，1区1人の小選挙区制をとっているからには，建前は建前としても，特定の生活圏，行政単位，地域のまとまり等々を無視して選挙区が構成されることは好ましいことではない。市町村合併によって急速に地方の姿が変貌している中で，国民代表形成の根幹である選挙制度をどうしていくべきなのかについて，今後，道州制の導入まで含めて議論を積み重ねていく必要があるだろう。

第7章

2005年総選挙と政党システム

1　自民党勝利・民主党敗北の構図

　小選挙区比例代表並立制が導入されてから4回目となる05年総選挙は，歴史的な選挙になった。衆議院が解散された経緯，選挙に至るまでの各政党の動き，選挙の結果，そのすべてが既存の選挙政治に関する常識を超えるものであった。

　自民党は衆議院総定数の62％にあたる296議席を獲得した[1]。自民党が衆議院で単独過半数を超えたのは，90年総選挙以来15年ぶりのことである。これに対し，結党から順調に議席を伸ばしてきた民主党の獲得議席は113議席にとどまり，目標に掲げた単独過半数はおろか，前回03年総選挙と比較して64議席減の惨敗であった。その他の既存政党はほぼ現状維持であり，選挙間際に結党された諸新党にとっては苦しい戦いとなった。

　ここで選挙結果を選挙制度ごとに確認しよう。表1の上段は，小選挙区と比例代表のそれぞれの選挙制度における各党の獲得議席数をまとめたものであり，比較対象として前回の03年総選挙の結果も掲載してある。03年総選挙では，小選挙区と比例代表の第1党が食い違うという現象が見られたが，05年総選挙では自民党が両制度で1位となっている。議席の変動と

---

[1]　比例代表の東京ブロック（定数17）では，名簿登載人数の不足という理由で自民党に配分されるはずであった1議席を，社民党が代わりに獲得している。そのような事情がなければ，自民党の獲得議席は1議席多い297議席であった。

表1 選挙の結果（主要政党のみ）

	小選挙区		比例代表	
	2003年	2005年	2003年	2005年
自民党	168	219	69	77
	277	290	11	11
民主党	105	52	72	61
	267	289	11	11
公明党	9	8	25	23
	10	9	11	11
社民党	1	1	5	6
	62	38	11	11
共産党	0	0	9	9
	300	275	11	11
国民新党		2		2
		10		4
新党日本		0		1
		6		5
新党大地				1
				1

上段：当選者数　上段：獲得議席
下段：候補者数　下段：ブロック数

	小選挙区		比例代表	
	2003年	2005年	2003年	2005年
投票率	59.86	67.51	59.81	67.46
有効投票率	58.20	66.09	57.77	65.79
自民党	43.85	47.77	34.96	38.18
	25.52	31.58	20.19	25.12
民主党	36.66	36.44	37.39	31.02
	21.34	24.09	21.60	20.41
公明党	1.49	1.44	14.78	13.25
	0.87	0.95	8.54	8.72
社民党	2.87	1.46	5.12	5.49
	1.67	0.97	2.96	3.61
共産党	8.13	7.25	7.76	7.25
	4.73	4.79	4.48	4.77
国民新党		0.64		1.74
		0.42		1.15
新党日本		0.20		2.42
		0.13		1.59
新党大地				0.64
				0.42

上段：相対得票率
下段：絶対得票率

いう点では，比例代表よりも小選挙区の方が大きい。議席率を算出してみると，自民党は小選挙区で56%→73%，比例代表で38%→43%と変化している。民主党の方は，小選挙区で35%→17%，比例代表で40%→34%となる。

2つの制度で議席の比率が大きく相違するのは，「第一党にボーナスを与える」という小選挙区制の特性と，「得票に応じた議席を与える」という比例代表制の特性が明瞭に現れた結果といえよう。この点は，議席変動ではなく，得票変動を見ることで明らかになる。

表1の下段は，選挙制度別に03年総選挙と05年総選挙における各政党の相対得票率と絶対得票率をまとめたものである。投票率が異なる選挙の結果を比較する際には，有権者数を分母とする絶対得票率の動きを見るのが適当だろう。絶対得票率の変動は，議席の変動ほどに大きくない点が印象的である。前回の選挙と比べると，絶対得票率に大きな変化が見られるのは自民党だけであり，その他の政党は03年の得票水準を概ね維持していることが確認できる。議席の上では惨敗を喫した民主党も，比例代表で微減，小選挙区では候補者数を増やしたこともあって，党全

体としてみると絶対得票率を上昇させている。

　自民党を除く主要な既存政党の得票が現状維持であるにもかかわらず，自民党のみが明確に得票を伸ばしているという状況は，どのように解釈できるだろうか。素直に考えれば，投票率の上昇が自民党の得票増につながったということになろう。表1からわかるように，05年の有効投票率を03年のそれと比較すると，小選挙区で58.20％→66.09％，比例代表で57.77％→65.79％と大幅に上昇しており，その規模は自民党の絶対得票率の変化の規模に概ね一致する。

　以上の予備的で大まかな分析から，次のような構図が見えてくる。それは，①05年総選挙における自民党を除く各政党の得票水準には大きな変化はなかった，②それにもかかわらず自民党が選挙で勝利したのは投票率の上昇が自民党に効果的に作用したからである，という自民党勝利・民主党敗北の構図である。

　以下，本章の前半では，このような見通しが正しいのかどうかを得票集計データの分析から検討する。選挙区単位や市区町村単位の地域票分析にまで踏み込むことによって，全国集計の結果では把握できない選挙結果の構造や特質を描き出してみたい。その際，相対得票率や絶対得票率といった基礎的な指標がどのように変化したかを，可能なかぎり平易な手法で明らかにしていく。そして本章の後半では，選挙分析の結果を踏まえた上で，新制度導入以降続いてきた二大政党化の流れが今後も続いていくのか，それが最終的に二大政党制にまで発展する可能性があるのかどうかについて議論したい。

2　得票変動の分析

(1)　投票率上昇の効果

　まずは投票率（正確には有効投票率）の上昇と自民党の絶対得票率の上昇がどのような関係にあるかを簡単に確認しておこう。図1は，横軸に有効投票率の増減（05年の有効投票率－03年の有効投票率），縦軸に297小選挙区区域における比例代表の政党絶対得票率の増減（05年の絶対得票率－03年の絶対得票率）をとって，自民党，民主党，公明党，社民党，共産党

図1 有効投票率の変化と絶対得票率の変化（比例代表）

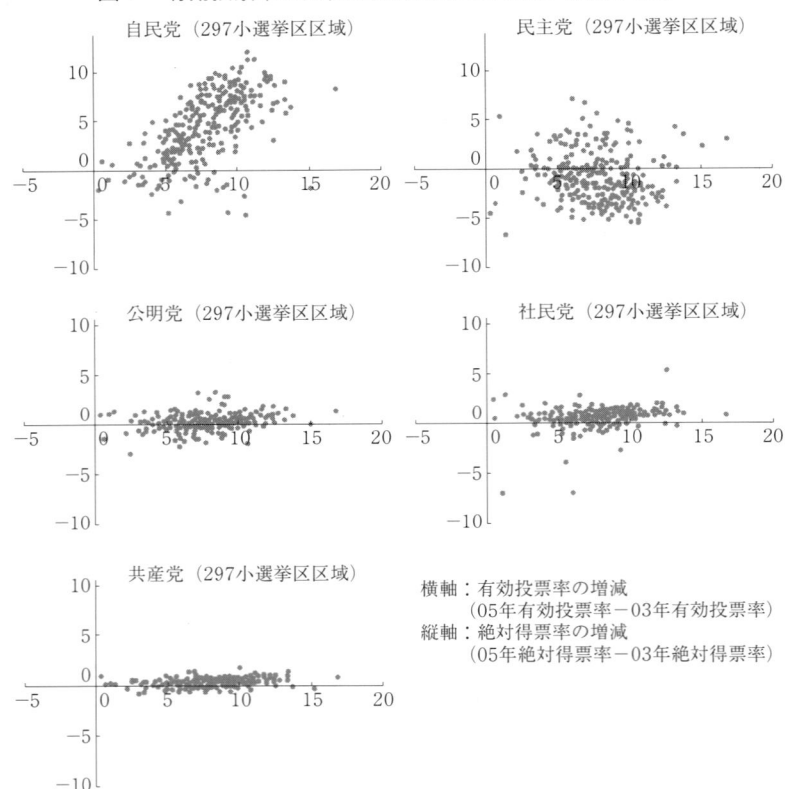

自民党（297小選挙区区域） 民主党（297小選挙区区域）

公明党（297小選挙区区域） 社民党（297小選挙区区域）

共産党（297小選挙区区域）

横軸：有効投票率の増減
　　　（05年有効投票率－03年有効投票率）
縦軸：絶対得票率の増減
　　　（05年絶対得票率－03年絶対得票率）

の得票動向をみたものである[2]。

2　ここで比例代表のデータを用いるのは，小選挙区では各選挙区の個別事情（候補者の異動，対立構図の変化）が選挙結果に強く反映されるので，全体の傾向を把握するのには好ましくないと考えたからである。小選挙区については後節で検証する。なお，小選挙区の区域が300ではなく297となっているのは，05年総選挙における茨城1・2・4区域の比例代表政党票を把握できなかったためである。茨城県の水戸市と常陸大宮市は町村合併によって2つの小選挙区（水戸市は1区と2区，常陸大宮市は1区と4区）にまたがるようになった。しかし，茨城県の選挙管理委員会は小選挙区単

明確な傾向が見て取れるのは自民党である。全体として自民党は右上がりの分布を示しており，有効投票率が上昇するほど絶対得票率も伸びる傾向がある。民主党の場合は，有効投票率の増減と絶対得票率の増減に明確な傾向は見出せない。公明・社民・共産の3党については，社民党に若干右上がりの傾向が見られるものの，その規模は選挙結果全体に影響を与えるようなものではない。

(2) **有権者規模別にみた得票変動**

選挙後の新聞紙上における出口調査に基づく分析の論調は，「都市部での投票率の上昇が自民党の勝利に結びついた」というものであった。本章では，それを市区町村レベルの地域票の変動から確認していきたい。紙幅の関係から，自民党と民主党の動向に焦点を当てることにする。

表2は，第5章の表3（137頁）と同じ形式で，全国の市区町村を有権者規模によって6つに分割し，それぞれのグループにおける有効投票率と各政党の絶対得票率の平均値を算出したものである。有権者規模は，1万未満をⅠ，1万以上3万未満をⅡ，3万以上5万未満をⅢ，5万以上10万未満をⅣ，10万以上30万未満をⅤ，30万以上をⅥとしている。そして，有効投票率，自民党絶対得票率，民主党絶対得票率の分布の変化を視覚的に把握するために，184頁図2を作成した。なお，有効投票率の分布は，小選挙区と比例代表で大きな違いがないので，比例代表の図のみを掲載する。

まず有効投票率の変化を見よう。これまでの選挙では，有権者規模が小さい地域ほど有効投票率が高く，有権者規模が大きくなるにつれ有効投票率が低下するという分布が一般的であった。しかし，05年総選挙では，有権者規模が大きい地域で有効投票率が大幅上昇したため，有権者規模が小さい地域と大きい地域にこれまで存在した投票率の格差がほとんどなくなっている。

次に自民党の絶対得票率の変化を見よう。自民党の絶対得票率の分布も，有効投票率の分布と同様，激変している。有権者規模が大きい地域で，絶

位では比例票を集計・公表しない方針をとっているため，当該小選挙区の比例政党票の入手は断念せざるを得なかった。

表2 有権者規模別にみた選挙結果（有権者規模別に平均値を算出したもの）

投票	比例代表				小選挙区			
	投票率	有効投票率	無効票率	地域数	投票率	有効投票率	無効票率	地域数
I	75.57	72.31	3.26	1009	75.63	73.92	1.71	1010
II	70.74	68.12	2.63	679	70.79	69.27	1.52	679
III	69.40	67.12	2.28	259	69.48	68.04	1.44	261
IV	67.77	66.02	1.74	258	67.78	66.34	1.44	256
V	66.00	64.68	1.31	253	66.04	64.70	1.35	254
VI	66.00	65.17	1.42	74	66.64	65.08	1.56	74
自民党	比例全体	地域数	候補者有	地域数	候補者無	地域数	小選挙区	地域数
I	27.10	1009	27.11	1002	26.35	7	36.60	1003
II	26.38	679	26.41	676	20.82	3	35.20	676
III	25.79	259	25.97	255	18.85	3	33.68	258
IV	25.16	258	25.31	249	20.81	9	32.66	247
V	24.47	253	24.55	240	22.96	12	31.78	242
VI	25.34	74	25.51	71	21.33	3	33.06	71
民主党	比例全体	地域数	候補者有	地域数	候補者無	地域数	小選挙区	地域数
I	21.71	1009	22.08	933	17.22	76	25.30	934
II	21.21	679	21.48	641	16.70	38	24.81	641
III	20.69	259	20.83	245	18.01	13	23.92	248
IV	20.60	258	20.76	247	16.91	11	25.17	245
V	20.23	253	20.24	249	19.75	3	25.27	251
VI	19.89	74	19.95	71	18.47	3	23.92	71
公明党	比例全体	地域数	候補者有	地域数	候補者無	地域数	小選挙区	地域数
I	10.30	1009	8.40	7	10.31	1002	30.21	7
II	9.06	679	0.00	0	9.06	679	0.00	0
III	8.81	259	0.00	0	8.81	258	0.00	0
IV	8.77	258	13.01	7	8.65	251	30.11	7
V	8.45	253	11.47	12	8.31	240	30.50	12
VI	8.78	74	12.53	3	8.62	71	30.56	3
社民党	比例全体	地域数	候補者有	地域数	候補者無	地域数	小選挙区	地域数
I	3.84	1009	6.68	135	3.41	874	10.12	135
II	3.78	679	6.57	88	3.37	591	10.56	88
III	3.81	259	7.12	30	3.38	228	10.21	30
IV	3.64	258	6.54	30	3.26	228	11.09	30
V	3.48	253	4.57	31	3.33	221	4.89	31
VI	3.56	74	5.81	10	3.21	64	9.69	10
共産党	比例全体	地域数	候補者有	地域数	候補者無	地域数	小選挙区	地域数
I	4.28	1009	4.56	853	2.75	156	4.38	853
II	4.13	679	4.40	553	2.95	126	4.40	554
III	4.31	259	4.41	231	3.44	27	4.36	234
IV	4.92	258	5.08	234	3.34	24	5.54	232
V	4.98	253	5.04	244	3.21	8	5.36	246
VI	4.63	74	4.68	70	3.64	4	5.06	70
国民新党	比例全体	地域数	候補者有	地域数	候補者無	地域数	小選挙区	地域数
I	4.31	521	10.69	45	3.71	476	14.68	47
II	3.76	334	9.53	27	3.25	307	14.44	33
III	4.78	120	13.69	17	3.31	103	24.77	17
IV	3.32	76	7.86	3	3.13	73	9.81	7
V	3.66	62	7.00	6	3.31	56	7.90	10
VI	3.61	23	4.31	1	3.58	22	7.18	1

表2 つづき

投票	比例代表				小選挙区			
	投票率	有効投票率	無効票率	地域数	投票率	有効投票率	無効票率	地域数
新党日本	比例全体	地域数	候補者有	地域数	候補者無	地域数	小選挙区	地域数
I	3.10	273	7.40	3	3.05	270	13.54	3
II	2.66	264	5.09	7	2.59	257	7.22	7
III	2.64	117	4.49	6	2.55	110	6.61	7
IV	2.67	169	4.64	7	2.58	162	6.70	6
V	2.55	170	3.81	6	2.51	163	5.29	6
VI	2.79	49	7.39	2	2.60	47	13.57	2
新党大地	比例全体	地域数	候補者有	地域数	候補者無	地域数	小選挙区	地域数
I	13.77	147	0.00	0	13.77	147	0.00	0
II	12.52	36	0.00	0	12.52	36	0.00	0
III	9.58	8	0.00	0	9.58	8	0.00	0
IV	7.83	7	0.00	0	7.83	7	0.00	0
V	7.79	15	6.16	3	8.19	12	3.64	3
VI	0.00	0	0.00	0	0.00	0	0.00	0

※ 有権者規模は次の通り。
　I：1万人未満　　　　II：1万人以上3万人未満　　III：3万人以上5万人未満
　IV：5万人以上10万人未満　V：10万人以上30万人未満　VI：30万人以上

※ 2005年総選挙における地域数は2534（市区町村数は2476）。1つの市や区でありながら選挙区の区割において分割されている地域は，分割された地域が属する市区町村の有権者数を基準にして計算を行った。なお，茨城県の水戸市と常陸大宮市については，分割地域ごとの比例票データが存在しないので，比例代表の計算では1地域として処理した。

※ 比例代表の名簿提出状況は，自民11　民主11　公明11　社民11　共産11　国民新党4　新党日本5　新党大地1。

対得票率の平均値が大きく上昇している。農村部で強く都市部で弱いという従来の自民党の姿をこの図から読み取ることはできない。興味深いのは，有権者規模が小さい地域で絶対得票率が低下している点である。05年総選挙では，都市部において自民党票が劇的に増大したために，このような農村部における自民党の集票力の低下が見えにくくなっているが，この点は比例代表と小選挙区の両方で確認できる。

民主党の絶対得票率の分布はどうだろうか。比例代表の方で，有権者規模が大きい地域で若干の低下が確認できるが，全体として，民主党は前回03年の得票水準を維持していると判断してよいだろう[3]。「追い風頼み」と

---

[3] これは前回の03年に民主党に投票した人のすべてが05年も民主党に投票したということではない。おそらく，民主党から他党に流れた票もあれば，他党から民主党に流れた票もあり，また03年の棄権者が05年は民主党に投票したということもあるだろう。全体としてみれば，03年と05年の得票規模が同じであるということを指摘しているに過ぎない。なお，東大・朝日

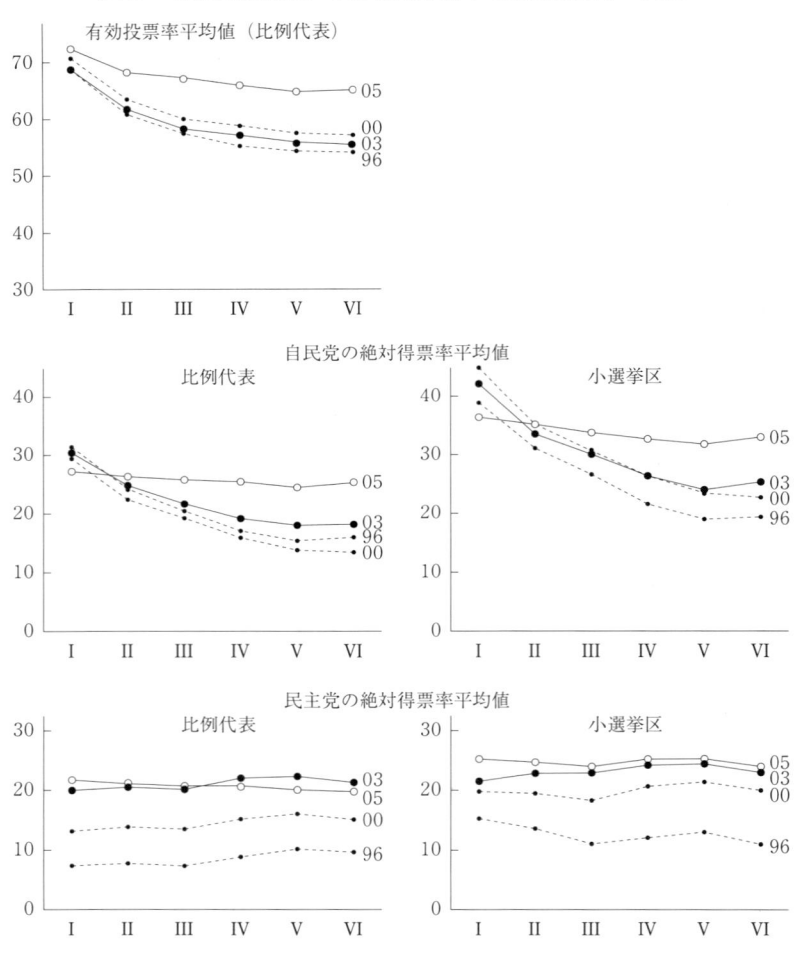

図2　有権者規模別にみた有効投票率と絶対得票率の変化

有効投票率平均値（比例代表）

自民党の絶対得票率平均値
比例代表　　　　　　　　　小選挙区

民主党の絶対得票率平均値
比例代表　　　　　　　　　小選挙区

言われてきた民主党が，自民党が圧勝した05年の選挙で，03年並みの得票水準を示したことが注目される。

　　によるパネル調査データで票の出入りを見ていくと，民主党の歩留まりは比例代表で64％，小選挙区で70％程度であった。東大・朝日調査については，『日本政治研究』（木鐸社）の第2巻第1号，第3巻第1号を参照。

(3) 計算結果に対する疑問1：市町村合併の影響

以上の結果に関しては，実は「見かけ上」の計算結果ではないか，という疑問があるかもしれない。たとえば，「平成の大合併」と呼ばれる大規模な市町村合併が計算に影響を与えているのではないか，という疑問がそれである。周知のように，03年総選挙から05年総選挙の間に，多くの地域で市町村合併が実施されている。03年総選挙のときの市区町村数は約3300であったが，05年総選挙では約2500になっている。

この問題には，市町村合併とは無関係だった地域を取り出して，同じ計算をしてみることで対処したい。03年選挙後から05年選挙の間で合併の結果生まれた自治体数は305であった[4]。表3は，この305の自治体に関係する地域を除外して，同じ計算をしてみた結果である。市町村合併があった地域を含む場合と，市町村合併がなかった地域だけで計算した場合との間に，大きな差は見出せない。

以上の検討から，今回の選挙分析に限っては，市町村合併にともなう集

表3　有権者規模別にみた有効投票率・絶対得票率の平均値
　　　（合併の影響の検証）

比例代表	I	II	III	IV	V	VI
有効投票率（A）	72.31	68.12	67.12	66.02	64.68	65.17
有効投票率（B）	72.29	67.77	66.02	65.49	64.58	64.09
自民党絶対得票率（A）	27.10	26.38	25.79	25.16	24.47	25.34
自民党絶対得票率（B）	27.07	26.06	25.20	24.74	24.59	25.47
民主党絶対得票率（A）	21.71	21.21	20.69	20.60	20.23	19.89
民主党絶対得票率（B）	21.74	21.26	20.61	20.44	19.98	18.93
小選挙区	I	II	III	IV	V	VI
有効投票率（A）	73.92	69.27	68.04	66.34	64.70	65.08
有効投票率（B）	73.89	68.83	66.62	65.60	64.46	63.69
自民党絶対得票率（A）	36.60	35.20	33.68	32.66	31.78	33.06
自民党絶対得票率（B）	36.54	34.74	33.27	32.04	31.89	33.29
民主党絶対得票率（A）	25.30	24.81	23.92	25.17	25.27	23.92
民主党絶対得票率（B）	25.36	25.32	24.51	25.79	24.95	22.76

(A)：すべての地域で計算した場合
(B)：合併に関係する305市町村の区域を除いて計算した場合

4　市町村合併については，市町村自治研究会編集『平成17年度版　全国市区町村要覧』第一法規，05年，で確認した。

計単位変動の問題は，計算の解釈を変更しなければならないほどの影響を与えていないと判断してよかろう。ただし，今後，より一層市町村合併が進んだ段階に入ると，このような市区町村の有権者規模を用いた分析は，次第に意味をもたなくなるかもしれない。

(4) 計算結果に対する疑問2：自民党分裂選挙区の影響

　自民党の集票力を有権者規模別に見たとき，都市部で得票が増大したことについては05年の選挙をめぐる状況から予想されたことであるが，有権者規模が小さい地域で集票力が低下している点については，やや予想外の結果である。

　有権者規模が小さい地域での自民党の集票力が低下した理由については，状況から推測して①小泉改革の方向性に農村部の支持者が離反するようになった，②過去の選挙では農村部において楽勝選挙が続いたために集票組織が弛緩した，などを考えることができる。この他に③として，そもそも計算の結果が「見かけ上」のものではないかという疑問もあり得よう。

　市町村合併に伴う集計単位変動の影響がないとすると，その他で最も疑われるのは，自民党分裂選挙の影響である。衆議院で郵政民営化法案に反対したため，自民党から公認を得られないまま無所属や新党から立候補した人がいる選挙区数は33と少なくなく，その多くが農村型の選挙区であったとすれば，これらの選挙区における動向が全体の計算結果に影響を与えている可能性は十分ある。

　このような疑問を検証するために，造反議員が無所属・新党で立候補した地域とそうでない地域を別々に計算処理して比較したのが図3である。この図には，03年の絶対得票率平均値，05年の絶対得票率平均値（全体），造反議員がいた地域の絶対得票率平均値，造反議員がいなかった地域の絶対得票率平均値が折れ線で示してある。

　興味深いことに，比例代表の方ではこれらの地域ごとの結果に有意な差はなく，3つの折れ線が重なってしまうほどであるが，小選挙区では有意な差が確認できる。小選挙区において造反議員のいなかった地域の自民党候補者の得票水準はかなり高い水準にあり，造反議員のいた地域との差は大きい。しかし，それでも有権者規模が小さい地域の水準は03年総選挙の

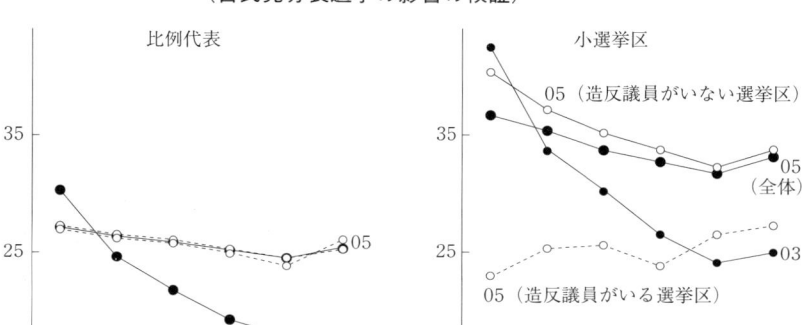

図3　有権者規模別にみた自民党絶対得票率の平均値
（自民党分裂選挙の影響の検証）

ときよりも低く、これらの地域における自民党の集票力の低下は、程度の差こそあれ、全国的な現象であることを指摘しておきたい[5]。

3　小選挙区における議席変動

03年総選挙から05年総選挙にかけて、当選者が民主党から自民党に入れ替わった選挙区の数は58にのぼる[6]。小選挙区におけるこのような地すべり的な議席変動が05年総選挙における自民党圧勝劇を作り出したのだが、それはどのような得票変動によってもたらされたのであろうか。

---

[5] 蒲島郁夫・菅原琢「2005年総選挙分析　地方の刺客が呼んだ『都市の蜂起』」（『中央公論』05年11月号）でも、農村部における自民党の集票力低下が確認されている。

[6] 300ある小選挙区のうち、03年と05年で当選者の党派が一致する選挙区は210ある。自民→自民というケースが最多で151選挙区、民主→民主が46選挙区、公明→公明が8選挙区、社民→社民が1選挙区、無所属→無所属が4選挙区あった。03年と05年で当選者の党派が一致しない選挙区数は90である。民主→自民というケースが最多で58選挙区、自民→無所属が11選挙区、無所属→自民が6選挙区、保守→自民が4選挙区、自民→民主が4選挙区、自民→国民新が2選挙区、民主→無所属が1選挙区、公明→無所属が1選挙区、自由連合→無所属が1選挙区、無所属の会→民主が1選挙区、無所属→民主が1選挙区あった。

前節までの分析を踏まえれば，小選挙区での自民党の勝利は，投票参加の増大が自民党に有利に働いたために起こったものであって，民主党候補の票が激減したから起こったわけではないという推測が成り立つ。本節では，今回の議席変動の大半を占める民主→自民という当選者の入れ替わりが，どのような状況の下で生じたのかを考察する。

(1) 連続立候補者にみる得票変動

前回と今回，同一選挙区から連続して立候補した自民党と民主党の候補者（前回無所属は除く）に焦点を当てることで，民主→自民という議席変動を起こした民意の変化を検証したい。

まずは有効投票率の上昇と絶対得票率の変化を確認しよう。図4は，横軸に有効投票率の増減（05年の有効投票率－03年の有効投票率），縦軸に絶対得票率の増減（05年の絶対得票率－03年の絶対得票率）をとって，連続立候補者をプロットしたものである。比例代表の場合と同様に，有効投票率の上昇が自民党候補に有利に働いたことがわかる。

図4　有効投票率の変化と絶対得票率の変化（小選挙区）

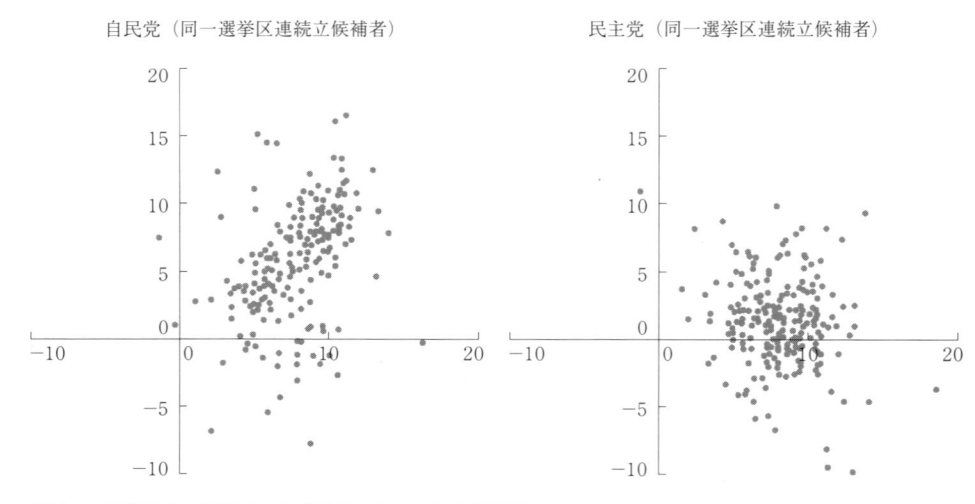

自民党（同一選挙区連続立候補者）　　　　民主党（同一選挙区連続立候補者）

横軸：有効投票率の増減（05年有効投票率－03年有効投票率）
縦軸：絶対得票率の増減（05年絶対得票率－03年絶対得票率）

有効投票率の上昇が，自民党と民主党の候補者のどちらに有利に働いたかは，絶対得票率と相対得票率の変化を同時に見ることで把握できる。図5は，横軸に03年の得票率，縦軸に05年の得票率をとって，連続立候補者をプロットしたものである。対角線上にプロットされれば前回と今回が同じ得票率，対角線より上であれば上昇，下であれば低下を意味する。○印が相対得票率であり，●印が絶対得票率である。

自民党の連続立候補者は，相対得票率，絶対得票率ともに全体的に対角線よりも上にプロットされている。投票率の上昇を受けて，各選挙区で有利な選挙戦を展開した候補者が多いことがわかる。ただし，高得票率の候補者（農村型選挙区の候補者と考えられる）は，対角線よりも下にプロットされる傾向があり，すべての自民党候補を一律に説明できないことは留意しておきたい。

民主党の連続立候補者の場合，絶対得票率は対角線付近にプロットされているのに対し，相対得票率は対角線よりも下にプロットされる傾向がある。この結果は，民主党の各候補の集票力が03年の場合とそれほど変化していないにもかかわらず，投票率の上昇によって，相対得票率が押し下げられたことを意味する[7]。

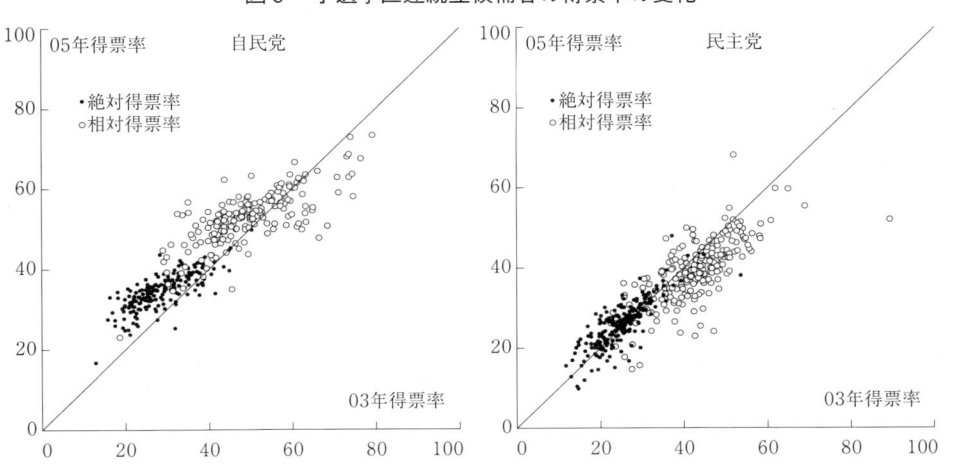

図5 小選挙区連続立候補者の得票率の変化

(2) 民主党候補者の大量落選

それでは，03年選挙の得票水準を維持しながら，05年の選挙で落選した民主党候補はどれくらいいるのだろうか。図6は，横軸に03年の絶対得票率，縦軸に05年の絶対得票率をとって，民主党の連続候補者を当落に応じて記号を変えてプロットしたものである。連続当選は○，03年当選05年落選は●，03年落選05年当選は△，連続落選は・という記号になっている。この図からは，得票を減らしたわけでもないのに，落選した民主党候補者が少なくないことがわかる。

03年選挙で当選し，05年に落選した民主党連続立候補者には何か共通する要素があるのだろうか。1つ指摘できるのは，彼らの多くが03年の選挙で接戦の末当選した候補者であるという点である。民主党の中でも，03年の選挙で次点者に圧倒的な差をつけて当選した候補者は，05年も当選を勝

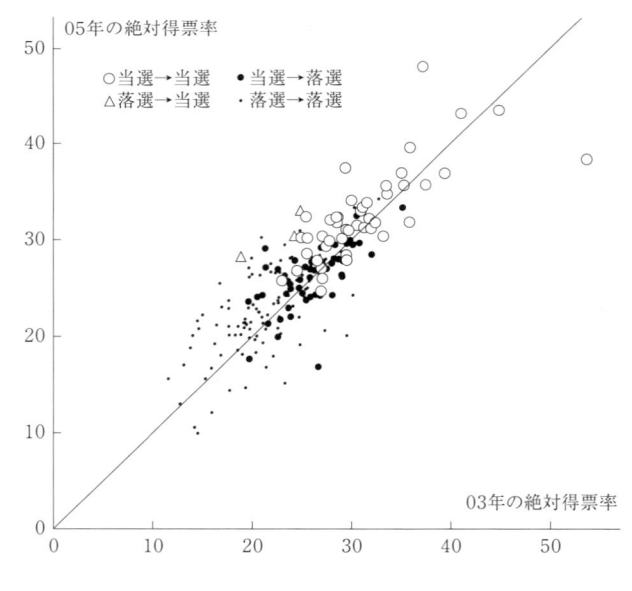

図6　民主党連続立候補者の当落

7　票の動きとしては，自民党敗北のパターン分析で活用される浮動票逆効果モデルと同じパターンである。浮動票逆効果モデルについては，本書第5章，および補論を参照されたい。

ち取っている。

　以上の点をデータで確認しよう。ある選挙区における当選者と次点者の票差が有効投票に占める割合を「接戦度」（相対得票率の差でもある）と呼ぶことにする。03年選挙で当選していた民主党候補者の05年の結果を，接戦度（5ポイントきざみ）ごとに調べてみると，次のとおりであった。0以上5未満で当選率18.8％（6/32），5以上10未満で当選率40.7％（11/27），10以上15未満で当選率47.4％（9/19），15以上20未満で当選率71.4％（5/7），20以上25未満で当選率87.5％（7/8），25以上で当選率100％（8/8）。

　自民党と民主党の小選挙区における勝利のパターンは対照的である。僅差での勝利が多数派の民主党とは異なり，自民党では圧勝の末に当選するという候補者が多数存在する。図7は，03年総選挙の小選挙区における自民党当選者（168人）と民主党当選者（105人）の絶対得票率の分布を見たものである。自民党では，絶対得票率で30％を超える当選者が多数存在するが，民主党ではその数は限られている。紙幅の関係で，03年総選挙の結果のみを示したが，この傾向はその他の選挙回でも共通している。こうした点を考慮に入れれば，仮に今後の選挙で自民党に不利な状況がおとずれたとしても，自民党が05年の民主党のような地すべり的な大敗北を喫することは考えにくい[8]。

図7　2003年総選挙の小選挙区における
自民党当選者（168人）と民主党当選者（105人）の絶対得票率

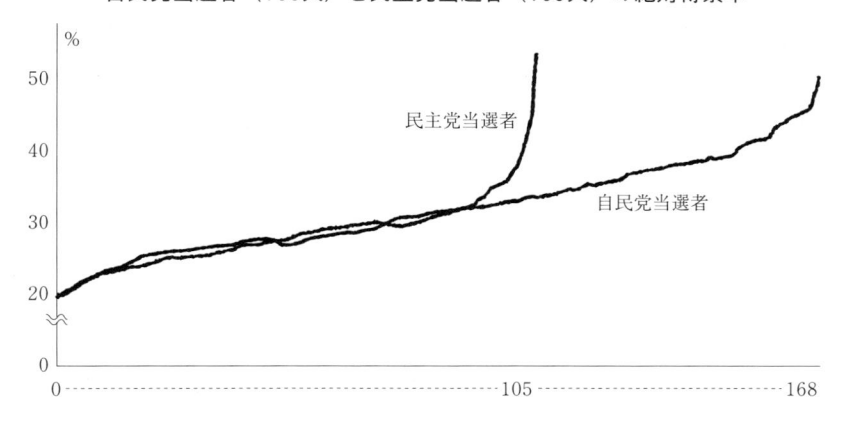

(3) 保守分裂選挙区の動向

　民主党の不振との関連で，自民党が事実上の分裂選挙を戦った33選挙区における動向についても触れておきたい。

　郵政民営化法案に反対票を投じたため，自民党の公認を得られなかった前職は37人いる。このうち3人が立候補を断念したが，残る34人は無所属，もしくは新党で立候補した（そのうちの1名は比例単独の立候補）。これに対し，自民党は31選挙区で対立候補を立て，2選挙区で公明党候補と無所属候補を支援した。こうして，事実上33選挙区が分裂選挙となった。

　選挙戦当初，民主党はこれらの分裂選挙区で「漁夫の利」を得て多くの議席を獲得すると考えられた。しかし，実際に議席を獲得したのは，自民非公認の前職が15（比例での復活当選を入れると，17），与党候補（自民党・公明党）が14（比例での復活当選を入れると，26）で，民主党が獲得した議席は4（比例での復活当選を入れると，8）にとどまった。保守が分裂した選挙区で，民主党が勝利できなかったのはなぜだろうか。

　第1として，造反前職の多くは農村部に強固な選挙地盤を持ったベテラン議員たちであり，彼らの場合，ある程度の得票が減ったとしても当選自体は揺るがない状態にあったことを指摘できる。極端な例を挙げると，たとえば佐賀2区の今村雅弘は絶対得票率を17.89ポイント低下させながら，当選を果たしている。

　図8の左の図は，造反前職のうち03年も同じ選挙区で出馬していた候補者（27人）の相対・絶対得票率の動きを示したものである。05年当選した候補者の絶対得票率を○，相対得票率を□，05年落選した候補者の絶対得票率を●，相対得票率を－で表してある。これを見ると，造反前職の大半が絶対得票率を大きく低下させている。相対得票率の方も，絶対得票率以上に低下しており，有効投票率の上昇がこれらの候補者に有利に働かなかったことがわかる。

　しかしながら，造反前職の半数近くは，以上のような絶対得票率と相対

8　ただし，89年参議院選挙の一人区において自民党は地すべり的敗北をかつて経験しているのでその可能性がまったくないとまでは言えない。この点については，本書の補論を参照されたい。

図8　33選挙区における連続立候補者の得票率の変化

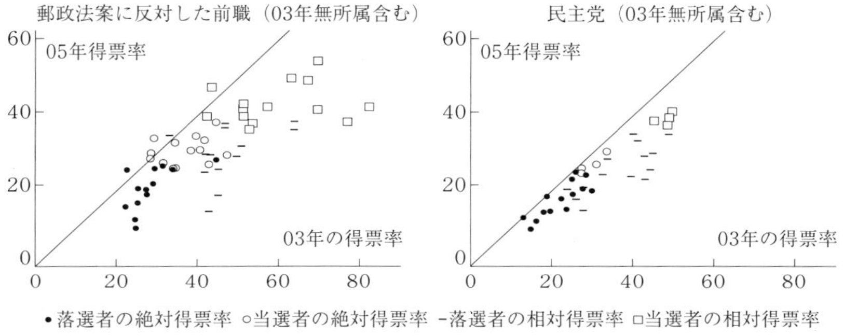

郵政法案に反対した前職（03年無所属含む）　　民主党（03年無所属含む）

●落選者の絶対得票率　○当選者の絶対得票率　-落選者の相対得票率　□当選者の相対得票率

得票率の低下があっても当選したのである。投票率の上昇がなければ，造反前職の当選率はもっと上昇したであろう。

　第2として，小泉執行部によって擁立された自民党公認候補は，保守地盤を侵食しただけではなく，その「改革イメージ」によって民主党候補にも大きな打撃を与えたことを指摘できる。図8の右の図は民主党の連続立候補者（17人）の得票動向を示したものである。その他の選挙区の連続立候補者の場合（図5）とは様相が異なり，絶対得票率を低下させている候補者が多数派となっている。相対得票率の低下幅も大きく，有効投票率の上昇は民主党の候補者にも有利に働かなかったことがわかる。

　第3として，民主党の選挙準備が不十分だったのではないかという点も挙げておきたい。05年の保守分裂選挙区33のうち，民主党公認候補が存在しない選挙区が2選挙区ある。残りの31選挙区のうち，14選挙区の候補者は新人候補であった（そのうちの6選挙区は03年候補者を立てていない選挙区であった）。03年総選挙から1年10カ月足らずで行われた突然の総選挙であったことを考えると，これらの選挙区では選挙の準備が整っておらず，有効な手立てが打てないままに熾烈な保守どうしの争いに飲まれてしまったのではないかと推測できる。

4　選挙制度への対応：自民党と民主党の現状

　05年総選挙は，新選挙制度導入からほぼ10年が経過しようとするときに行われた選挙であった。4回の選挙を経て，選挙制度の影響が次第に政党

の政治行動に反映されつつあるように見える。そして、そこには日本政治の歴史的文脈も色濃く反映されているように思われる。本節では、選挙制度の変化に伴う自民党と民主党の対応を検討する。

(1) 予測されていた自民党の変化

　選挙制度が中選挙区制から小選挙区部分の議席比率が大きい小選挙区比例代表並立制に変わったことで、個々の議員に対する自民党執行部の影響力は、次第に大きくなるだろうと次のように予測されていた[9]。

　中選挙区制時代の自民党の候補者は、党の公認が得られなくても無所属で立候補して当選することが比較的容易であったため、党執行部の方針が候補者を規定する度合いは大きくなかった。しかし、当選者が1名に限定される小選挙区では、党の公認を得られるかどうかが決定的な意味を持つ。党の公認を得ない限り、比例代表で重複立候補することもできず、また名簿の順位も党執行部の意向に大きな影響を受ける。こうして、候補者の行動は党執行部の意向に強く拘束されるようになり、この結果、自民党組織にあった分権的な性格は、次第に集権的なものへと変化せざるを得ない。

　このような理論に基づく予測は、それ自体としては説得的であるけれども、現実の選挙政治の姿とは一致しないところがあった。小選挙区比例代表並立制導入後しばらくは、党全体が停滞していても個々の候補者の選挙は安泰という状況が続き、自民党の地方組織と中選挙区時代から培われた候補者個人の後援会とが融合した選挙地盤に支えられている議員たちの行

9　建林正彦『議員行動の政治経済学　自民党支配の制度分析』有斐閣、2004年。待鳥聡史「小泉政権を支える政治改革の成果」『中央公論』05年4月号。待鳥聡史「大統領的首相論の可能性と限界　比較執政制度論からのアプローチ」『法学論叢』第158巻第5・6号、2006年。伊藤光利「官邸主導型政策決定と自民党　コア・エグゼクティブの集権化」『レヴァイアサン』（特集　行政改革後の行政と政治）、38号、2006年春、木鐸社。竹中治堅『首相支配　日本政治の変貌』中央公論新社、2006年。なお、これらの論稿は選挙制度の変化を重視するものであるが、それと同時に、行政改革の効果や政治改革のその他の効果（政党助成金制度の導入など）も説明変数として取り上げており、自民党変化のメカニズムを選挙制度の変化だけから説明しているわけではないことに留意したい。

動を,党執行部が統制することは不可能であるように見えた.

　無所属で立候補し,当選したら次回から自民党の公認候補になるというケースは,小選挙区になってからも存在する.表4は,中選挙区時代を含めて,無所属で当選した候補者が次の選挙で自民党公認となっている数を整理したものだが,無所属当選→自民党公認というケースの数自体は中選挙区時代とさほど変化していない[10]｡

　小選挙区になってからは得票率50％を超えないと当選できないから,政党の支援がない無所属候補者は当選を見込めない,としばしば指摘されるが,実際のところ当選のためのハードルはそこまで高くはなかった.図9は,中選挙区（1990年総選挙）と小選挙区の当選者の絶対得票率と相対得票率の分布を示したものである.確かに,中選挙区時代と比べれば小選挙区の方が当選者の得票率は格段高くなっている.しかし,得票率分布の偏差は大きく,相対得票率で50％以下,絶対得票率で30％以下でも当選可能な選挙区が存在する.選挙の回数を経ることで,小選挙区の候補者数が減少したため,当選のためのハードルは次第に高くなってきている.それでも相対得票率で50％を超えなければ当選できないということはない.それに加え,自民党と関係が深い候補者が無所属で立候補した場合や,実力が拮抗する人物が複数いるような状況のときは,その選挙区に自民党公認の

表4　無所属当選者の動向

	選挙回	34	35	36	37	38	39	40	41	42	43	44
		1976	1979	1980	1983	1986	1990	1993	1996	2000	2003	2005
当該選挙における無所属当選者		21	19	11	16	9	21	30	9	15	11	18
当該選挙の次の総選挙における党派と成績												
自民公認で当選		10	10	3	8	4	8	5	5	7	3	
自民公認で落選		3	1	3	1	1	3	1	0	2	0	
その他（引退を含）		8	8	5	7	4	10	24	4	6	8	

10　たとえば,郵政民営化法案に反対した自民党前職の中にも,03年総選挙では無所属で当選し,選挙後に自民党所属議員となっている人物が5名いる（そのうち3名が05年総選挙でも当選している）.彼らを含めて,造反議員が党執行部に対して強気な態度を取り続けた1つの要因は,たとえ党の公認がなくても,無所属で選挙を勝ち抜く自信があったからではないだろうか.

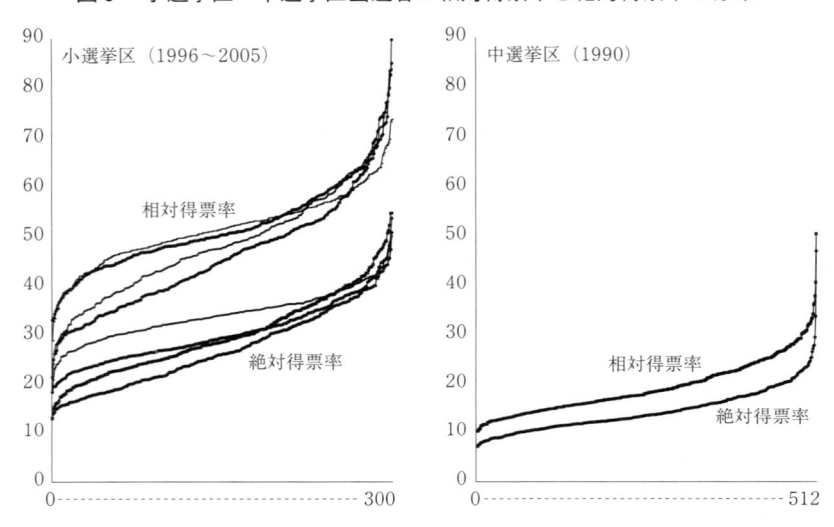

図9 小選挙区・中選挙区当選者の相対得票率と絶対得票率の分布

候補者を擁立しないという方針がとられることも少なからずあった[11]。

　以上の点から考えて，05年総選挙の前までは，党の公認を得られないこと＝政治生命の断絶という認識は，当事者の間でもそれほど強くなかったのではないかと思われる。ところが05年総選挙において，自民党執行部の姿勢は一変した。「政党執行部から離反した場合には公認を取り消し，あるいはライバル候補を公認するという罰則を与える[12]」ということが現実に起こったのである。そして自民党は選挙に圧勝し，郵政民営化法案は小泉執行部の望むとおり議会で多数の賛成を得て可決された。それは，これまで理論的に予測されていたことと，現実の政治現象が見事に一致した瞬間であった。

(2)　自民党の脆弱性

　05年総選挙における自民党の変化は，理論的に予想されていたものであ

11　茨城7区の中村喜四郎，山形3区の加藤紘一，栃木1区の船田元への対応が典型的である。
12　建林前掲書，182頁。

った。ただ，それがどの程度不可逆的な現象といえるのかという点では，議論の余地は大いにあるだろう。たとえば，ポスト小泉の自民党総裁が同じような選挙戦術をとれるかどうかを考えてみると，問題の本質が見えてくる。

小泉自身，05年にこのような戦術を取ることができたのは，彼がすでに「郵政民営化」を公約として党総裁選挙に2度勝利し，3度の国政選挙（01年参院，03年衆院，04年参院）を戦った実績があってのことである。選挙圧勝後の記者会見で小泉は，「総理就任以来，党内造反で退陣に追い込もうという動きがあれば，いつでも解散しようと思っていた。今回，その動きがあったから解散したまで[13]」と答えているが，総理就任直後に党内の反対を押し切って解散し，自らの公約に反する行動をとる候補者を公認せず，その選挙区に対抗馬を送り込むというようなことが出来たかといえば，それは難しかっただろう。選挙の結果が自民党の圧勝であったから，党執行部の行動が合理的であったように見えるが，もし選挙で自民党が敗北していたら，自民党の分権的な性格は選挙制度の変更があっても容易に変化するものではなかったと総括されることになったかもしれない。

党執行部の公認決定権に関しても，その効果を絶対的なものと判断するのは時期尚早であるように思われる。党の公認がなくても当選できる自民党の候補者は，実際のところ，かなりの程度存在すると思われるからである。

05年の選挙における造反前職の半数近く[14]の15人が，不利な状況の下でも当選している事実は軽視されるべきではない。また，造反前職の対抗馬として公認された候補者が，農村型の選挙区でほとんど勝利することができなかった事実も看過することはできない。これら候補者のうち，小選挙区で当選できたのは14人であった。残りの当選者は名簿登載順位上位で重複立候補した比例での復活当選である。執行部に批判的であるから，公認を与えず，対抗馬を送り込むという戦術は，それ自体では成功とはいえな

---

13 『毎日新聞』05年9月12日。
14 03年総選挙において，造反前職33人中5人は比例単独で当選している（05年は全員落選）。03年選挙（補選1つ含む）を同一選挙区で戦った造反前職（28人）だけでみると，当選者（15人）は半数を上回っている。

いのである。むしろ，そういう姿勢をマス・メディアを通して全国の有権者に見せつけることで，自民党の変化を印象づけ，業績評価投票に傾いていた有権者に再び期待投票をさせたという効果の方が大きかったというべきであろう[15]。

さて，05年総選挙で圧勝した自民党であるが，今後の選挙でも継続して勝利できるだろうか。05年の圧勝劇は，都市部の投票率上昇がもたらしたものであって，05年自民党に投票した層が次回以降も投票所に足を運び，自民党に投票するとは限らない。従来自民党が強いとされてきた農村部において，自民党の集票力の停滞現象が顕著になってきていることを考えると，自民党が今後の選挙で継続的に勝利していくことは容易ではないかもしれない。

自民党の集票力の衰えを補うものとして，公明党の選挙協力がある。05年総選挙で公明党は過去最高となる239人の自民党候補者を推薦した。自民党の各候補者は，公明党から推薦を受けることでどの程度の票の上積みに成功しているのだろうか。連続する2回の選挙に同じ選挙区から立候補した自民党候補者をとりあげ，この問題を検討してみよう。

図10は，連続立候補者の絶対得票率の変化を示したものである。推薦あり→推薦ありの候補者（133人）は平均＋5.31ポイント，推薦なし→推薦ありの候補者（27人）の平均は＋7.81ポイント，推薦なし→推薦なしの候補者（29人）の平均は＋6.25ポイントとなっている。平均値では，今回から推薦を得た候補者の伸びが最も高くなっているが，図を見てもわかるように候補者間のバラツキは大きく，公明党の推薦さえ受ければ得票が一律に増加するというわけではなさそうである。

公明党の選挙協力については，第5章でも触れた通り，次第にその効果

---

15 小泉自民党は4回の国政選挙を経験したことになるが，その期間，有権者は期待投票（01年参議院選挙，03年衆議院選挙）→業績評価投票（04年参議院選挙）→期待投票（05年衆議院選挙）というように「未来志向」と「過去志向」の間を揺れ動いたことになる。この点に関しては，次の研究を参照。池田謙一『政治のリアリティと社会心理　平成小泉政治のダイナミックス』木鐸社，2007年。平野浩『変容する日本の社会と投票行動』木鐸社，2007年。

が見えにくくなっている。自民党は、公明党の選挙協力を受けることで当分の間は票の目減りを補うことができるかもしれないが、それもいずれ頭打ちになるのではないだろうか。

(3) 民主党が直面している問題

05年総選挙における民主党は、議席の上では大敗北といわなければならないが、得票数自体は現状維持であった。この点から、二大政党制の誕

図10 公明党の推薦の有無と自民党連続立候補者の得票変動

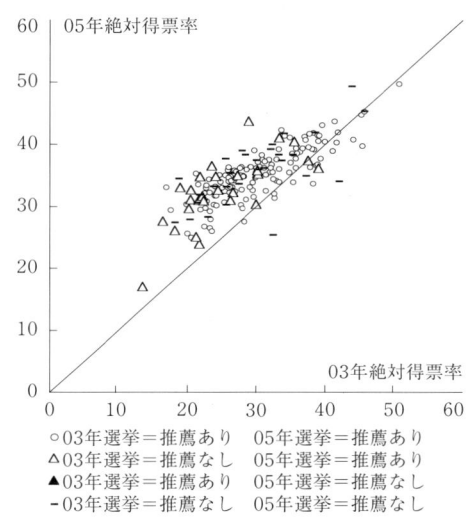

○ 03年選挙＝推薦あり　05年選挙＝推薦あり
△ 03年選挙＝推薦なし　05年選挙＝推薦あり
▲ 03年選挙＝推薦あり　05年選挙＝推薦なし
－ 03年選挙＝推薦なし　05年選挙＝推薦なし

生は近いと考える向きもあろう。確かに有権者のレベルでは、そう言ってよいかもしれない。しかし、現在の民主党は、政党組織のレベルでさまざまな問題に直面している[16]。

まず、小選挙区制と二大政党制にまつわる議論の混乱について1つ指摘しておきたい。小選挙区制は二大政党制をもたらすと言われるが、正確には、選挙区レベルで2人の有力候補者による争いが行われるようになるというべきであろう。2人の有力候補者が全国的に2つの陣営に分かれることによって2つの巨大政党が誕生したとしても、それは二大政党化と呼ばれる現象であって二大政党制化と同義ではない。その2つの政党が安定的な組織を持てるようになるかどうか、その2つの政党の間で政権交代が定期的に行われるようになるかどうかは、また別の要因が関わってくるからである[17]。

16　本章と視点は異なるが、有権者や政治家に対する意識調査データを利用して民主党を分析したものとして蒲島郁夫・大川千寿「民主党の研究　前原代表は何をなすべきか」(『世界』2006年4月号) がある。

17　新進党と民主党は、小選挙区制度に対応し、組織を巨大化させるところ

小選挙区比例代表並立制の下で，民主党は一貫して拡大戦術をとってきた。有権者の支持を拡大するだけでなく，さまざまな党派の議員・組織を急速に党内に組み込むという戦術を併用してきたのである。小選挙区に候補者を立てないと比例代表の票も伸びない[18]ということもあって，民主党の小選挙区立候補者数は，143人（96年）→242人（00年）→267人（03年）→289人（05年）と急増している。図11は，小選挙区における候補者擁立の動向が当該地域の比例票にどのような影響を与えたかを見たものであるが，05年総選挙でも，候補者を新しく擁立した地域で比例票が伸びていること

図11　小選挙区における民主党の候補者擁立状況と比例民主党票の変化（小選挙区単位）

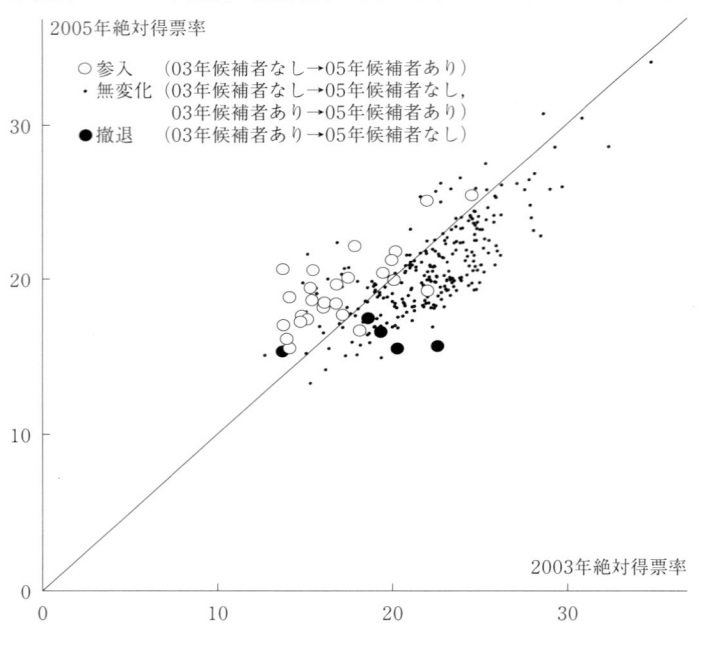

までは成功したと言えるが，それをいかに維持していくかという局面でともに困難に直面した。2つの事例を比較分析することで，ある程度の議論の一般化を試みたいと思うが，それは今後の課題としたい。

18　この点に関しては，すでに多くの実証的研究がなされている。スティーブン・R・リード『比較政治学』ミネルヴァ書房，2006年，17頁，参照。

を確認できる。

　このように民主党は，小選挙区比例代表並立制に対応して急速に大きくなったわけだが，それと同時に1つの政党の中に異なる方向性を持つ人々を抱え込んでしまい，組織内部に不協和音が目立つようになった[19]。表5は，05年総選挙における民主党候補者299人（比例単独立候補の10人を含む）の過去の衆議院選挙における立候補経験をみたものである。表の見方を03年の欄を例に説明しよう。05年総選挙で民主党から立候補した299人のうち，03年総選挙で民主党から立候補していたのは223人である。「なし」の63は，当該選挙には立候補していなかった人数である。その他，無所属で立候補していた人が7人，無所属の会が3人，社民党が2人，自民党が1人となっている。

　表を過去にさかのぼって見ていくと，現在の民主党が，民主党しか知らない若手と「寄せ集め」のベテラン勢から構成されているということがわかる。数の上では前者が圧倒的多数を占めるようになっているので，民主党の同質性は高まったと指摘できるかもしれない。しかし，彼らは政界での経験も浅く，党運営においてもほとんど影響力を持たないと考えられる。それゆえ，「寄せ集め」のベテラン勢の間で起こる相互牽制になす術がない

表5　2005年総選挙における民主党候補（299人）の立候補歴

2003年		2000年		1996年		1993年		1990年		1986年	
民主	223	なし	135	なし	186	なし	230	なし	255	なし	278
なし	63	民主	129	新進	53	日本新	16	自民	11	民社	7
無所属	7	自由	22	民主	47	社会	12	無所属	11	自民	6
無会	3	無所属	8	無所属	4	民社	10	社会	10	無所属	5
社民	2	社民	2	自民	3	新生	9	民社	10	社会	2
自民	1	自民	1	さきがけ	2	さきがけ	7	公明	1	社民連	1
		改ク	1	社民	2	無所属	7	社民連	1		
		無会	1	自連	1	自民	5				
				民改	1	公明	1				
						社民連	1				
						諸派	1				

※　なし＝当該選挙には立候補していないことを示す。

19　政界再編期における候補者の党籍変更については，次の論文が網羅的な検討を加えている。的場敏博「衆議院議員の党派移動に見る『政界再編』データの整理と若干の知見」『法学論叢』第158巻第5・6号，2006年。

というのが実情であろう。このような組織的構成の中で，岡田克也（1990年初当選）や前原誠司（1993年初当選）などの若い世代がリーダーになれば，若手とベテラン，ベテランどうしの相互牽制に翻弄されて，本来対決すべき相手である自民党と向かいあう前に，内部での対立回避のために相当のエネルギーを使わなければならない状況に置かれてしまうと考えられる。

　民主党は，他党との関係においても，難しい立場にある。民主党が政権を獲得するには，公明党の協力が不可欠であり，社民党や共産党とも協力関係を築くことが望ましい。もし社民党・共産党が小選挙区で候補者擁立をしなくなれば，その分，民主党の得票が増えると考えられるからである[20]。そのような協力関係を構築できないとしても，現在，社民党や共産党に投票している人々が，民主党に投票してくれるように働きかけていかなければならない。つまり，民主党にとって公明党，社民党，共産党は，敵でありながら，将来は味方になってもらわなければならない存在なのである。このため民主党は，公明党，社民党，共産党に対して，強い批判をしにくい状況にある。それにも拘わらず，公明党，社民党，共産党は，民主党批判を展開してくる。こうした民主党の苦悩は，各党を保革イデオロギー軸上に位置づけたとき一層明白になるのだが，この点については，次節の総括と展望の中で述べることにしよう。

---

[20] 05年総選挙では，共産党は25の小選挙区で候補者を立てなかった。その地域における政党・候補者得票の変化を分析した蒲島・菅原前掲論文（「2005年総選挙分析　地方の刺客が呼んだ『都市の蜂起』」）によると，共産党が候補者を擁立しなかった地域では民主党の票が増加するという。今後，共産党が候補者数を一層減らしていけば民主党は有利になると予想される。ただ，並立制では小選挙区で候補者を立てるかどうかで比例代表の票の出方が変わってくるので，共産党が短期間のうちに候補者を大幅に減らすということはしないだろう。今回の選挙では，共産党が候補者擁立をしなかった25小選挙区区域のうちの19地域（76.0％）で共産党の比例票が減少している。ちなみに共産党が候補者を継続して擁立した272区域（先述の茨城１・２・４区域は計算から除外）で共産党票が減少したのは40地域（14.7％）にとどまっており，対照的な結果となっている。

5　総括と展望

　以上，05年総選挙の得票集計データを分析した上で，選挙前後に見られた自民党と民主党の変化の意味を考察した。最後に，今後の政党システムの行方を展望したい。

　本章における05年総選挙の得票分析から明らかになったことは，主に次の3点である。①自民党の勝因は都市部における投票率の大幅上昇が自民党の得票増に結びついたことにあった。②自民党は全体として見れば得票を大幅に増加させたが，従来強かった農村部において得票水準を下げている。③民主党は議席を大幅に減らしたが得票水準は前回並みを維持している。05年総選挙のことだけを考えれば①が注目されるが，中長期的な選挙政治の展開を考えると②や③の持つ意味の方が大きいといえよう。

　自民党と民主党の基礎的な集票力は拮抗しつつある。政局の展開や議題設定のあり方次第では，浮動票が民主党に流れ込み，自民党を上回るということも十分に考えられる。その際，重要になってくるのは，民主党が自民党政権に対する批判票を取り込むことで伸張するというパターンを脱することができるかという点である。民主党が政治過程の展開を主導し，自らに有利な議題設定を行った上で選挙を戦えるようになれば，その分勝機も生まれる。しかし，それが容易にできない状況に民主党は直面している。政党内の問題については前節で述べたので，ここでは政党間の相互作用の問題を中心に論述する。

　G．サルトーリは，政党システムには「単系野党」(unilateral opposition) の政党システムと「双系野党」(bilateral oppositions) の政党システムがあると指摘している[21]。模式図に表わすと図12のようになる。双系野党の政

21　Giovanni Sartori, *Parties and Party Systems: A framework for analysis*, Cambridge University Press, 1976, pp. 131-185. なお，ここではサルトーリの本来の議論を忠実に援用していないことをお断りしておく。サルトーリの本来の議論は，政党システムの安定性に焦点を当てており，「単系野党」の場合は野党連合が成立する素地があるので政党システムは安定するが，「双系野党」の場合は野党が断絶しているので不安定になるというシステムレベルの議論がなされている。

図12 双系野党と単系野党の政党システム

双系野党の政党システム

| 野党 | 野党 | 政権党 | 野党 |

←→

単系野党の政党システム

| 野党 | 野党 | 野党 | 野党 | 政権党 |

←←

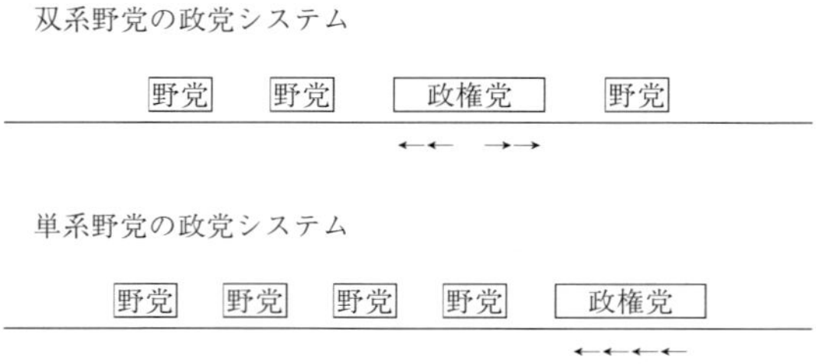

図13 保革イデオロギー軸上における政党の配置

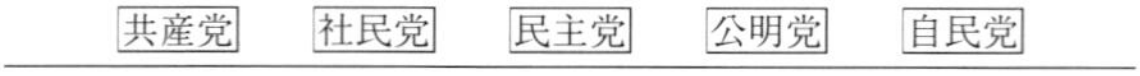

| 共産党 | 社民党 | 民主党 | 公明党 | 自民党 |

党システムにおいては，保革イデオロギー軸上において政権党は左右の野党から批判されるために，立場が弱くなる。一方，単系野党の政党システムにおいては，政権党は一方向に対応すればよいので，野党連合の成立という事態さえ阻止できれば，政権党は野党に対して有利な立場を維持できる。

日本の政党システムは，典型的な単系野党の政党システムである（図13）。55年体制成立以降，一時期を除いて，野党は自民党の左側にしか存在しなかった[22]。しかも，野党連合成立の見込みがほとんどなかったので[23]，自民党は政党間の相互牽制という側面では常に戦略的に有利なポジションを維持してきた。

例外としては，93年の細川政権と小沢一郎が自由党（98－03年）を率いていた時期が挙げられる。細川政権の時は，8党派から成る連立政権の両側に野党が存在した（右は自民党，左は共産党）。小沢が自由党を率いていた時期は，自民党が政権を保持していたわけだが，自由党の政策的立場は保革イデオロギー軸上で自民党の右側に位置するものであり，この時期（自民党と自由党が連立を組んだ99年1月から00年4月の期間を除く）の政党システムは双系野党の政党システムであったといえる。しかし，小沢の

---

22 保革イデオロギー軸上における政党のポジションについては，左から，共産党，社民党，民主党，公明党，自民党という順であることについては概ね合意があると思われる。Michael Laver and Kenneth Benoit "Estimating Party Policy Positions: Japan in Comparative Context," *Japanese Journal of Political Science*, 6, 2005.

23 55年体制下における野党連合の問題については，森裕城『日本社会党の研究 路線転換の政治過程』木鐸社，2001年，参照。

第7章　2005年総選挙と政党システム　205

自由党は，03年に民主党と合流してしまったため，再び政党システムは単系野党の状態に戻ることになった。なお，05年総選挙に際して，自民党から離脱した議員が複数の新党を立ち上げたが，これらの新党の政策的立場は保革イデオロギー軸上で自民党の左側に位置しており，単系野党の政党システムという状態に変化はなかった[24]。

単系野党と双系野党のシステムの対比から見た場合，戦略的に有利な立場にある自民党に対し，民主党は不利な立場にあると考えられる。まず，現在の政党配置においては，左右両側からの批判や揺さぶりにさらされる[25]。そして，民主党はそれらの批判に対し，批判で応答するということが難しい状況にある。前節で述べたように，将来の連立政権の形成や有権者の支持拡大を企図した場合，他党との対立を尖鋭化することは得策でないからである。

その一方で，連立政権形成に関する政策追求モデルで政党間の相互作用を考えると，5つの主要政党を左右に配置したときに真ん中に位置する民主党は，状況が変われば，自民党よりも有利な立場に転ずる可能性があることを指摘できる。この場合，自民党・公明党の安定多数という状況がいつまで続くかという点が問題となる。自公による安定多数の確保という状況が危うくなってくれば，民主党は連立政権形成をめぐる交渉において大きな影響力を持つようになると理論的に予測できる。そして，もし自公連合が過半数を割るような事態になれば，民主党は「メディアン政党の優位」を達成し，連立をめぐる他党との交渉において最も優位な立場を確立することになる[26]。

24　ここで言及している自由党と05年の新党の保革イデオロギー軸における位置づけは，00年と05年の総選挙後に加藤淳子によって行われた政党の政策位置に関する専門家調査の結果と整合的である。過去の専門家調査の結果については，以下を参照。http://www.j.u-tokyo.ac.jp/~katoj/　調査結果に関して，加藤淳子東京大学法学部教授より適切なご教示をいただいた。記して謝意を表したい。

25　民主党に対する他党からの提携の示唆も，現在の状況では，民主党に対する揺さぶりとして機能している。

26　メディアン政党とは，「単一イデオロギー次元において，順に政党を並べ，いずれかの端から政党の議席数を足していった場合，その議席数を足すこ

このような民主党の今後を考えるとき，政権の形成に向けて社民党と共産党がどのような動きを示すかが大きな意味を持ってくる。もし社民党と共産党が，政権交代の実現を第一義に考え，民主党との連携を望むようになれば，民主党の位置は一転して有利になるからである。

現在までのところ，社民党と共産党は，民主党と連携しないことによる利得を重視しているようである。比例代表部分で一定の議席を獲得することは可能なので，社民党と共産党の姿勢がにわかに変わるようには思われない。小選挙区での勝利の見込みは，もはやほとんどない両党であるが，比例代表での得票を維持するために，今後も一定数の候補者を小選挙区で擁立し続けるであろう。したがって，小選挙区における非自民票のすべてが民主党に集中するという状況は，実現しそうにない。

共産党と社民党は，自民党だけでなく，民主党をも批判することで有権者の支持を獲得しているところがある。05年総選挙ではその傾向が一段と強まった。たとえば，共産党が「確かな野党が必要です」というキャッチフレーズを用いたキャンペーンを選挙期間中に展開したことはこうした文脈で捉えることができる。社民党が選挙後に「明らかに違憲状態にある自衛隊」という一文の入った「社会民主党宣言」を党大会（2006年2月11・12日）で採択したことも，こうした方向性をとることが社民党の生き残りにとってベストな選択であるとの確信を持ったからではなかろうか。

投票者の中には，自分の票が持つ効果を最大化するために，議席を得る可能性や政権の座につく可能性の高い大政党に投票するという戦略的投票者がいる一方で，政治の現状に対する不満を表明するために，議席を得る可能性や政権の座につく可能性の低い小政党に投票するプロテスト指向の投票者が存在するという議論がある[27]。確かに，日本の現状を見ると，自

とによって，勝利連合のラインを超える政党」であり，一次元的政策追求モデルにおいては，連合の交渉において最も優位にあると予測される政党である。加藤淳子「政党と政権」川人貞史・吉野孝・平野浩・加藤淳子『現代の政党と選挙』有斐閣，2001年，232-233頁，参照。

27　Shaun Bowler and David J. Lanoue, "Strategic and Protest Voting for Third Parties: The case of the Canadian NDP," *The Western Political Quarterly*, vol. 45, no. 2, 1992. Steven R. Reed, "Strategic Voting in the 1996 Japanese Gen-

民党にも民主党にも批判的な第3極を指向する人たちがいるようである。このようなプロテスト指向の投票者に支えられた政党が比例代表部分で生き残り，左側から民主党批判を徹底させるようになれば，その動きは政党政治全体にとって無視できないものとなるだろう。

　本章をしめくくるにあたって，選挙制度と政党システムに関する今後の研究課題について言及しておきたい[28]。

　選挙制度の政党システムに対する影響というのは，それぞれの国の政治状況や社会構造に応じて，本来は相当に長いスパンで現れてくるものと考えられる[29]。それゆえ，その流れを人工的に速めようとすれば[30]，当然のこととして政党組織には様々な負荷がかかってくる。現在採用されている小選挙区比例代表並立制は，小選挙区部分の議席の比率が大きいので，選挙

---

　　eral Election," *Comparative Political Studies*, vol. 32, no. 2, 1999.
28　紙幅の関係で本文の中では述べられないが，政党システムと利益団体との関係を明らかにすることも重要な研究課題である。1997年の団体調査では，自民党一党優位を前提とした団体－政党関係が依然として固定化していた（森裕城「団体－政党関係：選挙過程を中心に」辻中豊編『現代日本の市民社会・利益団体』木鐸社，2002年）。このような状況が継続しているのかどうかについては，2007年に実施された団体調査データの分析から明らかにしていく予定である。
29　たとえば，Maurice Duverger, *Political Parties: Their Organization and Activity in the Modern State*, Wiley, 1954 で，いわゆる「デュベルジェの法則」が書かれている箇所を読み返すと，デュベルジェ自身も政党システムの変化を比較的長いスパンで捉えていることがわかる。選挙制度の政党システムに対する影響については，邦語文献では，岩崎正洋『政党システムの理論』東海大学出版会，1999年，加藤秀治郎『日本の選挙　何を変えれば政治が変わるのか』中央公論新社，2003年，が包括的な検討を加えている。
30　デュベルジェの法則が成立するのは，機械的要因と心理的要因が働くからであると説明されるが，今日の状況では，「予言の自己成就」（政治過程のアクターが政治学の理論を知ってしまうことによってその行動が理論の予測する通りになること）という要因も強烈に作用しているように思われる。「予言の自己成就」については，次を参照。ロバート・K・マートン（森東吾他訳）『社会理論と社会構造』，みすず書房，1961年。社会科学における「予言の自己成就」の問題に関しては，直接的には，佐藤英夫編『国際関係入門』東京大学出版会，1990年，9－11頁より示唆を受けた。

過程を全体として見ると小選挙区制の特性が強く作用している。自民党と民主党の変化は，大枠では選挙制度に対する合理的な対応と考えることができるわけだが，その変化があまりにも急であるため，組織内部で大きな軋轢が生じている。政治過程の展開次第では，組織が空中分解してしまうこともあり得る。選挙に勝利するための合理的な行動から生じる負荷を，各政党がどのようにコントロールしていくのか。政党の合理性追求行動の評価は，こうした側面における政治過程の考察と併せて行われるべきだろう。

新選挙制度導入後10年を経て，比例代表部分が存在することの効果も強く現れてきた。これまで小選挙区部分での勝利が見込めない中小政党については，いずれ消滅するか大政党に吸収されていくだろうという見通しからその行動が論述されることが多く，その行動を規定する要因が正面から論じられない傾向があった。しかし，比例代表部分がある限りそれらの政党が消滅するとは考えにくく，また，政党政治に対し一定の影響力を持ち続けることが可能なことはすでに述べた通りである。

小選挙区比例代表並立制は，小選挙区制や比例代表制そのものとは異なる独立した選挙制度であり，独自のダイナミズムを持っている[31]。二大政党以外の中小政党が，この制度の下でどのような動きを示してくるか。それに対して二大政党はどのような対応を示すのか。個々の政党の行動原理の違いを押さえた上で，それらの政党が展開する相互作用をトータルに把握するための分析枠組を構築する作業が求められているといえよう。

---

31 小選挙区制と比例代表制の混合制度を1つの独立した制度として捉え，そのヴァリエーションと選挙過程への影響を考察した論文を集めたものとしては次の著作がある。Matthew Soberg Shugart and Martin P. Wattenberg, eds., *Mixed-Member Electoral Systems: The Best of Both Worlds?*, Oxford University Press, 2001.

補論

一人区における自民党の完敗
―1989年参議院選挙集計データの解析から―

1 はじめに

　1989年に行われた第15回参議院通常選挙は，参議院選挙史上最大の議席変動をもたらした選挙であった。消費税・リクルート事件・農産物自由化問題の3点セットに加えて首相の女性問題，土井ブーム，それに連合の登場と，すべてが相乗効果を発揮して自民党にかつてない痛撃を与えた。選挙区と比例代表を合わせた改選総議席数126における自民党公認候補者の当選数を拾ってみても第13回（83年）の68人，第14回（86年）の72人に比して，第15回（89年）は36人という激減ぶりである。第14回（86年）の自民党圧勝の遺産ともいえる非改選組を加えても，自民党は参議院でマジョリティを形成できなくなったわけで，仮にこの選挙が典型的な逸脱選挙[1]であって，次の92年に行われる第16回選挙において自民党が第14回（86年）に匹敵する大勝を収めたとしても，なお衆参ねじれ現象が少なくとも3年

1　逸脱選挙とは，有権者の政党支持分布には大きな変化はみられないが，争点や候補者に関わる短期的な要因によって現時点から大きくかけ離れた結果が現れた選挙のことである。これに対して，選挙結果の変動が政党支持分布の根本的な変化に起因しているものを再編選挙といい，自民党の敗北が「一時的懲らしめ」か「地殻変動」かという議論に通じている。蒲島郁夫は，89年の政党支持の変化は得票率や議席獲得率よりは小さく，逸脱選挙であったと分析している。「1989年参議院通常選挙の分析」『選挙』1991年3月。「89年参院選　自民大敗と社会大勝の構図」『レヴァイアサン』10号，木鐸社，1992年。

間続くことになった。

　確かにこの選挙では自民党は大敗を喫した。しかもその大敗の構図は，比例代表と選挙区選挙，選挙区選挙における一人区と複数区など，異なったメカニズムを抱える選挙のすべての領域において，予想を遥かに上回る自民党の得票減を描き出した。しかし，その中で特筆すべきことは，従来自民党の金城湯地といわれてきた一人区26選挙区において，3勝23敗という惨敗を喫したことであろう。

　本補論の目的は，この一人区にスポットをあて，得票集計データを以前の選挙と比較することによって，自民党敗北の特質を個々の選挙区得票，さらに選挙区内の地域票の変動の中から析出し，それらが各地域の特性に応じてこの選挙の主要争点とどのように関わっているのかを検討することにある。

　以下の分析では，第15回（89年）選挙における自民党の得票変動，つまり有権者の支持的投票の変動をできるだけ正確に読み取るために，改選期が同じでほぼ同一候補者間で得票の移動をとらえうる第13回（83年）選挙を比較の対象として選んだ。しかも，第13回選挙は12年をサイクルとして巡ってくる低投票率選挙時にあたり[2]，投票率（57.0％）も自民党絶対得票率（23.9％＝選挙区）も89年の時点では55年体制以降最低であり（図1），この回の自民党得票は同党のほぼ固定的支持層と考えられるので，この分析の主要な視点である浮動票の動きをとらえるのにも適しているからである。

　本論の展開は以下のとおりである。まず，この選挙では投票率の上昇が自民党に打撃を与えたこと，そしてそれが特に一人区において顕著であったことを指摘する。次に，各選挙区内での自民党の相対得票率の減少は，候補者の個人的支持要因によって影響を受けた特定の地域を除いては，ほぼ同率で現れていることを示す。さらに，この選挙で旋風を巻き起こした反自民票について，地域票の変動の中から次の2つのモデルを抽出し，そ

　2　石川真澄は，この12年のサイクルの低投票率は参議院選挙と統一地方選挙が重なるのが原因であるとして「亥年現象」と名づけている。石川『データ戦後政治史』岩波新書，1984年。

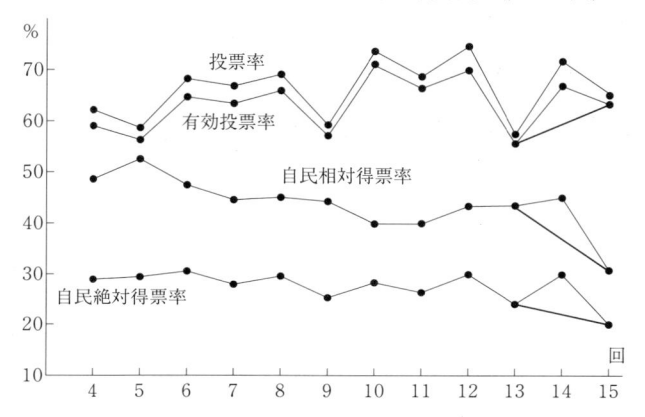

図1 参議院選挙区選挙投票率と政党得票率（4～15回）

れを主要争点との関わりにおいて検討する。

　第1は，自民党の絶対得票率がほぼ固定したまま，増加した投票参加が対決野党に流れているパターンで，これを「浮動票逆効果モデル」と呼ぶ。第2は，自民党絶対得票率がみるべき低下を示し，一方では投票率の上昇に加速されて，相対得票率が著しく押し下げられるパターンで，これを「離反・反逆モデル」と呼ぶ。

　この分析で注目されるのは，一人区26選挙区のトータルな集計では「浮動票逆効果モデル」の傾向が顕著にあらわれているが，個別選挙区，選挙区内市郡の諸変数の変動を解析すれば，地域によっては「離反・反逆モデル」の傾向が強烈に作用していたという事実である。そこで，この「離反・反逆モデル」が農村地域における自民党農政への批判と密接に結びついていること，また消費税への反発がリクルート事件への批判と連動して都市部の有権者の足を動員し，「浮動票逆効果モデル」が対決の鮮明な一人区において効果的に作用していたことを，地域票の分析の中から解明していくことにする。

　なお，ここで統計的処理を行った得票データは，参議院事務局編『各回参議院通常選挙一覧』に依拠している。すべてアグリゲート・データであり，分析の基軸を投票率・得票率の変動においたため，争点との関わりについては，地域の社会・経済的特性や各紙の選挙区情報からみた推測によ

るものである。選挙時の世論調査等のサーベイ・データとのクロス分析が渇望されるところであるが，地域的に細分化された調査データの収集には限界があり，今後の課題としておきたい。

2 集計データにあらわれた大敗の特質

まず，次の2つの視点から，この選挙における自民党大敗の全体像をとらえてみよう。第1は，投票率の変化は選挙結果にどのような影響を及ぼしたのかということ，第2は，自民得票率の減少は当選数にどう影響したかということである。

(1) 投票率と絶対・相対得票率

前頁図1は，自民党結党後の参議院選挙（地方区）の投票率と自民党得票率の推移を示したものである。投票率はこれまで各回ごとに増減のジグザグを繰り返している。特に80年以降は第12回（80年）と第14回（86年）が衆参同日選挙であったため，このジグザグが一層激しくなっている。したがって，第15回選挙における投票行動の変化を分析する場合には，同日選挙による投票動因要素を排除し，かつ議員の改選期の同一性をも考慮すると，比較する対象は前々回の第13回（83年）選挙とする方が妥当であろう。

図1の第13回と第15回を結んだ太線からいえることは，投票率の上昇とは逆に自民党の相対得票率が激減していること（−12.5），しかし絶対得票率の下降はそれ程大きくはない（−4.4）ということである。これを実数でみると，第15回（89年）選挙では第13回（83年）に比して有効投票数は1070万票増加したが，保守系無所属を含めた自民系の得票数は140万票減少している。つまり，巨視的にみれば，第13回選挙における棄権層の大量の投票参加，1千万を超える有権者の一票一揆が自民党政治に痛棒をくらわしたのではないかということである。

これまでの自民党の得票傾向は，ほぼ投票率の増減に沿った動きを示してきた。そのことは，図1の投票率と自民党絶対得票率の折れ線のパラレルな推移からも明らかであろう。政党支持なし層，無関心層などのいわば浮動票の行方が選挙の趨勢を決めるという仮説については，すでに多くの

研究がこれを検証している³。衆議院選挙に関しても，ロッキード事件以降三たび襲った自民党の過半数割れの危機状況は，同日選挙をかませた投票率の上昇で修復された経緯がある。ところが参議院の第13回と第15回の比較では，この浮動票効果仮説が極めて効果的に逆方向に働いたといえる。

ここで注目したいのは，第15回選挙におけるこのような傾向は，一人区においてより強くあらわれていることである。まず有効投票率の増加であるが，一人区では第13回に比して10.4ポイント増で，改選数2～4の複数区の7.3ポイント増よりも大きい。次に保守系無所属を含めた自民系の得票率についてみると，一人区では10.7ポイント減，複数区では11.2ポイント減となるが，絶対得票率では一人区は1.8ポイント減で，複数区の3.8ポイントより小さい。つまり，この選挙の特色は，自民党の極端な得票減というよりは増加した有権者の反乱であって，それが特に自民党の砦であった一人区を席巻したということではなかろうか。

(2) 得票率と議席数

次にこうした自民党の得票率減少は，現実の問題として，当選結果にどう影響したのだろうか。それは，比例代表，一人区，複数区においてかなり異なった結果をもたらしている。

表1は，第13回および第14回に対する自民党の議席数（率）と得票率の減少を，比例代表（改選数50），複数選挙区（同50），一人区（同26）にわけて示したものである。自民党の当選者は比例区，選挙区を合わせると第

表1 自民党得票率・議席数（率）の減少

第15回—第13回	比例区	選挙区			第15回—第14回	比例区	選挙区		
		一人区	複数区	計			一人区	複数区	計
得票率	−8.01	−16.14	−11.12	−12.54	得票率	−11.26	−16.28	−13.54	−14.37
議席数	−4	−21	−7	−28	議席数	−7	−20	−9	−29
議席率	−8.00	−80.77	−14.00	−36.84	議席率	−14.00	−76.92	−18.00	−38.16

---

3 堀江湛・梅村光弘編『投票行動と政治意識』慶応通信，1986年。石川真澄，前掲書。また三宅一郎は，この仮説を「社会動員仮説」とし，「合理投票仮説」「投票動機仮説」とともに検討を加えている（三宅一郎『投票行動』東大出版会，1989年）。

13回に比して32人減，第14回に比して36人減であるが，その議席減は比例代表に比して選挙区選挙において大きく，選挙区選挙の中でも一人区において際立って大きい。これを得票率と議席率との関係でみると，比例代表ではその本来の制度の特質から得票率の減少にほぼ見合った議席減となっているが，選挙区選挙となるとその乖離が大きくなり，一人区にいたっては，16ポイント余りの得票率の減少が議席率においては実に81ポイント，77ポイントの減少という結果をもたらしているのである。

図2は，自民党結党後のすべての参議院通常選挙（第4回—第15回）の選挙区（旧地方区）選挙における自民党得票率と当選数との関係を時系列的にとらえたものである。第14回までは一人区は複数区に比して変動の幅が小さいが，第15回では一人区においてまさに「逸脱」の名にふさわしい激震が起こったことが視覚的にも明らかであろう。

図2 　自民党得票率と議席数の推移
　　　　（4〜15回）

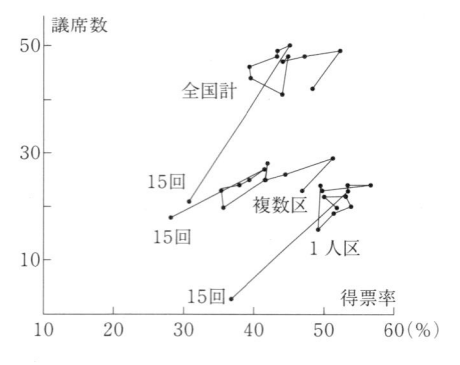

小選挙区制は，有権者の争点選択が一定の域を越えて変動すれば，過剰な程敏感に議席に反映するといわれるが，現実の問題としてはこれは見事な本邦初体験である。

一人区は26県あり，もともと自民党の支持の厚い農村部をかかえる県が多く，これまで自民党の金城湯地といわれてきた。最近の保守系無所属を含めた自民系の戦績をみると，第14回（86年）では25勝1敗，第13回（83年）では24勝2敗であり，自民党結党以来最高の落選者を出した第9回（71年）でも敗北は9選挙区に過ぎない。第15回（89年）の3勝23敗がいかに地滑り的な大変動かは語るまでもなかろう。

そこで，この異変の渦の中心ともいえる一人区の分析に移っていくことにする。

3　一人区における投票率変動効果

まず，表2により，一人区26選挙区の最近の概要を整理しておこう。

自民党は，第13回選挙では26全選挙区に候補者を立て，大分（社）と沖縄（諸）を除く24選挙区で当選，第14回では滋賀（無＝後に連合）を除く25選挙区で自民系無所属2名（青森・宮崎）を含み当選を果たした。これに対して第15回では，宮崎で候補者の擁立に失敗し，25選挙区の公認候補で当選したのは富山・和歌山・佐賀の3人だけという惨敗ぶりであった。第13回およびその後の補選で当選した24人の中で，再選を期して現職出馬したのは20人（うち2人は公認漏れで無所属＝青森・島根）であったが，当選は僅か2人（和歌山・佐賀）だけであり，18人の現職落選組の中には当

表2　一人区(26)における自民系列候補の戦績と主要候補者（第15回）

	自民党系候補の当落			自民党公認候補	保守系無所属候補	対決野党系候補	公認（推薦）
	13回	14回	15回				
青森	○	○	×	高橋長次郎	＊松尾官平（現）	三上隆雄	無（社）
岩手	○	○	×	村田柴太		小林仁一（現）	社（進）
宮城	○	○	×	＊星長治（現）	中野正志	栗原和夫	社（進）
秋田	○	○	×	＊出口広光（現）		細谷昭雄	社（進）
山形	○	○	×	＊降矢敬義（現）		星川保松	連（社・民・社民）
富山	○	○	○	鹿熊安正		横山真人	社
石川	○	○	×	＊嶋崎均（現）		栗森喬	連（社・民・社民）
福井	○	○	×	＊山内一郎（現）		古川太三郎	連（社・民・社民）
山梨	○	○	×	＊志村哲良（現）		磯村修	連（社・民・社民）
岐阜	○	○	×	＊杉山令肇（現）		高井和伸	連（社・公・民・社民）
三重	○	○	×	＊水谷力（現）		井上哲夫	連（社・民・社民）
滋賀	○	×	×	＊河本嘉久蔵（現）		中村鋭一（元）	連（社・公・民・社民・進）
奈良	○	○	×	榎信晴		新坂一雄	連（社・民・社民）
和歌山	○	○	○	＊世耕政隆（現）		東山昭久	社
鳥取	○	○	×	＊西村尚治（現）		吉田達男	無（社）
島根	○	○	×	細田重雄	＊成相善十（現）	岩本久人	無（社・社民）
山口	○	○	×	＊松岡満寿男（現）		山田健一	社（社民・進）
徳島	○	○	×	＊亀長友義（現）		乾晴美	連（社・民・社民）
香川	○	○	×	＊真鍋賢二（現）		＊喜岡淳	社
愛媛	○	○	×	＊桧垣徳太郎（現）		池田治	連（社・公・民・社民）
高知	○	○	×	林迪（現）		西岡瑠璃子	社
佐賀	○	○	○	陣内孝雄（現）		柴田久寛	社
長崎	○	○	×	＊宮島滉（現）	松谷蒼一郎	篠崎年子	社（進）
大分	×	○	×	牧野浩朗		＊梶原敬義（現）	社（社民）
宮崎	○	○	×		大崎茂・中武重美	野別隆俊	社
沖縄	×	○	×	比嘉幹郎		＊喜屋武真栄（現）	諸（社・公・共・大）

当－落　24-2　25-1　3-23
＊印　前改選期の第13回にも立候補した候補者
（現）　現職参議院議員
政党略名　　連＝連合の会　　社民＝社会民主連合　　進＝進歩党　　大＝沖縄社会大衆党

選3回以上の閣僚経験者が6人も含まれている。

次に，この自民党候補者と事実上当落を競った対抗馬は，社会12，連合10，諸派1，無所属3（いずれも社会推薦）となり，このうち落選したのは社会党の3人だけである。現職の出馬は社会2，諸派1だけで，総じて自民党のベテラン組に野党の新人が戦いを挑み，これを打ち破ったという構図である。

ここで一人区における各政党の得票数を点検すれば，一人区でこの大変動をもたらしたのは，第13回と比較した場合には投票参加の増加だという推測が成り立つ。

有効投票総数は第13回が約1300万，第15回が約1600万で300万余の増加であるが，保守系無所属を含めた自民系の得票数は第13回が697万，第15回が688万で，得票減は僅か9万票に過ぎない。その結果，自民系の絶対得票率は第13回に比して1.8ポイントの減に過ぎないが，相対得票率では10.7ポイントもの減少が算出される。これに対して，社会党は，第15回では第13回の丁度半数の候補者でほぼ同数の得票を獲得し，加えて新たに登場した連合がほぼ投票数の増加に見合う300万余を頂戴した勘定になる。さらに改選期は異なるが，第14回の同日選挙では第13回より増加した有効投票数は365万だが，自民系には296万に近い得票増がみられる。

つまり，当時史上最低の投票率といわれた第13回に比して，第14回では増加した投票者は自民党に投票し，第15回では自民党に反逆したということである。もちろん，この傾向は他の複数区にもみられるが，一人区は相対的に自民系の得票率が高く，第13回に比して大きな得票減はみられないこと，しかし一方でふくれ上がった反自民票が極端な議席変動をもたらしたところに特質をみることができる。

こうした傾向，つまり投票率の上昇は自民党に不利に働いたのではないかという仮説を検証するために，個別選挙区内の地域票の動きに立ち入ってみることにする。

図3は，第15回選挙において一人区で自民党が候補者を立てた25選挙区内の468市郡について，第13回選挙に対する有効投票率の増減を横軸に，自民党得票率の増減を縦軸にとってプロットしたものである[4]。図3−1は絶対得票率を，図3−2は相対得票率をとってみたが，前者ではやや正の

図3－1　有効投票率の増減（X軸）と
自民絶対得票率の増減（Y軸）（13～15回）

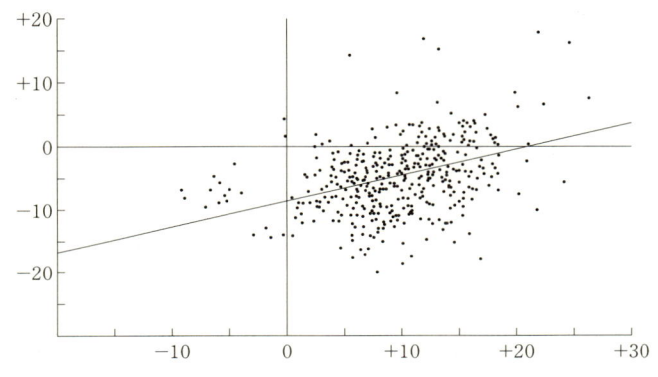

図3－2　有効投票率の増減（X軸）と
自民相対得票率の増減（Y軸）（13～15回）

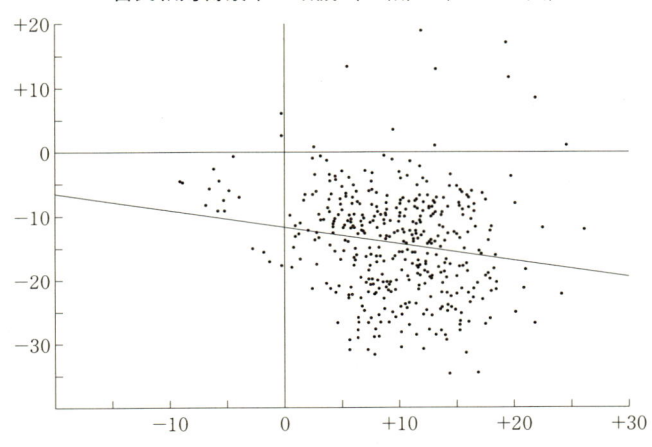

※図3－1，図3－2いずれも一人区（宮崎を除く）25選挙区468市郡

相関が，後者では負の相関がみられる。
　図3－1にみられるように468市郡のうち451市郡において投票率は上昇

4　第13回参議院選挙以降，一人区では宮城県で行政区画の変更があったため，第15回との得票率増減を算出するにあたって，第13回の泉市および名取郡の票は仙台市に加算して処理を行った。

しているが，さらにその中で368市郡（第4象限）では絶対得票率は第13回に比してマイナスとなっている。しかし，この両変数は正の相関を示しており，投票率の増加値もたとえマイナス値であれ相対的に高くなっている，つまり得票減は少なくてすんでいることになる。

ところが図3－2をみると，これとは逆に投票率の増加値が高いと相対得票率は明らかに低下傾向をみせている。投票率の増加が相対得票率の上昇をもたらした地域は図3－2にみられるように，468市郡中わずか10市郡にすぎない（第1象限）。この10市郡は，地方区選挙特有の候補者地盤の影響を受けた地域である。その中で際立っているのは，自民党新人が当選した富山県の魚津市，黒部市，下新川郡（県東北部），現職落選の福井県の大野郡（県東部），新人落選の奈良県五條市（県南部），新人落選の大分県津久見市（県南東部）などであるが，これらはいずれも候補者の出身地や支持基盤であって，特に第13回とは異なった候補者の擁立により，地域票が変動したところが大部分を占めている。

全体的にみれば，468市郡のうち438市郡において投票率の増加の中で自民党相対得票率の減少が現れており（図3－2の第4象限），また25選挙区中18選挙区ではすべての市郡において得票率は減少を記録している。

参議院の選挙区選挙，特に政党の対決となりやすい一人区では，衆議院の中選挙区ほどには地域的支持特性はあらわれないにしても，保守の支持基盤が厚い一人区のすみずみまでこのような画一的な投票率変動効果が生じていることは，まさに壮大な地滑りといわなければならないであろう。

4 地域票変動の基本モデル

それでは，この壮大な地滑りは，各個別選挙区の中で，また選挙区内の各地域ではどのように現れているのだろうか。

第15回選挙では，これまでになく争点選択が大きく影響したことは否定すべくもないが，それでも選挙区選挙，特に一人区においては，候補者の個人的属性（経歴・地域的名望），党公認の経過と結果，対決候補の数と力量などの諸条件に起因する投票行動の変化が予測される。投票行動の変化を以前の選挙との比較において論ずる場合には，まず双方ができるだけ類似した条件をもつ選挙区を選択して，変化の基本モデルを抽出することが

望まれる。それらの条件の中で自民党と対決した野党系候補については，すべての選挙区において社会党，連合または野党推薦の無所属単独候補であり，それ以外の野党候補は法定得票数にも達していないので，ここでは，自民党の候補者側の条件によって26選挙区を次の3つのグループに分類してみる。

A＝自民党公認候補者が第13回選挙と同一人物
　宮城，秋田，和歌山，山口，香川，高知，長崎（社会党と対決），山形，石川，福井，山梨，岐阜，三重，滋賀，徳島，愛媛（連合と対決），鳥取（社会推薦無所属と対決），以上17選挙区

B＝自民党公認候補者が新人または補選経験者
　岩手，富山，佐賀，大分（社会党と対決），奈良（連合と対決），沖縄（社・公・共など4野党推薦の諸派と対決），以上6選挙区

C＝自民党の公認調整失敗（自民党が公認候補を立てられなかったか，または公認候補のほかに第13回当選の自民現職が無所属で立候補した選挙区）
　宮崎（社会党と対決），青森，島根（社会推薦無所属と対決），以上3選挙区

　これらのグループの中で，もっとも比較条件に適しているのは，いうまでもなく自民党公認が同一人物であるAグループである。そこで，まずAグループを基本素材として地域票の変動の特質を検出し，次いで自民党公認が新人または補選当選者であるBグループの中で類似パターンを検討する。保守分裂選挙となったCグループについては，特異な変動例として指摘するにとどめる。

(1)　Aグループ
　次頁表3は，Aグループ17選挙区とBグループ6選挙区における自民党候補者の第13回と第15回との相対得票率を比較し，かつ地域票の変動の差

表3　自民党候補者の得票率変動

(Aグループ)

選挙区	相対得票率 13回	相対得票率 15回	増減	市郡数	相関係数	絶対得票率の増減	対決野党
宮城	48.5	24.3	−24.2	25	0.7862	−10.6	
秋田	49.0	32.6	−16.4	18	0.7216	−6.5	
和歌山	60.4	46.1	−14.3	14	0.9378	−1.9	
山口	50.8	40.1	−10.7	25	0.8688	−0.5	社会
香川	61.1	43.4	−17.7	12	0.9300	−3.8	
高知	54.0	40.7	−13.3	16	0.6648	−3.8	
長崎	55.9	31.1	−24.9	17	0.8464	−8.6	
山形	55.1	42.3	−12.8	22	0.6362	−3.8	
石川	65.4	46.4	−19.0	16	0.7496	−1.0	
福井	55.1	46.7	−8.4	17	0.6916	+1.4	
山梨	55.8	44.9	−10.9	15	0.9565	−4.1	
岐阜	54.4	41.8	−12.5	31	0.9164	−2.4	連合
三重	50.1	39.9	−10.2	27	0.7906	−3.0	
滋賀	51.9	43.3	−8.5	19	0.9122	−0.4	
徳島	56.4	39.2	−17.2	14	0.7956	−1.7	
愛媛	64.5	40.9	−23.6	23	0.8917	−8.6	
鳥取	49.2	44.3	−4.9	10	0.9000	−2.2	無所属
17区計	54.7	39.5	−15.2	321	0.6788	−4.2	

(Bグループ)

選挙区	相対得票率 13回	相対得票率 15回	増減	市郡数	相関係数	絶対得票率の増減	対決野党
岩手	55.8	34.0	−21.8	25	0.5974	−7.5	
富山	56.1	51.1	−5.0	16	0.4275	+4.7	社会
佐賀	66.8	47.7	−19.1	15	0.8618	−5.8	
大分	47.3	37.8	−9.4	23	0.6528	−4.8	
奈良	44.3	35.5	−8.8	17	0.7754	−0.8	連合
沖縄	42.9	37.7	−5.2	15	0.8538	−5.8	諸派
6区計	51.3	40.0	−11.3	111	0.5750	−3.5	

＊　13回選挙における宮城県の泉市と名取郡の票は，仙台市の票と合算して15回との増減を算出した。

異をみるために市郡別得票率を単位に相関係数をとり，さらに絶対得票率の増減値を掲げたものである。

自民党候補者が第13回と同じ顔ぶれのAグループ選挙区でも，相対得票率はトータルで15.2ポイントも減少している。その中で24ポイント台の減少を記録した長崎と宮城は，有力な保守系無所属との競合を考慮しなければならないが[5]，保守系が自民現職単独であった他の15選挙区でも，相対得票率の減少は愛媛の23.6ポイントを筆頭に，石川の19.0ポイント，香川の17.7ポイントと続き，減少が10ポイント未満は福井，滋賀，鳥取の3県のみである。唯一自民党候補が当選した和歌山でも14.3ポイントのマイナスとなっている。

5　宮城県の保守系無所属（元県議・代議士秘書）・中野正志は法定得票数に2万票余り足りない14万票を獲得したが，自民現職・星長治にはそれをやや上回る減票がみられる。長崎の保守系無所属（自民党公認漏れ）・松谷蒼一郎は法定得票数はクリアし，一方自民現職・宮島滉は8万7千票の減票となっている。

相関係数の値は，プラス1に近いほど各市郡の得票率が同率で変化していることを示すが，すべての選挙区で極めて高い正の相関が算出され，候補者要件や地域的な条件の異なった全選挙区231市郡をトータルにとらえてみても，0.6788となる。これを個別選挙区でみると，山梨，和歌山，香川，岐阜，滋賀で相関係数が0.9を超え，すべての市郡で同様な地滑りが生じていることがわかる。

相関係数が相対的に低い山形，高知，福井（0.6台）では，僅かながら相対得票率が平均的な変動から逸脱した地域がみられるが，これらは自民党候補者または対決野党系候補の属性に影響された地域である。例えば，山形では自民党候補・降矢敬義の出身地の西田川郡，連合候補・星川保松が市長を勤めた尾花沢市と出身地の北村山郡，高知では自民党候補・林迪の出身地・宿毛市，社会党女性候補・西岡瑠璃子の出身高校のある安芸市，そして福井では自民党候補・山内一郎の出身地盤の大野郡と勝山市，連合候補・古川太三郎の出身地の小浜市などである。これらの逸脱地域を除いて相関係数を算出すると，山形＝0.9228，高知＝0.8312，福井＝0.8826となる。その他の選挙区を点検してもほぼ同じような傾向がみられ，一人区の自民党現職は，有権者の社会党・連合支持の前に地域を超えた等圧を受けて敗退したといえよう（図4）。

次に，これらの選挙区での自民党の敗北には，大まかにいって2つのパターンがみられる。1つは，従来の自民党支持層の明らかな反逆で，この場合は相対得票率の激減のみならず，絶対得票率にもみるべき低下があらわれ，いわゆる「離反・反逆モデル」を示す。

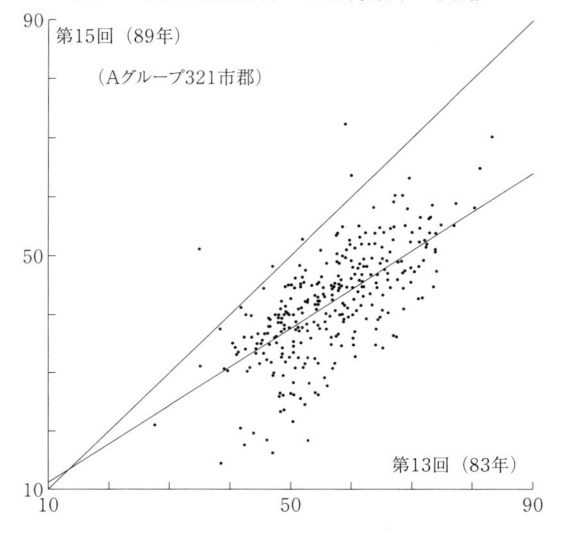

図4　自民党候補者・市郡得票率の変動

（第15回（89年）／第13回（83年），Aグループ321市郡）

もう1つは，現職候補が前回に近い自己得票を辛うじて維持しつつも，増大した有権者の投票参加が逆風に乗った場合で，絶対得票率は微減のまま相対得票率が押し下げられる，いわゆる「浮動票逆効果モデル」である。

第1のパターンが，農政問題を主要争点として戦われた選挙区にみられるのは興味あることであるが，その典型的な選挙区として，愛媛，秋田をとりあげてみよう。いずれも第13回・第15回とも自・社（連）・共の単独対決型の選挙区である。

愛媛はこれまで自民党が参議院選挙に11連勝するという保守の牙城で，候補者・桧垣徳太郎は元郵政大臣，当選3回で農林事務次官，党農政調査会長の経歴をもつ。農協を中心とする集票マシンに支えられ，第13回では相対得票率65.5％で対抗馬の社会党候補・神内久綱に24万票近くの差をつける楽勝であった。全国一のミカン産地の農民は，前年来の牛肉・オレンジの自由化，減反政策に反発して県内最大の周桑農協が連合新人候補・池田治を支持し，その動きは管外の農民にも波及して，自民党相対得票率の低下は，震源地周桑郡の30.3ポイント減を筆頭に全23市郡を隈なく襲い，トータルで23.6ポイント減を記録した。28.8ポイント減の伊予郡，26.5ポイント減の温泉郡は，85年農業センサスでミカン栽培人口比が全国十指に入る町を含む地域である。

絶対得票率も全市郡で軒並みに低下してトータルで8.6ポイント減，得票数にして83,597票という減少であるが，注目されるのは，絶対得票率の減少が市部（12市）6.9ポイントに対して郡部（11町村）で11.8ポイントにもなっていることである。「ミカン王国農民の反乱」といわれるゆえんである（図5－1。×印は絶対得票率）。

秋田では，自民現職候補・出口広光が前回初当選，社会党候補・細谷昭雄が過去に衆議院当選2回という知名度の相違はあったが，やはり農政問題で農民の自民離れがみられる。減反，米価低迷，コメの自由化の動きなどが自民党農政への不満を募らせ，県農政連の自主投票決定，農協青年部の自民党不支持などで，自民党候補者の相対得票率は第13回に比して16.4ポイント低下した。図5－2にみられるように，全市郡にわたる得票率減となっているが，その中で24.1ポイント減の仙北郡，20.0ポイント減の由利郡は，やはり85年農業センサスでコメ生産人口比が全国十指に入る中仙

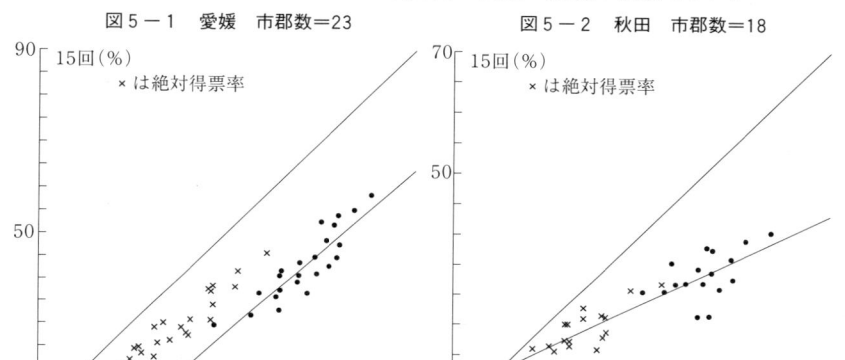

図5　自民党候補者・市郡得票率の変動（離反・反逆モデル）

図5-1　愛媛　市郡数＝23　　　　図5-2　秋田　市郡数＝18

町，鳥海町，東由利町を含む農業地帯である。

　ここでも絶対得票率の低下は6.5ポイントと大きく，得票数にして58,856票の減票，しかも郡部（9町村）が8.8ポイント減で，市部（9市）の4.4ポイント減と対比すると，米作農民の反乱の姿が浮き彫りにされている（図5-2）。

　このように自民党支持層の離反と反逆（野党系候補への投票）が集計データから明らかに看取できる選挙区は，その他に香川，高知，山梨があり，またこのAグループではないが，自民党新人・村田柴太を社会党現職（補選当選）・小川仁一が大破した岩手も，いま例示した愛媛，秋田と酷似したパターンである。

　次に第2のパターン，つまり自民党現職に極端な減票はみられないものの，投票率の増加が野党系候補者を追い風に乗せた選挙区としては，福井，滋賀，山口，石川などがあり，これらは福井を除いては絶対得票率はわずかながらマイナスであるが，得票数そのものは増加している。また有効投票率の上昇も相対的に高い。

　ここではその典型的な事例として，山口と石川をあげる。両選挙区ともこれまで保守系候補の独壇場で，対決候補は山口が社会党県議，石川は連合の中で唯一の社会党系の県評議長で，いわば自社対決選挙区である。

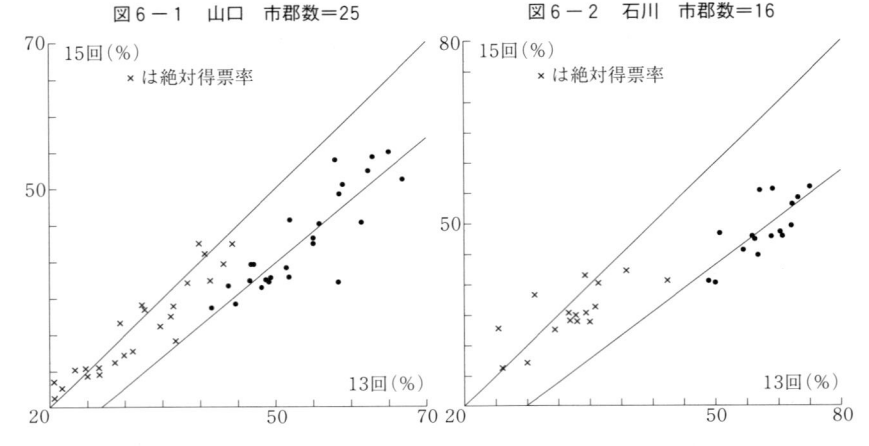

図6　自民党候補者・市郡得票率の変動（浮動票逆効果モデル）

図6-1　山口　市郡数=25

図6-2　石川　市郡数=16

　山口では，社会党新人・山田健一が83年の社会・民社を合わせた得票をさらに18万7千票も上回る43万票に近い破格的な得票をあげ，自民党現職・松岡満壽男に10万8千票も水をあけたが，この増票は有効投票数の増加17万票余と共産党の減票をあわせた18万8千票にほぼ見合うものである。自民党現職は初当選の前回より1,558票の増加，絶対得票率の減少は0.5ポイントで得票はほとんど動いていない。地域票についても，社会党候補の出身地・熊毛郡でやや大きな減票がみられるだけで，絶対得票率は図6-1にプロットしたようにほぼ対角線上に点在し，地域集票構造はほとんど変化していない。しかし，投票率の増加によって各市郡の相対得票率は結果的にはほぼ均等に圧迫された形となっている（相関係数=0.8688）。

　石川では，自民党現職・嶋崎均が当選4回のベテランで法務大臣の経歴をもち，前回は27万票を獲得して得票率65.4％という圧勝であったが，ここでも得票数は5千票余の増加，絶対得票率は1.0ポイントの減少で，得票そのものは現状維持とみてよい。社会党系の連合新人・粟森喬は，前回の社会党票10万7千票に有効投票数の増加分18万票をそっくり上乗せする形で急追し，結果的にはわずか千票余の僅差で保守の牙城を打ち破った。自民党の相対得票率の減少は19.0ポイントであるが，それはほとんどの市郡において均等に現れている（図6-2）。

このパターンのように，投票参加の増大が従来の仮説とは逆に野党系候補を利する「浮動票逆効果モデル」の傾向がみられる選挙区としては，徳島，和歌山，岐阜などがあげられよう。

(2) Bグループ

このグループの選挙区の自民党候補者は，補選当選の佐賀を除いては新人で，したがって顔触れは第13回選挙とは異なっている。しかし，いずれも自社共または自諸（沖縄）単独対決型であるため，得票の対比は可能であろう。これに対決した野党系候補は，大分，沖縄が第13回に当選の現職・梶原敬義，喜屋武眞榮，岩手が補選当選の現職・小川仁一である。

これらの選挙区の中で，岩手が前に述べた第1のパターン「離反・反逆モデル」，奈良が第2のパターン「浮動票逆効果モデル」を示す。

岩手の社会党候補・小川仁一は，過去8回国政選挙に出馬して衆議院当選2回の経歴をもち，2年前の参議院補選では「ミスター反売上税」の異名をとって，自民党前職の身代わり候補を破っている。自民党新人との知名度の差はあるものの，44万票余は史上最高で，前回より3万人の有権者増の選挙で自民党候補・村田柴太は前職より7万票の減票となり，相対得票率は21.8ポイント減であった。共同通信社の事前調査では，浮動票の6割近く，自民党支持者の4割近くが今回の社会党候補支持に回っていることが報告されており[6]，選挙結果も自民党の絶対得票率の減少は7.5ポイントで，これは愛媛に次ぐ高率である。地域票をみても，自民党新人の出身地・稗貫郡の極端な増票を除いては，絶対・相対得票率とも各市郡で大きく低下し，特に県最南端の米作農業地域・肝沢郡で26.8ポイント，西磐井郡で30.2ポイントの相対得票率の低下が目立っている。

奈良は自民党新人・榎信晴と連合新人・新坂一雄の対決であったが，自民党は前回より得票数を15,519票伸ばし，絶対得票率の低下は0.8ポイントに過ぎない。絶対得票率は五條市の逸脱を除いては各市郡ともほぼ前回の水準を維持している。一方，相対得票率は全体で8.8ポイントの減少で，この圧縮をもたらしたものは投票率の上昇（有効投票ポイントで9.4%）に加

---

6 共同通信系各紙の「参院選終盤情勢」『岐阜新聞』1989年7月21日朝刊。

えて人口の増加である。第13回選挙から6年の間に有権者は10万4千人増え（11.9ポイント），それは特に京都・大阪への通勤圏である奈良市，生駒市に顕著である。たとえば有権者増加率が26.7％を記録している生駒市では，自民党の相対得票率は12.3ポイントの低下をみせている。一方，連合新人は，この生駒市で前回の社会党・民社党を合わせた票よりも絶対得票率にして10.6ポイント，選挙区全体で8.9ポイント増え，増加した人口や浮動票の受け皿になっていることを示している。

このグループで自民党が勝利した富山と佐賀は，ともに自民党相対得票率は低下しているものの，絶対得票率は，富山では4.7ポイント増加し，佐賀では逆に5.8ポイント減少している。富山での増票は，候補者・鹿熊安正の地元である県東北部（魚津市，黒部市，新下川郡）がずば抜けて大きいが，全体的に前回よりも得票を伸ばし，同じく各地域で得票を伸ばした社会党候補・横山真人を振り切った，いわば一人区唯一の安定勝利区といえる。

これに比べて佐賀の補選当選の自民現職・陣内孝雄は，公認調整時の内紛のあおりも多少あるが，県内全地域で例外なく自民前職より絶対・相対得票率を落としながら，1万票余の僅差で辛うじて逃げ切っている。特に県西南部の農漁業地域の減票が大きく，パターンとしては，第1の「離反・反逆モデル」の傾向がみられる。

大分・沖縄は第13回に続いて自民党が野党同一候補に敗北した選挙区であり，ここでは相対得票率のみならず，絶対得票率も大きく減少している。

(3)　Cグループ

このグループは，有力な保守系無所属が独自に出馬した宮城や長崎の事例とは異なって，自民党の公認過程で内紛が生じ，激しい保守分裂選挙となった選挙区である。

宮崎は農業総生産の6割が畜産で，牛肉自由化の農政批判の中で自民党が公認または推薦できなかった全国唯一の選挙区，島根は派閥をからめた自民党県連の内紛で公認候補のほかに自民現職が無所属出馬した選挙区で，ともに保守系2人の票の喰いあいで敗退している。

青森も現職の無所属出馬で保守分裂選挙であったが，ここでは社会党推

薦の無所属候補・三上隆雄が農政連幹事長で，自民党農政批判と核燃料リサイクル施設阻止で支持を広げ[7]，保守系2人の合計相対得票率40.7%を大きく凌駕する52.2%を獲得している。この選挙区は83年とともに保守乱立であるため，地域票にまで立ち入って保守票を83年と対比することは適切ではないが，当選した無所属候補の得票を第13回の社会党推薦候補と比較すると，津軽地方（リンゴの放射能被害が懸念され，同時に当選無所属候補の出身地）での増加率が大きく，地域別の変動には大きな格差があるものの（相関係数は0.0172でほとんど無相関）全市郡で得票率は大きく伸び，トータルで相対得票率は23.4ポイント増，絶対得票率は16.2ポイント増となっている。有効投票率の増加が7.5ポイントであることからみると，「離反・反逆モデル」の傾向が強いといえる。

5　総括と展望

　以上一人区の個別事例の検討を通して，第15回参議院選挙区選挙で自民党に向かって吹き荒れた逆風は，各選挙区，各地域において風の方向もその風圧もほぼ等しかったことをとらえ，その中で，自民党の決定的敗北には，2つの基本モデルがそれぞれの地域特性に応じて作用していることを明らかにしてきた。そこで，最後にこの「離反・反逆モデル」と「浮動票逆効果モデル」とを，この選挙の争点との関係で総括しておこう。

　第15回選挙の自民党敗北は，リクルート事件，消費税問題，農政問題という3点セットの相乗効果といわれるが，政治倫理問題としてのリクルート事件は，都市・農村や職業・階層を超えた普遍的効果をもったとみてよい。ところが，消費税と農政は直接生活保守に関わる問題であり，有権者の反応には地域性，階層性の影響は避けられない。

　その中で農政問題は「離反・反逆モデル」と不可分の関係にある。この

---

[7] 青森の保守分裂で，無所属出馬の前自民現職・松尾官平が自民党公認候補・高橋長次郎の2倍近い得票を獲得したが，これら保守票を合算しても社会党推薦新人に8万票近く及ばず，異例の保守惨敗であった。それには，農政問題に加えて核燃料被害予測が絡んだ特異な背景があった。この事情については，柳井道夫・谷藤悦史「第15回参議院通常選挙の特質と位置づけ」（『選挙研究』5号，1990年）に詳しい分析がある。

モデルの特徴は、自民党が相対得票率のみならず絶対得票率も大きく後退させているところにあるが、絶対得票率のマイナス値が大きい選挙区は、青森、岩手、宮城、秋田、山形、山梨、島根、香川、愛媛、高知、長崎、大分（3.8ポイント以上）であり、減反、米価引き下げ、コメの自由化の動き、牛肉・オレンジの自由化などの痛手をもろに受ける東北・四国・九州の農村型選挙区がほとんどを占めている（図7・散布図の左下方のサークル）。しかも、これらの選挙区における対決野党系候補は、3選挙区を除いては社会党公認もしくは同党推薦候補で、農政通のベテランやそのテコ入れを受けた農村出身者が多く、自民支持層を引き離すのに効果的な運動が展開されていたことも無視できない。

また個別選挙区の中で市部と郡部を比較しても、表4に示したように、全選挙区例外なしに自民党の絶対得票率の減少は市部よりも郡部の方が大きく、この「離反・反逆モデル」と農政争点との結びつきが示されている。

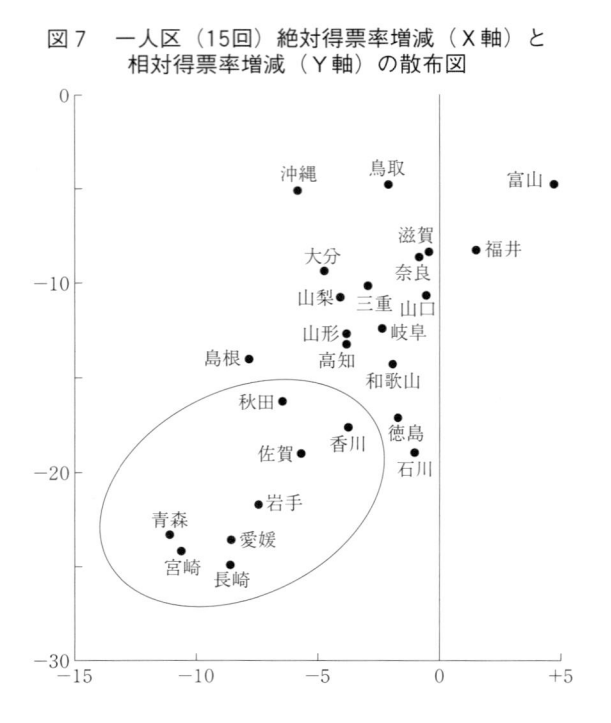

図7　一人区（15回）絶対得票率増減（X軸）と相対得票率増減（Y軸）の散布図

一方、消費税問題は都市の消費者の反感を買ったといわれるが、農村地域においても、生産コストと生活経費の両面で無視できない影響を与え、反自民の動きを加速したと考えられよう。しかし、都市部の住民はこれまでにも相対的に高い税負担を強いられており、今後新たに課税の対象となる消費支出も相対的に大きいため、この選挙の中心争点を消費税問

表4　有効投票率・自民党絶対得票率の増減（13回—15回）

	有効投票率の増減	自民党絶対得票率の増減				有効投票率の増減	自民党絶対得票率の増減		
		選挙区計	市部	郡部			選挙区計	市部	郡部
青森	+7.5	*−11.2	−8.3	−15.7	和歌山	+12.4	−1.9	−0.7	−3.8
岩手	+13.7	−7.5	−6.1	−9.1	鳥取	+3.2	−2.2	−0.9	−3.5
宮城	+7.8	*−10.6	−10.0	−10.9	島根	+7.0	*−7.9	−6.3	−9.8
秋田	+10.9	−6.5	−4.4	−8.8	山口	+13.3	−0.5	−0.3	−2.9
山形	+10.1	−3.8	−2.6	−6.3	徳島	+16.2	−1.7	−0.2	−3.5
富山	+14.7	+4.7	+4.9	+4.4	香川	+12.8	−3.8	−2.6	−5.1
石川	+18.8	−1.0	+0.1	−3.4	愛媛	+10.9	−8.6	−6.9	−11.8
福井	+13.8	+1.4	+2.2	+0.1	高知	+9.4	−3.8	−2.3	−6.3
山梨	+7.1	−4.1	−3.4	−4.9	佐賀	+11.1	−5.8	−4.3	−7.3
岐阜	+11.0	−2.4	−0.9	−4.5	長崎	+14.6	*−8.6	−7.2	−10.6
三重	+7.4	−3.0	−2.8	−3.2	大分	+4.4	−4.8	−2.7	−9.2
滋賀	+11.3	−0.4	+1.2	−2.0	宮崎	+13.9	—	—	—
奈良	+10.4	−0.8	−0.5	−1.4	沖縄	−5.4	−5.8	−5.4	−6.8

＊印　15回選挙では自民党無所属と競合

題としてとらえていたことは否定できない。「浮動票逆効果モデル」は，投票率が伸びながらも自民党の絶対得票率はあまり動いていないことがその指標であるが，自民党絶対得票率の変動がプラス・マイナス2ポイント台にとどまっている選挙区としては，石川，福井，岐阜，滋賀，奈良，和歌山，鳥取，山口，徳島があり，いずれも有効投票率の伸びも著しい（表4参照。鳥取は3.2ポイント増であるが，ここはもともと全国1・2位の高投票率）。これらの選挙区では，第13回選挙での棄権層が大量に投票所に足を運び，消費税批判の一票を投じたと考えられる。そしてその受け皿となったのが大部分は連合の新人候補であった。

水崎は，これまでに「離反・反逆モデル」＝農政問題＝社会党，「浮動票逆効果モデル」＝消費税＝連合，という自民党敗北の基本因子を示してきたが，三重のように双方の中間的なデータを示す選挙区もあり，すべての選挙区がこの2つの鋳型に押し込められるものではないことはいうまでもない。それは選挙区内の細分化された地域票の中でもそれぞれの特質を示すであろうし，その複合的な効果が自民党敗北の全体像を描き出しているのである。

要するに，この選挙の一人区は，これまでにみられなかった大きな争点選択が小選挙区特有のメカニズムに作用した特異な事例というべきであろう。一人区トータルで保守系無所属を含む自民系の相対得票率10.7ポイン

トの減少といえば，それ自体かなりの激震といわなければならないが，24議席から3議席への落ち込みは小選挙区ならではの現象である。因みに，2位以下でも当選の安全弁をもつ複数区では，11.2ポイントの得票率減少で当選者は26から20に移動しただけであった。いま仮に，この選挙における一人区の自民系上位候補者（青森と宮崎は無所属）が，対決した野党系候補者から相対得票率にして一律5％の票の移動があったとすれば，26選挙区で15人が当選した計算になる。同様な票の移動が8％であれば当選は20人に達する[8]（表5）。

　このように定数1の選挙では，僅かな得票率の移動で議席数は敏感に変化するので，今後の一人区における選挙結果は，争点の移動もさることながら，それに対する有権者の対応如何にかかっていると言える。

　消費税問題というこの選挙の大きな争点は，大量の浮動票を投票所に動員し，選択が単純な一人区において社会党・連合に画期的な勝利をもたらした。しかし，消費税が実施されて数年を経過した時点ではこの制度はほぼ定着し，野党の対応も特定品目への非課税や簡易課税制度など税の徴収方法の見直しへと焦点が移動していった。消費税への強烈な反発は生活保守主義といわれたが，それは，一方でリクルート事件にみられるように巨大なダーティ・マネーが政界へ流れたことで加速されたとみるべきで，当時の国民の税負担力からいえば，その後さらに新たな税率引き上げのようなカウンター・パンチが他の政策の失敗と連動してあらわれ，かつ89年のような野党側の効果的な受け皿が用意されない限り，この選挙にみられた「浮動票逆効果」の投票パターンが持続すると考えるのは困難であった。

　農政問題に関しても，自民党政府の場当たり的農政（例えば減反・転作奨励に続く外圧による自由化），地元議員のリップ・サービスと現実政策との乖離が，リクルート事件・消費税問題と連動して農民の瞬発的な「離反・反逆」を生み出したとみるべきで，これをもって自民党の安定政権を支

---

[8] 小選挙区選挙において，自民党得票率の僅かな変化で議席が変動する場合の予測については，蒲島郁夫が，1991年の選挙制度審議会衆議院選挙区割案に90年総選挙データを適用した場合のシミュレーションを，政権交代可能性曲線として発表している。「小選挙区制の下での総選挙結果徹底分析」『中央公論』1991年10月号。

表5 得票率移動による自民系上位立候補者の当落変動

	実績	+1%	+2%	+3%	+4%	+5%	+6%	+7%	+8%
和歌山	○	○	○	○	○	○	○	○	○
富山	○	○	○	○	○	○	○	○	○
佐賀	○	○	○	○	○	○	○	○	○
石川	×	○	○	○	○	○	○	○	○
福井	×	×	○	○	○	○	○	○	○
高知	×	×	○	○	○	○	○	○	○
滋賀	×	×	○	○	○	○	○	○	○
岐阜	×	×	○	○	○	○	○	○	○
山梨	×	×	×	○	○	○	○	○	○
鳥取	×	×	×	×	○	○	○	○	○
島根	×	×	×	×	○	○	○	○	○
山形	×	×	×	×	○	○	○	○	○
香川	×	×	×	×	×	○	○	○	○
宮崎	×	×	×	×	×	○	○	○	○
愛媛	×	×	×	×	×	○	○	○	○
奈良	×	×	×	×	×	×	○	○	○
三重	×	×	×	×	×	×	×	○	○
山口	×	×	×	×	×	×	×	○	○
徳島	×	×	×	×	×	×	×	○	○
長崎	×	×	×	×	×	×	×	×	○
大分	×	×	×	×	×	×	×	×	×
沖縄	×	×	×	×	×	×	×	×	×
岩手	×	×	×	×	×	×	×	×	×
秋田	×	×	×	×	×	×	×	×	×
宮城	×	×	×	×	×	×	×	×	×
青森	×	×	×	×	×	×	×	×	×
当選数	3	4	8	9	12	15	16	19	20

※ 本表は，自民系上位立候補者と対決野党候補者の間の得票配分で自民系の比率の高い選挙区順に配列し，相対得票率が野党から自民党に一律の比率で移動した場合を想定して当落の変化を示した。

※ ＋8から＋10までは当落変動はなく，＋11％で大分が当選，沖縄以下5選挙区の当落は＋23％以上から変動する。

えてきた農民の体制支持的参加が崩れたとするのは早計であろう。しかし，自民党がこれまでのような保護主義的政策で培養してきた票田をそのままの形で維持する時代が去りつつあったのは確かである。この選挙から半年後に行われ，自民党が復調したといわれた第39回総選挙（1990年）における農村地域の自民党得票率をみても，高投票率で自民党が圧勝した第38回（1986年衆参同日選挙）と比較すればもちろんのこと，低投票率で自民党が苦杯をなめた第37回（1983年）と比較しても，その低下は明らかである[9]。各地の農協青年部の反自民的選挙対策にみられたような若干の地殻変動は，

その後も進行していく可能性が予示されていたのである。それは，従来の保護政策依存から自ら転換を志向する動きでもあり，ウルグアイ・ラウンドでの決断を迫られる日本のコメ市場開放問題とともに，自民党政権に農村対策の転換を突きつけていたといえよう。

---

9 本章で農政問題に起因する有権者の離反・反逆の事例としてあげた愛媛・秋田・岩手・青森における第37〜39回総選挙の自民党得票率の推移は表6の通りである。

表6

	愛媛	秋田	岩手	青森	全国
37回	61.8	52.5	59.2	85.8	45.8
38回	66.4	49.8	63.1	78.4	49.4
39回	52.5	45.9	54.2	67.6	46.1

索引

あ行

RS 指数　19, 55, 56, 57, 58, 59, 71, 79, 80, 81, 82, 90, 94, 95, 106, 111, 112, 113, 118, 120, 121, 122, 162, 163, 165, 166, 169
石川真澄　36, 210
一党優位政党制　12, 51
亥年現象　210
MK 指数　40, 41
小沢一郎　103, 117, 121, 122, 204

か行

蒲島郁夫　17, 37, 151
川人貞史　154
クラスター分析　92, 93
グロス（Donald A. Gross）　74, 75
後援会　112, 113
公認候補厳選戦略　14, 43, 44
河野勝　38
55年体制　11, 12, 13, 16, 18, 22, 25, 26, 29, 30, 31, 39, 42, 43, 44, 71, 84, 85, 86, 88, 91, 103, 117, 121, 204
小林良彰　92, 105
限界的発展モデル　61

さ行

サルトーリ（Giovanni Sartori）　12, 51, 203
地元回帰モデル　62
地元票拡散モデル　62
主成分分析　92, 105
準保守安定選挙区　15, 93, 94, 95
消極的（他律的）・脱地域的集票型　115, 121
消極的（他律的）・地域偏重の集票型　115,
小選挙区・比例代表交互立候補方式（コスタリカ方式）　20, 159, 166, 167
小選挙区比例代表並立制　18, 20, 125, 127, 135, 156, 157, 177, 194, 200, 201, 207, 208
すみわけ　15, 52, 103, 104, 106, 107, 108, 113, 116, 165
生活圏　19, 108, 109, 111, 115, 116, 163, 175
政党競合における原55年体制型選挙区　33
政党システム　11, 21, 22, 72, 203, 204, 207
積極的・脱地域的集票型　115
積極的・地域偏重の集票型　116
絶対得票率　22, 33, 35, 129, 131, 133, 135, 136, 140, 145, 148, 163, 166, 178, 179, 181, 183, 186, 188, 189, 190, 191, 192, 195, 210, 212, 213, 216, 217, 219, 221, 222, 224, 225, 226, 227, 228, 229

選挙結果における原55年体制型選挙区　33
双系野党の政党システム　203, 204, 205
相対得票率　22, 33, 35, 55, 85, 122, 129, 131, 133, 135, 147, 178, 179, 189, 192, 193, 195, 210, 212, 216, 218, 219, 220, 221, 222, 224, 225, 226, 227, 229

た行

大選挙区制限連記制　14, 25
高畠通敏　108
タゲペラ（Rein Taagepera）　27
武村正義　117, 122
多党化　14, 18, 25, 26, 29, 30, 31, 36, 39, 44, 84, 85, 87, 88, 89, 90, 112, 117
田中角栄　12, 13, 43, 62, 115
単系野党の政党システム　203, 204, 205
中選挙区単記投票制（中選挙区制）　14, 18, 19, 20, 25, 40, 42, 44, 51, 71, 85, 86, 103, 104, 105, 116, 123, 136, 141, 163, 167, 169, 194
TK指数　18, 19, 41, 42, 43, 44, 68, 117, 118, 119, 120, 121
DS指数　19, 71, 77, 79, 81, 82, 83, 84, 85, 86, 88, 89, 90, 91, 92, 93, 94, 95, 103, 104, 105, 106, 107, 108, 109, 111, 122, 169, 170
都市‐農村型　19, 105

な行

中川一郎　113, 115
二階堂進　58, 63, 80
西平重喜　152
二大政党化　179, 199
二大政党制　12, 179, 189

は行

羽田孜　103, 117, 121, 122
発展モデル　61, 122
バッファー・プレイヤー　37
破片化指数　72, 74, 75, 76
浮動票逆効果モデル　22, 129, 131, 134, 135, 211, 222, 224, 225, 227, 229, 231
浮動票効果モデル　22, 129, 134, 213
保守圧勝区　14, 93
保守安定（選挙）区　15, 16, 19, 57, 84, 91, 93
保守回帰　13, 37, 51, 86
細川護熙　117

ま行

松原望　40
メディアン政党の優位　205
村上泰亮　37

や行

山中貞則　59, 62, 63, 80
有効政党数　18, 27, 28, 29, 30

ら行

ラクソ（Markku Laakso）　27
リード（Steven R. Reed）　141
離反・反逆モデル　211, 221, 226, 227, 228, 229, 231
レイ（Douglas W. Rae）　28, 72, 73
連動効果　141, 142, 157

著者略歴

水崎　節文（みずさき　ときふみ）
1932年　旧朝鮮京城府（現ソウル）に生まれる
1955年　九州大学法学部卒業
1960年　名古屋大学大学院法学研究科博士課程単位修得
　　　　名古屋大学助手，岐阜大学教養部教授，椙山女学園大学生活科学部教授などを経て，
現　在　岐阜大学名誉教授
著書・論文
『科学としての政治学』（編著），有信堂，1967年
「比較政党研究における計量分析」横越英一編『政治学と現代世界』，御茶の水書房，1983年
「一人区における自民党の完敗　89年参議院選挙集計データの解析から」『レヴァイアサン』10号，木鐸社，1992年春
「中選挙区制における候補者の選挙行動と得票の地域的分布」（共著）『選挙研究』10号，北樹出版，1995年
「得票データからみた並立制のメカニズム」（共著）『選挙研究』13号，木鐸社，1998年

森　裕城（もり　ひろき）
1971年　広島県に生まれる
1994年　岐阜大学教育学部中学校教員養成課程社会学科（法律・経済学）卒業
2000年　筑波大学大学院博士課程国際政治経済学研究科修了。博士（国際政治経済学）
　　　　京都女子大学現代社会学部講師を経て，
現　在　同志社大学法学部准教授
著書・論文
『日本社会党の研究　路線転換の政治過程』木鐸社，2001年
『現代日本の市民社会・利益団体』（共著），木鐸社，2002年
「利益団体」平野浩・河野勝編『アクセス日本政治論』日本経済評論社，2003年
「2005年総選挙と政党システム」『レヴァイアサン』39号，木鐸社，2006年
「選挙過程の実態把握を目的とする研究について」『レヴァイアサン』40号，木鐸社，2007年

総選挙の得票分析　1958－2005
Japanese General Elections : 1958-2005

2007年9月30日　第1版第1刷印刷発行　Ⓒ

著者との 了解により 検印省略	著　者	水　崎　節　文
		森　　　裕　城
	発行者	坂　口　節　子
	発行所	㈲　木　鐸　社
	印　刷　㈱アテネ社　　製　本　高地製本所	

〒112-0002　東京都文京区小石川 5-11-15-302
電話（03）3814-4195　ファクス（03）3814-4196
振替 東京00100-5-126746　http://www.bokutakusha.com/

乱丁・落丁本はお取替え致します

ISBN978-4-8332-2394-2 C3031

森　裕城著
日本社会党の研究　A5判・260頁　定価：本体4500円＋税
■路線転換の政治過程

三宅一郎・西澤由隆・河野勝著
55年体制下の政治と経済　A5判・232頁　定価：本体3500円＋税
■時事世論調査データの分析

三宅一郎著
選挙制度変革と投票行動　A5判・240頁　定価：本体3500円＋税

蒲島郁夫著
政権交代と有権者の態度変容　A5判・316頁　定価：本体2500円＋税

川人貞史著
選挙制度と政党システム　A5判・300頁　定価：本体4000円＋税

〔シリーズ21世紀初頭・日本人の選挙行動〕
池田謙一著
政治のリアリティと社会心理　A5判・320頁　定価：本体4000円＋税
■平成小泉政治のダイナミックス

〔シリーズ21世紀初頭・日本人の選挙行動〕
平野　浩著
変容する日本の社会と投票行動　A5判・204頁　定価：本体3000円＋税

飽戸　弘編著
ソーシャル・ネットワークと投票行動　A5判・192頁　定価：本体2500円＋税
■ソーシャル・ネットワークの社会心理学

境家史郎著
政治的情報と選挙過程　A5判・232頁　定価：本体3000円＋税

西平重喜著
各国の選挙　A5判・584頁　定価：本体10000円＋税
■変遷と実状